应用型院校财会类专业核心课程规划教材
"互联网+"融媒体系列教材

个人理财
（第二版）

邹　静　杨秀秀　主　编
王　菲　杨荣军　副主编

图书在版编目(CIP)数据

个人理财 / 邹静,杨秀秀主编. -- 2版. -- 上海：立信会计出版社,2024.11. -- ISBN 978-7-5429-7501-0

Ⅰ.F830.59

中国国家版本馆CIP数据核字第2024R3E854号

策划编辑　郭　光
责任编辑　张忠秀
美术编辑　吴博闻

个人理财(第二版)
GEREN LICAI

出版发行	立信会计出版社	
地　　址	上海市中山西路2230号	邮政编码　200235
电　　话	(021)64411389	传　　真　(021)64411325
网　　址	www.lixinph.com	电子邮箱　lixinaph2019@126.com
网上书店	http://lixin.jd.com	http://lxkjcbs.tmall.com
经　　销	各地新华书店	
印　　刷	上海万卷印刷股份有限公司	
开　　本	787毫米×1092毫米　1/16	
印　　张	15.75	
字　　数	375千字	
版　　次	2024年11月第2版	
印　　次	2024年11月第1次	
书　　号	ISBN 978-7-5429-7501-0/F	
定　　价	48.00元	

如有印订差错,请与本社联系调换

第二版前言

个人理财是人们合理规划和使用财务资源,使其能够满足不同阶段的需求,并达到预定的目标,实现财务上的独立自主的过程。个人理财的本质是通过财务资源的规划和合理投资增值,更好地实现人们购房、子女教育、养老退休、遗产传承等具体目标。现阶段个人理财正朝着多元化、差异化的方向发展:多元化意味着多种理财方式进入家庭,差异化意味着人们对理财需求不尽相同。特别是随着互联网理财的兴起,人们投资理财的意识加深,全民理财时代已经到来,但理财知识和技能的匮乏,严重制约着个人理财的发展进程,影响着人们对个人财富保值增值的愿望的实现。

"个人理财"是财经管理类专业的基础课程之一。它包含金融、财务管理、会计、证券投资、保险等诸多课程内容,是对不同课程知识的整合。同时,它也是一门实践性很强的业务课程,和我们日常生活密切相关,对理论联系实际的要求较高。本书不仅系统地阐述个人理财的基本概念、基本理论和基本知识,还从实践出发,介绍和分析各类理财产品的理论基础以及操作技巧,培养学生在理财过程中认识问题、分析问题和解决问题的能力。

本书自 2021 年首次出版以来,得到很多高等院校师生们的信任和支持,在此表示衷心的感谢!读者的认可和厚爱是我们不断前进的动力。同时,我们也收到了不少宝贵的意见与建议,对本书的修订、完善贡献良多,对此我们深表感谢!党的二十大报告首次提出"规范财富积累机制",明确了财富的关注重点在于保护和传承。在此背景下,我们根据最新法规政策和读者的反馈意见,对上一版的内容进行调整和修订,主要包括:第五章金融投资规划(原证券投资规划),增加外汇投资、期货投资、黄金投资等内容;第八章个人纳税规划,根据《国务院关于提高个人所得税有关专项附加扣除标准的通知》(国发〔2023〕13 号)修订专项附加扣除部分内容,增加全年一次性奖金的纳税规划;第九章子女教育规划、退休规划及遗产规划,针对退休规划需要考虑的因素,重新编写并增加例题。

本书以应用型人才培养为宗旨,主要有以下特点:

(1) 突出实践性和操作性。本书每章都结合大量现实案例介绍了相关的实务操作过程,力求把枯燥难懂的个人理财知识通俗化,在实现知识体系完整性的同时力求内容的实用性,使不同的读者在其中都能找到适合自己的理财方式,并能付诸实践。

(2) 设置导入案例和特别提示,可读性强。本书在每章开头都设置了导入案例,可引发学生思考,提高学生的学习兴趣;以"特别提示"形式展现书中的重点、难点,清晰、醒目,有助于学生理解和掌握。

(3) 从个人自我理财的视角出发。不同于以往同名教材编写时侧重金融企业理财或理财师代客理财的视角,本书从个人自我理财的视角出发,普及理财基础知识和操作技能。

(4) 依据最新法律法规编写。在编写过程中,我们引用最新法律法规,本书的政策时限截至2024年9月。

(5) 普适性强。本书结合国内具体情况,为满足普通家庭和工薪阶层的个人理财需要,普及个人理财基础知识,提高个人理财基本技能,面向的对象更为广泛,普适性强。

(6) 教学资源丰富。本书在每一章结尾都配备"本章练习",并配套详尽的教师教学资源,如教学大纲、教学课件、重难点讲解等,授课教师可联系我们(QQ:2538139894)索取。

本书由邹静、杨秀秀担任主编,王菲、杨荣军等担任副主编,孔令一、陈立云、徐嵩杰、相福刚、王鹏、刘燕、李满林参编。在编写过程中,我们借鉴了许多国内外学者的理论和观点,参考了许多同类书目,在这里向他们表示诚挚的感谢,并期待广大读者真诚赐教!

编　者
2024年9月

目 录

第一章　个人理财概述	1
第一节　个人理财的产生与发展	2
第二节　个人理财的基础知识	4
本章练习	15
第二章　个人理财基础理论	17
第一节　货币时间价值	18
第二节　风险与报酬	29
第三节　个人财务报表	35
第四节　个人预算	38
本章练习	41
第二章　流动性规划	45
第一节　流动性规划概述	46
第二节　储蓄规划及储蓄存款理财	52
第三节　消费信贷理财	63
本章练习	75
第四章　个人筹资规划	77
第一节　个人筹资概述	78
第二节　个人筹资渠道	78
本章练习	93
第五章　金融投资规划	95
第一节　投资的基础知识	96
第二节　股票投资	100
第三节　债券投资	112
第四节　基金投资	120

第五节　银行理财产品投资 ·· 125
　　第六节　外汇投资 ·· 130
　　第七节　期货投资 ·· 132
　　第八节　黄金投资 ·· 135
　　本章练习 ·· 141

第六章　房地产投资规划 ·· 145
　　第一节　房地产投资概述 ·· 146
　　第二节　个人购房能力评估 ··· 153
　　第三节　个人购房融资规划 ··· 161
　　本章练习 ·· 169

第七章　个人保险规划 ··· 171
　　第一节　保险概述 ·· 171
　　第二节　保险公司及保险产品 ·· 178
　　第三节　个人保险规划实务 ··· 183
　　本章练习 ·· 189

第八章　个人纳税规划 ··· 191
　　第一节　税收及个人所得税基础知识 ·································· 192
　　第二节　个人纳税规划的内容及实务 ·································· 207
　　本章练习 ·· 215

第九章　子女教育规划、退休规划及遗产规划 ····························· 217
　　第一节　子女教育规划 ··· 218
　　第二节　退休规划 ·· 224
　　第三节　遗产规划 ·· 239
　　本章练习 ·· 243

第一章　个人理财概述

知识导航

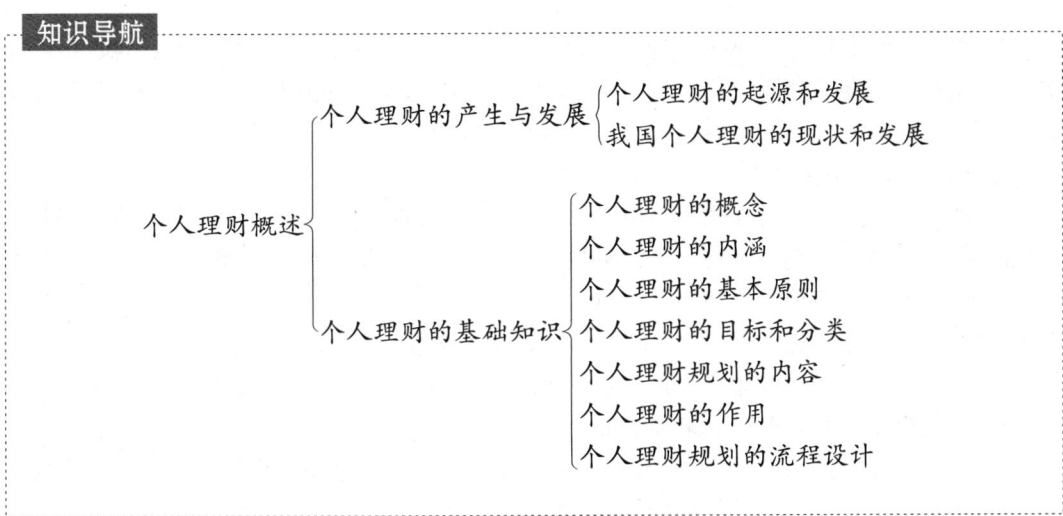

学习目标

1. 了解个人理财的产生和发展。
2. 熟悉个人理财的基本概念、内涵及包含的内容。
3. 熟悉个人理财的一般步骤。

导入案例

刘先生与张女士夫妻二人都在外企工作,刘先生每月税前收入16 000元,张女士每月税前收入14 000元。夫妇二人在股市的投资额约为60万元(现值),银行存款20万元左右,每月家庭日常开销4 000元左右,每月补贴双方父母2 000元左右。夫妻二人有一个10岁的女儿,孩子每年需要教育费用1万元左右。为响应党的二十大精神,坚持房子是用来住的,不是用来炒的住房制度,2023年夫妇二人贷款购买了一套总价为80万元的住宅,其中贷款40万元,分15年还清。为了提高生活质量,刘先生一家人每年出国旅游一次,花费约15 000元。

为了出行方便,夫妻二人计划今年(2023年)购买一辆价格在15万元左右的汽车。为孩子的未来考虑,夫妻二人计划在8年后(2031年)送孩子出国留学,出国留学的费用每年大约10万元,本硕连读需要6年时间。夫妻二人对理财不是很了解,因此找到专业的理财师,希望可以得到专业化的建议。

思考:

(1) 刘先生应该从哪些方面进行理财规划?
(2) 刘先生想要进行家庭理财规划,其理财规划的步骤包括哪些?

第一节 个人理财的产生与发展

一、个人理财的起源和发展

在我国秦朝时期,秦始皇统一货币后,货币市场扩大,货币流动性加强,市场对货币的需求增加,部分拥有闲置货币的家族将资金出借,以获取约定额度的利息。汉朝中期,各大士族将家族资产分散在各个不同行业及区域,确保风险分散及资源合理搭配,但此时的个人理财仅以实现财富增值为目的。

18世纪末期,保险行业在欧洲开始兴起,成为个人理财资产配置里不可或缺的部分。民国时期,民族资本借助外来资本开启新时代,银行有了最早的个人理财业务,但比例相对较低,个人理财业务主要集中在国外银行。20世纪30年代,保险营销人员开始提供最早的个人理财服务。从20世纪60年代末到90年代,在发达国家特别是美国,个人理财发展为一个全新的金融服务业,美国个人理财的发展历史代表了现代世界个人理财的发展历史。

(一) 萌芽期(20世纪30~60年代)

1929年10月股票暴跌,当时严重的经济危机和股市大崩盘给人们的生活带来巨大的不确定性,保险的"社会稳定器"功能使保险公司的地位得到空前的提高,同时大危机使人们开始萌生对个人生活的综合设计和资产运用设计方面的需求。在这种背景下,一些保险推销员在推销保险商品的同时,也提供一些生活规划和资产运用方面的咨询服务,这些保险营销员被称为"经济理财员",这就是财务规划的萌芽,尽管不成熟但已显现出很强的生命力。随后,保险因可以满足各种不同需求,甚至可以为客户量身定制金融产品,逐渐为人们所关注。

(二) 发展期(20世纪60~80年代)

随着第二次世界大战后经济的复苏和社会财富的累积,个人理财业务也从初创期进入扩张期。社会经济环境的变化逐渐使富裕阶层及普通消费者无法凭借个人的知识和技能动用各种财力资源实现自己短期和长期的生活和财务目标。真正意义上的理财概念和理财资格制度是20世纪60年代末期以后才确立的。1969年是美国理财业发展的标志性年份,这一年美国创立了首家理财团体机构——国际金融理财协会(International Association for Financial Planning,IAFP),它是一家以普及理财知识、促进理财发展为目的的社会团体。1972年,美国创立了理财教育机构——College for Financial Planning,并创立了注册金融理财师(Certified Financial Planners,CFP)。1973年,该校的首批42名毕业生获得了CFP资格证书,并由该批毕业生设立了旨在建立和维护理财的专业权威性、世界范围内推广理财资格活动的团体——CFP协会(Institute of Certified Financial Planners,ICFP)。1985年,ICFP在社会各界的支持下,设立了国际CFP标准和实践委员会(International Board of Standards and Practices for Certified Financial Planners,IBCFP),后更名为美国CFP标准委员会(Certified Financial Planners Board of Standards,CFP Board of Standards)。

经过了20世纪70年代和80年代的发展,美国开始出现真正意义上的理财业和较为完善的理财制度。个人财产管理运用的时代背景发生了重大变化,突出表现在个人金融资产膨胀、金融自由化浪潮兴起、老龄化社会来临等方面。这一系列因素促使人们对理财的需求急剧增加,作为金融自由化改革的结果,金融商品迅速增加、金融风险加大,人们迫切需要理财师的帮助,由此带动了理财业的空前发展,理财业的地位不断提升。

(三)成熟期(20世纪80年代至今)

1987年10月19日的股灾使投资者的损失多达1万亿美元,理财师因为提出的投资方案失败,从而丧失了信誉,社会地位直线下降,理财业迎来了最艰难的时期。其后的一段时间,理财业的热心者们开始考虑改革理财制度,将理财的工作重心转移到生活规划上来,如退休后养老年金的安排等。另外,CFP Board of Standards开始重视后续教育和严格遵守伦理规定的问题,这点直到现在也没有改变。2000年1月,IAFP和ICFP合并,成立新的理财组织——理财规划协会(Financial Planning Association,FPA),其目的是为理财提供一个有机的活动空间,使理财业朝着健康的方向发展。美国的理财业经过1987年低谷后的调整恢复,目前已成为认知度和社会地位相当高的专门行业,可以说美国的理财业进入了成熟期。

从世界范围来看,20世纪70年代以来,全球商业银行在金融创新浪潮的冲击之下,个人理财业务获得了快速发展。从发达国家银行个人理财业务的发展趋势看,个人理财业务具有批量大、风险低、业务范围广、经营收益稳定等优势,在商业银行业务发展中占据着重要位置,贴身的个人理财服务也成为近年来银行业竞争的主要焦点。

随着互联网向金融领域的渗透,应用互联网进行理财的方式越来越多,涉及金额呈现爆炸式增长。例如,2013年6月,蚂蚁金服推出余额宝,到11月,其资金规模突破1 000亿元。

二、我国个人理财的现状和发展

现代"理财"一词,最早见之于20世纪90年代初期的报端。随着中国股票债券市场的扩容,商业银行、零售业务的日趋丰富和国民总体收入的逐年上升,"理财"概念逐渐盛行。1996年,中信实业银行广州分行率先挂出了"私人理财中心"的牌子,标志着我国银行的个人理财业务正式起步。1998年,中国工商银行的上海、浙江、天津等5家分行,根据总行的部署,分别在辖区内选择了一些软硬件条件符合要求的营业网点进行"个人理财"的试点。当时商业银行、保险公司和证券公司根据自身业务的特点和对个人理财的认识,推出了具有鲜明行业特点的理财服务,其中银行以优化组合各项个人银行业务为主,主要是根据客户的要求提供组合式的个人银行服务;保险公司主要以推广投资连结型的保险产品为主;证券公司则以提供代客理财和证券咨询服务为主。经过多年的发展,目前我国个人理财业务积累了越来越多的经验。个人理财的前景非常广阔,需求旺盛,正在成为我们生活中重要的一部分。根据《中国银行业理财市场半年报告(2024年上)》显示,2024年上半年,理财投资者数量维持增长态势:截至2024年6月末,持有理财产品的投资者数量达1.22亿个,较年初增长6.65%,同比增长17.18%。

虽然我国个人理财业务市场潜力巨大,但由于种种因素,个人理财业务尚处于发展中的初级阶段,具体表现如下。

1. 金融业分业经营

在分业经营管理的体制下,我国银行、证券、保险三大市场相互割裂,个人理财业务发展空间受到限制,银行、证券公司和保险公司提供的个人理财服务均以本行业的业务为主,这导致个人理财业务只能在较低的层面进行操作,基本上停留在咨询、建议或投资方案设计等层面上,还不算是真正意义上的理财。

2. 投资市场不完善

我国资本市场投资品种单一,可供普通居民选择的投资产品几乎只有股票和银行理财产品、公司债券、国债,资本市场还不发达。由于我国实行较严格的外汇管制政策,国内个人投资者难以参与国际投资市场。金融投资市场可供投资的范围和品种较少,投资收益低甚至有亏损风险,个人投资理财的操作空间有限,在相当程度上挫伤了广大居民参与投资理财的积极性。

3. 各金融机构的软硬件建设滞后

目前国内银行、保险公司和证券公司的机构设置、考核机制、信息系统、人员培养、服务机制等各方面主要还停留在以业务线条为中心、以业务指标为目标的传统模式上,尚未真正建立以客户为中心、以综合效益为目标的模式,实现这一转变是复杂而艰巨的系统工程,不可能在短时间内一蹴而就。

4. 高素质的个人理财人员缺乏

理财业务是一项综合性的业务,每个人的理财需求千差万别,它要求个人理财从业人员必须具备渊博的经济和法律知识,全面了解银行、证券、保险、房产、外汇、税务、教育、法律等方面的相关知识,拥有丰富的金融从业经验,具有优良的职业操守、良好的人际交往能力和组织协调能力。在我国,个人理财人员的专业性水平不够高,很多个人理财人员是从其他岗位转移过来的。专业和称职的个人理财人员匮乏,制约了我国个人理财业务的发展。

居民个人财富的增长、金融市场的变化和监管制度的改革构成了我国个人理财业务发展的强劲动力,但市场基础要素的缺陷和不足制约了个人理财业务的快速发展,我国的个人理财业务正处于市场呼唤发展、机遇与挑战并存的发展阶段。

第二节 个人理财的基础知识

一、个人理财的概念

个人理财也称家庭理财,是指个人或家庭根据财务状况,建立合理的财务规划,进行资产组合与投资,以实现资产保值增值为目标的活动。个人理财的本质可以用公式"个人理财=人+钱"来表示。个人理财的重点是人如何做选择,理财不等于"发财",合理安排家庭财务收支、做到收支平衡、保障家庭基本生活开支,是理财的根本。

目前,学者们对个人理财的定义有所差别。其中,美国理财师资格鉴定委员会的定义是:个人理财是指如何制定合理利用财务资源、实现个人人生目标的程序。中国金融理财标准委员会将个人理财称为金融理财,认为个人理财是一种综合金融服务,是指理财专业人士通过收集客户家庭状况、财务状况和职业生涯目标等资料,与客户共同界定其理财目标及优先顺序,明确客户的风险属性,分析和评估客户的财务状况,为客户量身制定合适的理财方案并及时执行、监控和调整,最终满足客户人生不同阶段的财务需求的综合金融服务。概括

来说,金融理财强调以下4点:

(1) 金融理财是综合性金融服务,而不是金融产品推销。
(2) 金融理财是由专业理财人士提供的金融服务,而不是客户自己理财。
(3) 金融理财针对的是客户一生的长期规划,而不是针对客户某个时间段的规划。
(4) 金融理财是一个过程,而不是一个产品。

个人理财的目标是建立一个财务安全、健康的体系,实现人生各阶段的目标和理想。

关于对理财的认识,人们普遍存在一些误区,在此加以厘清。

误区一:理财是有钱人的事。事实上,穷人、有钱人都能理财,养成良好的习惯,去投资,让钱自己去办事,穷人更需要理财。

误区二:忙,没时间理财。事实上,有时间看朋友圈,不会没时间理财。这还是认识问题。没有足够重视,不肯为理财付出时间。

误区三:理财就是投资。事实上,把所有钱都拿去投资近似于"赌博",不是理财,理财需要对财富加以分配、筹划、设计、组合。

误区四:钱少,理财没什么效果。事实上,理财的秘密是"爱惜钱,节省钱,钱生钱,坚持不懈"。

误区五:不懂理财。事实上,不懂可以学,理财并不难,任何时候开始学都不晚。

误区六:理财就是发财。事实上,理财和发财没有关系,理财是未雨绸缪,使财富安全、稳健地增长,达到生活目标。

误区七:只存银行。事实上,这些人大部分没有理财观念和投资观念。要知道,长时间存入银行的钱是一种变相的贬值,你要做的是合理分配投资方向,选择一些安全性高、收益不错的理财方式进行投资,以增加收入,跑赢通货膨胀。

现代意义的个人理财不同于单纯的储蓄、投资或者消费,它不仅包括财富的积累,还包括财富的保障和安排,按照理财需求的层次,个人理财可以进一步细分为生活理财和投资理财。

生活理财是指帮助个人设计一个将整个生命周期考虑在内的终身生活及财务计划,将未来的职业选择、子女及自身的教育、购房、保险、医疗、养老、遗产、事业继承以及生活中个人所面对的各方面事宜进行妥善安排,使个人在不断提高生活品质的同时,即使到了年老体弱收入锐减的时候,也能保持自己所设定的生活水平,最终达到终生的财务安全、自主、自由和自在。生活理财的核心在于根据个人的消费性资源状况和消费偏好来实现个人的人生目标。

投资理财是指在个人基本生活目标得到满足的基础上,将资金投向各种投资工具,在保证安全性和流动性的前提下,追求最优回报,加速个人或家庭资产的成长,提高生活水平和质量。投资理财的核心在于根据个人的投资性资源状况和风险偏好来实现个人的人生目标。

二、个人理财的内涵

(一) 个人理财的主体

主体的特性决定了经济活动的性质和形式。现代经济理论认为,经济活动中的三大主体分别为政府、企业和个人。这里,"个人"既包括自然人,也包括家庭。

从财务与金融的范畴来看,个人理财与公司理财、公共理财相对应,分别是个人、企业、国家各生产部门在金融范畴进行的安排与活动。这一点从其英文能得到更好的理解,个人理财为 Personal Finance,公司理财为 Corporate Finance,公共理财为 Public Finance,这三大主体在市场中进行的财务与金融活动各自成为独立的学科研究领域。

(二) 个人理财的客体

个人理财的客体包括现金、储蓄、股票、外汇、不动产、艺术品等产品。现代意义上的个人理财,不是单纯的储蓄或投资,它不仅包括财富的积累,还包括财富的保障和安排。财富保障的核心是对风险的管理和控制,也就是当个人的生命和健康出现了意外时,或个人所处的经济环境发生了重大不利变化时(如恶性通货膨胀、汇率大幅降低等),自己和家人的生活水平不至于受到严重的影响。

(三) 个人理财和公司理财的区别

1. 理财的目标不同

个人理财是以提高个人生活质量、规避个人财务风险、保障一生的生活为目标;公司理财通常是通过资金的筹措与合理使用,达到规避公司财务风险,实现企业价值最大化的目标。

2. 风险承担能力不同

个人的风险承担能力相对较弱,在进行风险、收益权衡时,安全性一般放在收益性前面考虑;公司理财则不一样,公司因为拥有相对雄厚的财力,为了追求较高的利润,能够承担较高的风险。

3. 关注的时间长短不同

个人理财是以个人的生命周期为时间基础,关注的时间一直到其生命的终结;公司理财则往往有一个持续经营的假设,即公司在可以预计的将来都不会停止营业。

4. 依据的法律法规不同

个人理财依据的主要是个人所得税法以及社会保障与保险、金融、遗产等方面的法律法规;公司理财依据的是公司法、证券法以及税收、会计等方面的法律法规。

5. 行业管理不同

成熟的个人理财市场往往会成立专门的行业组织、规定行业准则、负责职业培训、组织职业资格考试、颁发从业资格证书等,如1990年成立的国际注册财务规划师理事会;公司理财通常是企业内部行为。

6. 主要内容不同

个人理财包括流动性规划、投资规划、保险规划、纳税规划、退休规划以及遗产规划等内容;公司理财包括预算、筹资、投资、控制、分析等内容。

三、个人理财的基本原则

(一) 量入为出原则

量入为出原则要求在自己的经济承受能力之内进行投资和消费。正确理解这一原则,就是既不滞后消费,又不超前消费,既不人为抑制消费,又不盲目攀比,做理性的消费者。量入为出是指使消费与个人收入相适应,合理进行消费。不能把量入为出理解为手里有多少钱就花多少钱,量入为出是一种计划消费行为,包括在基本生活资料得到满足的情况下,通过储蓄有计划地安排生活。适度消费提倡勤俭节约的精神,勤俭节约不能简单地理解为省着花钱,而是指与自己的实际需要和收入水平相当的合理消费。反对超前消费和适度消费原则上是一致的,判断消费行为是否超前,不能仅仅局限在现有收入上,还应综合考虑收入的增长情况。

(二) 经济效益原则

个人在进行个人理财规划的时,特别是进行投资规划的时候,应当注意讲求经济效益,因为理财的目的总的来说就是实现资金的保值和增值。衡量经济效益可以从以下两个方面来看:①绝对值,也是收入与成本的差额,也是企业的期望利润额;②相对值,即期望的收益率。这两方面需要综合考虑,不能偏废。

(三) 安全性原则

收益总是伴随着风险的,我们不能只追求收益而忽视由此而带来的风险。安全性原则要求进行个人理财时,应该注意寻求收益和风险的平衡,进行组合投资、分散风险,即不要把全部鸡蛋放在同一个篮子里。

(四) 变现原则

个人财产的形式有很多,我们要关注的是其流动性,归根结底我们的财产都是以现金来换算和衡量的,因此在进行理财规划的时候,要注意将财产变成现金的能力,避免出现周转困难、难以为继的情况,导致生活陷入困境。

(五) 因人制宜原则

个人理财没有特定的公式,也没有适合每一个人的技巧。理财是研究人如何运用自己的钱财达到目标,因此个人自身的情况才是关键。不同的环境、个性、偏好、年龄、职业和经历等,都会导致个人对待事物的态度有所不同,面对同样的理财机会,采取的策略也会迥异,所以应该总结出适合自己的理财方式,而非生搬硬套别人的经验。

(六) 终生理财原则

个人理财是一个漫长的贯穿人生始终的过程。个人理财目标制定好后不是一成不变的,而应根据实际实施的情况、具体的环境背景,对个人理财目标中不切实际或不妥的地方,适时进行相应的调整,以符合自己的实际需要。一个人一生不同时期理财的需求是有差别的,因此必须考虑阶段性和延续性。

(七) 明确原则

个人理财的内容要非常清楚,即时间具体、数字明确。例如,理财者要结合自己的收入、所在地区的房价,确定住房首付款交付的时间和金额,购买汽车的价位,这些都必须有明确的数字。

(八) 快乐理财原则

个人理财的根本目的是使生活变得更美好,拥有快乐的心情和健康的身体。理财是我们生活的一部分,当个人财务状况通过管理变得井井有条,会给人一种愉悦感。即使某些阶段理财活动遭遇了挫折,但是从中吸取教训,在未来的理财活动中加以避免。保持快乐轻松的心态,才能够充分发挥聪明才智,做出最正确的理财决策。

(九) 不断学习原则

天下没有不劳而获的事情,理财作为一门综合性的新兴科学,涉及众多的学科知识。因此,追求利润目标的同时,应该增强理财管理能力、资金运筹能力、风险投资意识,充实经济金融知识,提高自身综合素质。

四、个人理财的目标和分类

(一) 个人理财的目标

个人理财所做的一切都是为了保障生活。保障个人基本生活、教育、婚嫁、子女、养老、疾病预防等计划有足够的支付能力,而不至于出现财务收支失衡的情况。理财是人生大计,开始理财前一定要明白自己理财的目的是什么。不同财富状况的人、不同人生阶段的人,其理财目标不可能一样。清晰的理财目标有助于理财计划的顺利实施。

一般而言,个人理财的目标主要包括以下三方面内容。

1. 现有资产保值增值

现有资产是首要的管理对象,现有资产的保值增值是理财的第一个目标。规避通货膨胀对资产和财富的侵蚀,跑赢通货膨胀,是理财的起始目标。资产增值则是理财者进一步的目标,理财就是将资产合理分配,并努力使财富不断累积的过程。但是,财富增值并不是最终的理财目标,而是实现人生目标的手段。

理财分为财富的积累、财富的保障、财富的增值、财富的分配四个阶段。不同的年龄段有不同的理财需求,如刚刚毕业的年轻人处于财富积累阶段,他们最大的投资应该是自身投资,可以多参加一些培训活动,以拥有更多的本领,赚取更多的财富;对于一些经济实力和投资能力强的人来说,他们应对资产的增值有更高要求。

2. 保证生活所需

住房、婚姻、抚养子女、赡养老人以及生老病死等生活问题是生活中必须要面对的,而这些都需要金钱来支持。充足的资金,可以保障这些事情处理起来更加顺畅。房价问题是中国普通居民最大的生活问题,经常成为媒体热词,房价与生活中的很多方面都有关联;此外,疾病和意外也是影响很多人生活的重大因素,面对高发的疾病、高涨的治疗费用,我们同样需要将疾病和意外纳入规划;随着老龄化社会的到来,人们收入的提高,养老金与退休前收入的差距将越来越大,如何保证自己晚年生活独立、富足,是现代人面临的共同问题。

3. 保证资金安全

资金安全包括两个方面的含义:①保证资金数额完整;②保证资金价值不减少,即保障资金不会因亏损和贬值而遭受损失。理财和投资,要有一种节制的态度,不是指赚得越多越好,而是要清楚理财产品的风险和收益情况。例如,投资股票,好的时候可能有百分之几十的收益率,但坏的时候可能会赔掉百分之几十,盈亏上下限的空间很大。银行理财产品收益率不高,一般只有5%左右,但至少本金不会损失,盈亏上下限的空间很窄。另外,需要注意的是,盈亏是有时间性的,可能一段时间内(如一年)很多人都去买股票,人们普遍认为盈利的概率较高,也就是市场处于牛市之中。但一段时间之后,可能出现亏损的概率就比较高了。所以,我们不但要对概率的风险性有很好的把握,对概率的时间性也要有一定的认识和把握。没有只涨不跌的市场,也没有只跌不涨的市场。

(二) 个人理财目标的分类

按时间的长短,个人理财目标可分为短期目标(1年左右)、中期目标(3~5年)和长期目标(5年以上)。短期目标通常预计在1年之内达成,如购买股票、债券等;中期目标通常预计在3~5年内完成,如买车、购置房产等;长期目标一般预计在5年以后完成,如筹措买房基金、规划退休生活等。常见的个人理财目标如表1-1所示。

表1-1　　　　　　　　　　　　常见的个人理财目标

个人状况	短期目标(1年左右)	中期目标(3～5年)	长期目标(5年以上)
单身	完成大学学业	结婚	购买一套商品房
	购买新款电子设备	储蓄、投资	积累退休收入
	国内旅游	攻读研究生学位	出国旅游
已婚夫妇（无子女）	每年度假	改善住房条件	购买退休住房
	购买新车	构建投资组合	积累退休收入
已婚夫妇（有年轻子女）	增加人寿保险额度	提高投资额度	积累子女教育金
	增加储蓄	购买新车	购买改善型住房

按人生阶段的不同,个人理财目标可分为单身期(参加工作到结婚之前)目标、家庭组成期(结婚到生育子女之前)目标、家庭成长期(子女出生到子女上学之前)目标、子女教育期(子女上学到子女就业之前)目标、家庭成熟期(子女就业到父母退休之前)目标和退休期目标,理财是人的一生都要进行的活动。由于不同生命阶段的生活重心和所重视的层面不同,设定的理财目标必须与人生各阶段的需求相配合。人生各阶段理财目标如表1-2所示。

表1-2　　　　　　　　　　　　人生各阶段理财目标

人生阶段	阶段特征及理财内容
阶段一:单身期 参加工作到结婚之前:2～5年	该时期的特点:收入低,花销大 理财顺序:意外保险＞节财计划＞资本增值
阶段二:家庭组成期 结婚到生育子女之前:1～5年	该时期的特点:收入增加且稳定,为提高生活质量往往要投入一大笔家庭建设开支,如高档生活用品、供房等 理财顺序:购房供房＞家庭硬件＞健康和意外保险
阶段三:家庭成长期 子女出生到子女上学之前:9～12年	该时期的特点:家庭成员不再增加,但年龄都在增加。家庭最大的开支是子女教育费、医疗费。同时,随着子女的成长期自理能力增强,父母精力充沛,又积累了一定的工作经验和投资经验,投资能力大大增强 理财顺序:子女教育基金＞健康和意外保险＞建立养老金＞资本增值＞特殊基金规划
阶段四:子女教育期 子女上学到子女就业之前:4～7年	该时期的特点:子女的教育费用和生活费用猛增 理财顺序:子女教育基金＞债务规划＞资产增值规划＞应急基金
阶段五:家庭成熟期 子女就业到父母退休之前:约15年	该时期的特点:这一阶段里,自身的工作能力、工作经验、经济状况均达到高峰状态,子女已经完全自立,债务已经逐渐减轻,理财的重点是养老规划和资产增值规划 理财顺序:养老规划＞资本增值＞特殊目标规划＞应急基金
阶段六:退休期	该时期的特点:主要是安度晚年,投资和花费通常比较保守 理财顺序:养老规划＞遗产规划＞避税规划＞其他特殊目标规划

五、个人理财规划的内容

个人理财规划包括流动性规划、个人筹资规划、金融投资规划、房地产投资规划、个人保险规划、个人纳税规划、子女教育规划、退休规划、遗产规划等内容,如图1-1所示。其中,流动性规划和个人筹资规划属于资金管理规划的内容,金融投资规划和房产投资规划属于资金增值规划的内容,个人保险规划属于风险管理规划的内容,个人纳税规划属于成本规划的内容,子女教育规划、退休规划和遗产规划则属于未来规划的内容。这些理财规划的内容涵盖了我们一生的财务活动,了解和掌握这些内容实质上就是帮助规划自己的一生。

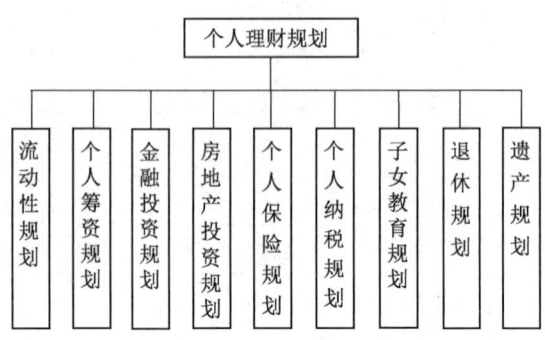

图1-1 个人理财规划的内容

(一) 流动性规划

1. 现金规划

现金是理财工具中最具流动性的资产,我们的日常生活时刻都离不开现金。虽然近几年无现金支付突飞猛进,但有的支付实际上使用的是账户中的现金余额,这等同于理财意义上的现金,所以现金消费还是人们最常用的支付方式。在现金支付的方便性和由此丧失的收益之间进行权衡,找到持有现金的最佳数量,使之既能满足我们的日常支付需要,又能在我们遇到紧急情况的时候提供及时的帮助,现金规划的意义正在于此。

2. 储蓄规划

储蓄是所有个人理财规划的源头,储蓄规划对于个人来说不但有满足获利的需要,更有安全、方便、备用和保值方面的需要。公民个人存款储蓄作为一种投资行为,对国家经济的发展有重大意义,即有利于调节市场货币流通、有利于人们培养科学合理的生活习惯、建立文明健康的生活方式等。储蓄规划不仅能缓冲财务危机,而且能为实现未来的财务目标提供积累资金的工具。因此,对现金管理而言,储蓄规划不仅要满足开支的需求,而且要建立一套有效的储蓄规划。

3. 消费信贷理财

随着观念的更新,人们逐渐认识到借债本身并不可怕,它意味着提前享受生活、把未来的收入投资于当前的机会,只要在约定的期限之前归还就没有问题。通过贷款能够把自己预期的未来收入提前到当期使用。但是问题也随之而来,有效利用信贷能帮助人们拥有更多的商品、得到更多的享受,而滥用信贷会导致欠款、破产乃至信用丢失。消费信贷规划能够帮助人们在决策之前认清自己的还贷能力并选择适合自己的信贷方式,最终充分享受信贷给生活带来的收获。

(二) 个人筹资规划

个人筹资规划是指个人或家庭为了实现特定的财务目标,如购买房产、子女教育基金、退休储备等,而进行的一系列财务规划和资金筹集活动。这个过程涉及对个人或家庭的收入、支出、资产、负债、风险承受能力等财务状况进行全面评估,并制定相应的策略来优化资金的使用和增长。

(三) 金融投资规划

投资是个人获取财富的主要手段,不同的金融投资工具,特点不同。金融投资工具包括股票、债券、基金、期货、外汇以及黄金等。对于个人来说,由于不具备从事金融投资的专业知识和信息优势,单一品种的投资工具很难满足个人投资者对资产流动性、回报率以及风险等方面的特定要求。金融投资规划要求个人在充分了解自身风险偏好与投资回报率需求的基础上,通过合理的资产分配,使投资组合既能够满足流动性要求与风险承受能力,又能够获得充足的回报。

(四) 房地产投资规划

衣食住行是人生最基本的四大需求,其中"住"是四大需求中占据时间最长、所需资金数额最大的一项。在个人理财中与"住"相对应的是房地产投资规划,对于一般消费者而言,房产主要代表了自己的住所;而投资者购买房产主要出于四种考虑,即自己居住、对外出租、投机获利和减免税收,针对不同的投资目的,投资者在选择具体房产品种时也会有不同的考虑。在房地产投资规划中,要重视两个方面的问题:①应当深入了解房产法律法规(包括交易规则、税收优惠等)和影响房产价格的各种因素;②由于房产单位价值高且多是终身投资,因此房产投资必然十分谨慎,在做出投资决策之前,必须详细了解自己的支付能力,以确定合理的房产购置计划。

(五) 个人保险规划

人生风险无处不在,如意外的人身伤害和疾病等。为了规避这些风险,在现实生活中,人们常常通过购买保险来达到规避风险的目的。在个人理财中,经常用到的保险产品包括人寿保险、意外伤害保险、健康保险、财产保险和责任保险等,由于保险的种类多、条款复杂,普通投资者在选择时往往感到力不从心。保险规划的目的在于通过对个人经济状况和保险需求的深入分析,选择适合自己的保险产品,确定合理的保险期限和金额,达到规避或分散风险的目的。

(六) 个人纳税规划

依法纳税是每个人应尽的法定义务,国家通过制定各种税收法律法规来规范税收的征缴,任何违反税收法律法规的行为都将受到法律的制裁。一般来说,纳税人出于自身利益的考虑,往往希望合法合理地将自己的税负减到最小。因此,如何在合法的前提下尽量减少税负成为每个纳税人都十分关注的问题。纳税规划是在充分了解所在国税收制度的前提下,通过运用各种纳税规划策略,合法减少税负。在纳税规划中,比较常用的策略包括收入分解转移、收入延期、投资于资本利得、注意资产销售时机、杠杆投资、充分利用税负抵减等。与前面所述的几种规划相比,纳税规划要面对更多的风险,尤其是法律风险,这些风险包括反避税条款、法律法规变动风险及经济风险等。2019 年 1 月 1 日起《个人所得税专项附加扣除暂行办法》开始实施,该办法遵循公平合理、利于民主、简便易行的原则,使得税收筹划空间增大。

(七) 子女教育规划

教育投资是一种智力投资,它不仅可以提高人的文化水平与生活品位,还可以使受教育者增加人力资本。教育投资可以分为两类,即自身的教育投资和对子女的教育投资,本书重点讨论后者。对子女的教育投资可以分为基础教育投资和高等教育投资,对子女的高等教育投资通常是所有教育投资项目中花费较高的一项,父母出于对子女未来的殷切期望,往往会在子女的高等教育投资上"不惜血本"。规划子女教育金时,首先要分析个人的教育需求和子女的基本情况(如子女的年龄、预期的受教育程度等),以确定当前和未来的教育投资资金需求;其次要分析个人的收入状况(当前的和未来预期的),并确定子女教育投资资金的来源(如教育资助、奖学金、贷款、勤工俭学收入等);最后要分析教育投资资金的来源与需求之间的差距,并在此基础上通过运用各种投资工具(包括常用的投资工具和教育投资特有的投资工具)来弥补教育投资资金来源与需求之间的差额。需要特别注意的是,由于教育投资本身的特殊性,它与其他投资相比更加注重投资的安全性,因此在选择具体投资工具时要特别慎重。

(八) 退休规划

退休规划是指为了保证将来有一个有尊严、自立、有水准的退休生活,而从现在开始制定实施关于如何筹措和管理退休以后的生活资金,以及如何安排退休后收支的一系列财务活动方案的过程。现实生活中普遍存在的通货膨胀在不断侵蚀个人的财富,如何在退休后保持一定的生活水平是每个人迟早都要面对的现实问题,如不及早制订计划可能会导致退休后的生活水平急剧下降。退休规划是一个长期的过程,不是在退休之前存一笔钱就能解决的,个人在退休的前几十年就要开始确定目标,进行详细的规划,从而为将来退休做准备。所以,提早做好退休规划不仅可以使自己的退休生活更有保障,也可以减轻子女的负担。

(九) 遗产规划

遗产的处理是人生需要妥善安排的最后一个重要事项。遗产规划的目标是高效率管理遗产,并将遗产顺利转移到继承人的手中。这里的高效率包括两个方面的内容:①遗产安排需要花费一定的时间,应该在最短的时间内完成遗产规划;②处理遗产需要花费一定的成本,如很多国家都开征了遗产税,遗产规划可以帮助个人合理规避遗产处理过程中的各种税费。

六、个人理财的作用

(一) 平衡现在和未来的收支

收入与支出不匹配一般有两种情况,一方面收支的时间可能不匹配,月初要花钱但月末才发工资的情况并不少见;另一方面收支的数量可能不匹配。无论是短期的年度收支计划,还是长期的退休养老计划,如何实现期间的收支平衡,正是个人理财要研究的问题。个人理财可以帮助人们合理安排和管理现金流,以保证满足个人的日常消费支出。

(二) 提高生活水平

平衡一生的收支只是个人理财的基本目的。个人理财可以帮助人们通过投资行为保值、增值个人资产,积累充分的财富以供支配,满足人们追求更高层次生活品质的需要。

(三) 规避风险

我们个人所面对的风险主要有两类:一类是微观风险,如失业、疾病、伤残、意外死亡等;另一类是宏观风险,一般是无法控制的,如通货膨胀、金融风暴、政治动荡等。这些风险给我们的财务安全带来不同程度的冲击。个人理财可以帮助人们事先采取有针对性的财务防范措施来达到保障的目的,以转移风险、应对突发事件造成的财富损失。

七、个人理财规划的流程设计

在进行理财规划时,必须经过缜密的思考、分析和计算。个人理财规划的一般步骤包括:①明确个人现在的财务状况;②了解个人的投资风险偏好;③设定理财目标;④制订并实施理财计划;⑤评估和修正理财计划,如图1-2所示。

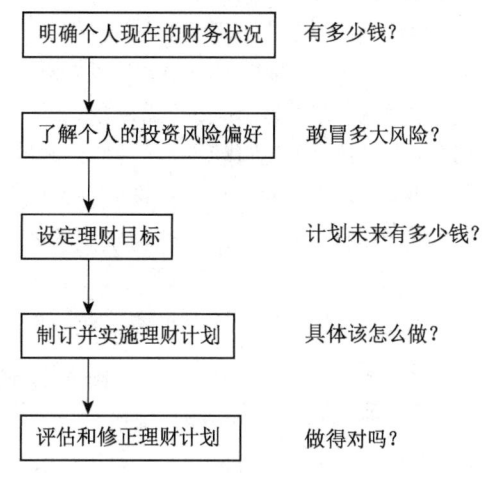

图1-2 个人理财规划的一般步骤

(一)明确个人现在的财务状况

知己知彼,百战不殆。个人理财的第一步要从了解自己的财务状况开始,包括收集个人财务信息和整理个人财务信息两个阶段。回顾自己的资产状况,包括存量资产和未来收入及支出的预期,知道自己有多少钱财可以打理,这是最基本的前提。

个人财务信息是进行理财规划的重要基础,因此个人理财的首要任务是收集整理个人相关财务信息。对于一个从未开始做理财规划的人而言,财务信息的收集并不是一项简单的工作。一般来说,财务信息包括个人月收入和支出情况、个人银行存款、个人目前拥有的股票和基金的现值、个人贷款情况以及个人购买的保险等。如果不清楚上述的财务信息的具体情况,那么我们就很难开始有效的理财规划,这些信息需要我们平时的记录和关注,有了平时的积累,进行理财规划之前就不用耗费大量的时间去收集这些财务信息了。

在收集了完整的个人财务信息之后,要对这些零散的信息进行整理分析。可以利用类似企业财务报表的一系列个人财务报表,将零散的信息归类到各类表格中。通过这些个人财务报表,我们可以很直观地了解自己的财务状况,并以此为基础进行相应的理财规划。

(二)了解个人的投资风险偏好

一个人随着年龄的增大,对风险承受能力降低,会逐渐失去从一项巨大投资失败中恢复过来的能力,所以了解自己的风险偏好是非常重要的。风险偏好就是人对风险的态度,是对一项风险事件的容忍程度。风险偏好与个人的客观情况、生活经验、性格爱好等因素密切相关,它将对个人理财中的各个具体规划起着重要的指导作用。不要做不考虑任何客观情况的风险偏好的假设,如有的人因为自己偏好于风险较大的投资工具,把钱全部放在股市里,而没有考虑到父母、配偶、子女,没有考虑到家庭责任,这个时候他的风险偏好就偏离了他能够承受的范围。

(三)设定理财目标

个人理财目标就是在一定期限内,设定本人净资产想要达到的增加额,同时通过有计划地安排资产种类,以便获得有效的现金流入来实现该目标。做好目标设定的方法就是明确地写下来。由于每个人想追求的生活和自身所处情况(如年龄、工作及收入、家庭状况等)的不同,设定的目标也不相同。

在设定理财目标时,应包含两个层面的内容。首先是安排好当前的生活,将目前的资产和产生的现金流做合理的安排和配置,使自己和家人能够有一个安心、健康的生活。其次是为未来的人生目标和理想在财务上做好安排,未雨绸缪。例如,孩子未来的大学教育费用、自己的养老问题等都需要尽早做好安排。

(四) 制订并实施理财计划

当个人理财目标制定好后,应根据目标制定相应的个人理财计划和实施步骤。个人理财计划即理财目标的细化、理财投资步骤的落实,一份理财计划包括两个方面:首先是设想出可能的行动方案;其次是选择出适合自己的方案,该方案为实现理财目标的具体计划,包括时间、具体步骤、匹配资金数额及资金来源、理财工具等。

根据自身的条件、能力、素质,选择适合自己的投资工具进行个人理财投资,将会产生良好的投资回报。如果盲目跟随别人投资,或选择自己不熟悉的投资工具,将会给资产带来很大的风险。

国内主要的个人理财投资工具,如表1-3所示。

表1-3　　　　　　　　　国内主要的个人理财投资工具表

投资工具	储蓄	保险	债券	基金	外汇	股票	期货	房产	贵金属	收藏
风险性	低	低	低	中	高	高	高	中	中	中
收益性	低	低	中	中	高	高	高	中	中	中
兑现性	高	低	中	中	高	高	高	低	低	低

例如,要制订一份养老退休理财计划,可以通过储蓄、保险、基金投资等多种产品与渠道,理财计划中应该给出明确的措施,同时理财计划还应该制定定期检查的时间表。

另外,个人理财计划往往受到许多因素的影响,这些因素的总和构成了制订理财计划的环境,一般可以将这些因素分为三大部分,如表1-4所示。

表1-4　　　　　　　　　　理财计划的影响因素

经济因素	社会因素	个人因素
国内经济状况		年龄
利率	人口结构	婚姻情况
失业率	人口寿命	收入
国际收支和汇率	社会结构的变化	性格爱好
财政收支	家庭模式	亲朋好友

考虑好所有的影响因素和目标后,最好依据各目标采取相应的理财措施。

(五) 评估和修正理财计划

理财计划仅仅只是适合当时的市场环境及个人状况,随着经济等环境的变动,如战争、政治事件、重大经济改革以及金融市场上的投机活动等,投资者都会面临各种各样的风险。个人理财的投资计划也应当以规避风险为宗旨,及时进行调整,保证家庭资产的保值和增值。因此,在制订了一个比较满意的个人理财计划后,还要不断地了解市场信息,获取有效资源,适时调整自己的投资策略,以充分适应市场变化。整个理财过程是一个循环的、动态的过程,需要定期对理财计划进行评估和修正。

本章练习

一、单项选择题

1. 个人理财起源于( )为推销产品而采取的全新策略,因其良好的规划属性而显现出很强的生命力。
   A. 保险工作人员　　　　　　　B. 银行工作人员
   C. 证券工作人员　　　　　　　D. 信托工作人员

2. 对于个人理财,最全面的理解是( )。
   A. 赚取财富　　　　　　　　　B. 财务规划
   C. 收支平衡　　　　　　　　　D. 投资理财

3. 个人理财所做的一切都是为了一个目标,即( )。
   A. 发财致富　　　　　　　　　B. 保值增值
   C. 防范风险　　　　　　　　　D. 保障生活

4. 从时间起止的角度来看,理财规划( )。
   A. 从上学开始　　　　　　　　B. 从工作开始
   C. 从结婚开始　　　　　　　　D. 贯穿一生

5. 下列各项中,不属于个人理财规划内容的是( )。
   A. 储蓄规划　　　　　　　　　B. 保险规划
   C. 健康规划　　　　　　　　　D. 退休规划

6. 人们经常说"不要把全部鸡蛋放在同一个篮子里,也不要把全部担子挑在一个肩膀上",这属于个人理财中的( )。
   A. 快乐理财原则　　　　　　　B. 安全性原则
   C. 提高素质原则　　　　　　　D. 变现原则

二、多项选择题

1. 个人理财的作用包括( )。
   A. 平衡现在和未来的收支　　　B. 提高生活水平
   C. 增强自信心　　　　　　　　D. 规避风险和灾害

2. 在个人理财规划中,人们常常会犯的错误有( )。
   A. 理财是投机活动
   B. 理财只适用于收入高的家庭或个人
   C. 节俭生财
   D. 理财仅指把钱放在银行

3. 下列关于个人理财的说法中,正确的有( )。
   A. 是一个过程
   B. 针对客户一生的长期规划
   C. 是一项综合性金融服务
   D. 由专业理财人士提供的金融服务

4. 下列理财目标中,属于中长期目标的是( )。
   A. 子女教育储蓄　　　　　　　B. 贷款买房
   C. 退休规划　　　　　　　　　D. 休假
5. 个人理财的具体目标按照人生过程可以分为( )。
   A. 个人单身期目标　　　　　　B. 家庭组成期目标
   C. 家庭成长期目标　　　　　　D. 子女教育期目标

三、判断题

1. 个人理财主要考虑的是资产的增值,因此,个人理财就是如何进行投资。（　　）
2. 理财是有钱人的事,对于普通的工薪阶层是没有用的。（　　）
3. 维持现有资产的保值增值,是个人理财的基本目标。（　　）
4. 理财过程是一个循环的、动态的过程,需要定期对自己的理财计划进行评估和修正。（　　）
5. 任何个人理财计划的制订都要从了解自己的财务状况开始。（　　）
6. 在理财过程中,为了获得更多的收益,可以忽视财产的变现能力。（　　）

四、简答题

1. 简述个人理财过程中应该遵循的基本原则。
2. 简述个人理财规划的设计流程。
3. 请举例说明在不同的人生阶段应该制定的个人理财目标。
4. 我国个人理财业务尚处于发展中的初级阶段,请简述其具体表现。

第二章 个人理财基础理论

知识导航

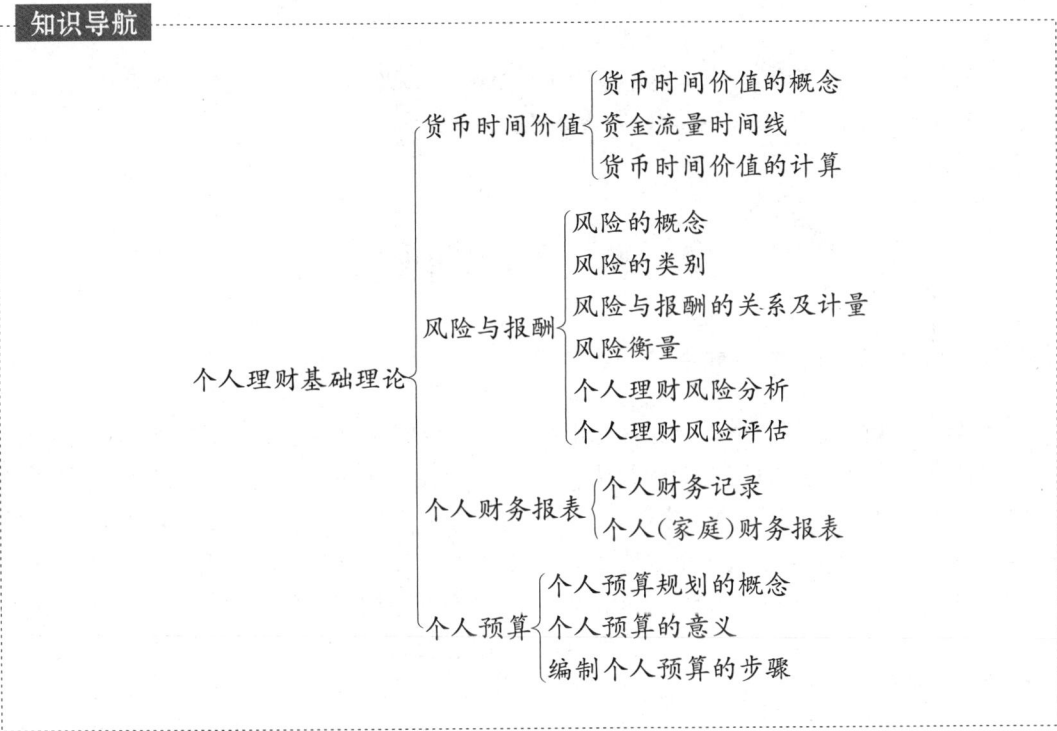

学习目标

1. 了解货币时间价值的概念。
2. 掌握货币时间价值的计算方法。
3. 熟悉风险报酬的相关概念及计算方法。
4. 理解个人理财风险分析与评估。
5. 掌握个人(家庭)财务报表的编制。

导入案例

李博士是国内某领域的知名专家,某日他接到一家上市公司的录用通知,拟聘请他作为公司的技术顾问,指导开发新产品。录用的具体条件如下:

(1) 每个月来公司指导工作一天。
(2) 每年聘金10万元。
(3) 提供公司所在地A市住房一套,价值80万元。
(4) 在公司至少工作5年。

李博士对以上工作待遇很感兴趣,对公司开发的新产品也很有研究,决定应聘。但是他不想接受住房条件,因为每月工作一天,只需要住公司招待所就可以了。住房没有必要还得请专人照看。因此他向公司提出,能否将住房改为住房补贴。公司考虑了李博士的请求,决定可以在今后5年里每年年初给李博士支付20万元住房补贴。收到公司的答复后,李博士又犹豫起来,因为如果接受公司住房条件,当年可以将其出售,扣除售价5%的契税和手续费等,他还可以获得76万元。

思考:

假设存款利率为每年2%,李博士应该如何选择?如果李博士本身是一个企业的业主,其资金的投资回报率为32%,他应如何选择呢?

第一节 货币时间价值

一、货币时间价值的概念

在日常生活中,投资者把1万元存到银行,1年后希望从银行拿到的货币绝不是1万元,而一定是比1万元要多;投资者向银行借1万元,到期还款的时候,银行要求其归还货币的数额也一定要比1万元多。换言之,对1万元这笔资金而言,经过未来的1年时间,它的数量会增加,未来的货币数量值会超过现在的货币数量值,即现在的1万元和未来的1万元是不等值的。货币的时间价值是指数量相同的货币资金在不同时点的价值不相同。这种价值的增加与时间有关,是对货币资金持有者在一定时期内让渡使用权的一种回报,因此被称作货币的时间价值。从经济学的角度来看,时间价值就是货币使用的机会成本。在现实生活中,对货币的时间价值可以采用相对量和绝对量两种方法来衡量。采用相对量对货币时间价值进行计算,通常选用利率作为衡量手段;与之相对应,采用绝对量对货币时间价值进行计算,通常选用利息作为衡量手段。

货币的时间价值原理正确地揭示了不同时点上资金之间的换算关系,是个人理财决策的基本依据。我们计算的货币时间价值,通常是指没有风险和通货膨胀条件下的社会平均资金利润率。

二、资金流量时间线

在讨论货币时间价值时,我们通常会用资金流量时间线来表示资金的状况,如图2-1所示。

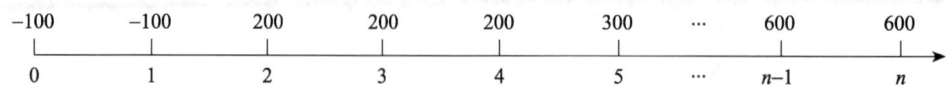

图2-1 资金流量时间线

资金流量时间线是表示资金在某时刻流入、流出的图形,即由期限、资金流入流出的时间、数量三部分构成。如图2-1资金流量时间线所示,时间线下方的0,1,2,…,(n-1),n等代表的是资金流入流出的时间点;而时间线上方的数字代表的是资金流入流出的数量,其中,-100代表的是数量为100的资金流出,200、300、600等代表的是数量为200、300、600的资金流入,因此,"-"代表的是资金流出,"+"代表的是资金流入,通常资金流入的数字前面的"+"省略不写。

三、货币时间价值的计算

货币时间价值的计算,涉及两个重要的概念:现值和终值。

现值,是指未来某一时点上的一定量现金折算到现在(期初)的价值,通常用PV表示。终值,是指现在一定量的现金在将来某一时点上的价值,通常用FV表示。由于终值与现值的计算与利息的计算方法有关,而利息的计算有复利和单利两种,因此终值与现值的计算也有复利和单利之分。个人理财在涉及货币时间价值计算,通常采用复利计算。

(一)单利终值及现值的计算

单利是指只对本金计算利息,利息部分不再计息,通常用PV表示现值,FV表示终值,i表示利率(贴现率、折现率),n表示计算利息的期数,I表示利息。

1. 单利利息

单利的利息是指只针对本金而计算的利息,其计算公式为:

$$I = PV \cdot i \cdot n$$

2. 单利终值

单利的终值,即现在的一定资金在将来某一时点按照单利方式计算的本利和,其计算公式为:

$$FV = PV \cdot (1 + i \cdot n)$$

3. 单利现值

在现实经济生活中,有时需要根据终值来确定其现在的价值,即现值,其计算公式为:

$$PV = \frac{FV}{1 + i \cdot n}$$

【例2-1】 小张为了降低投资风险,将一笔50 000元的现金存入银行,银行1年期定期利率为5%,采用单利计算方法。

要求:

(1)计算小张第1年和第2年应收到的利息。

(2)如果存款期限为1年,小张在1年后能从银行取出多少钱?如果存款期限是2年呢?

解:为更好地解答本题,制简表进行理解,如表2-1所示。

表 2-1　　　　　　　　　　　单利终值的计算　　　　　　　　　　　单位:元

n（年）	PV	I（$i=5\%$）	FV
1	50 000	2 500	52 500
2	50 000	5 000	55 000

$$I_1 = PV \cdot i \cdot n = 50\,000 \times 5\% \times 1 = 2\,500(元)$$
$$I_2 = PV \cdot i \cdot n = 50\,000 \times 5\% \times 2 = 5\,000(元)$$
$$FV_1 = PV \cdot (1+i \cdot n) = 50\,000 \times (1+5\% \times 1) = 52\,500(元)$$
$$FV_2 = PV \cdot (1+i \cdot n) = 50\,000 \times (1+5\% \times 2) = 55\,000(元)$$

答：小张第 1 年和第 2 年应收的利息均为 2 500 元。如果存款期限为 1 年,小张在 1 年后能从银行取出 52 500 元;如果存款期限是 2 年,小张在 2 年后能从银行取出 55 000 元。

从计算可以看出,第 1 年的利息在第 2 年不再计息,只有本金在第 2 年计息。本书如无特别说明,给出的利率均为年利率。

【例 2-2】 小王希望 5 年后获得 10 000 元本利和,以供其继续教育支出,拿出部分闲置资金存入银行,假设银行利率为 5%,采用单利计算方法。

要求：计算小王现在需存入银行多少资金,5 年后能够一次性取出 10 000 元。

解：$PV = \dfrac{FV}{1+i \cdot n} = \dfrac{10\,000}{1+5\% \times 5} = 8\,000(元)$

答：小王现在要存入银行 8 000 元,5 年后才能一次性取出 10 000 元。

上面求现值的计算,是终值计算的逆运算,也可称为折现值的计算,折现使用的利率称为折现率。

（二）复利终值及现值的计算

1. 复利终值

复利是指不仅对本金要计息,而且对本金所产生的利息部分也要计息,即"利滚利"。复利的终值是指一定量的本金按复利计算的若干年后的本利和。其计算公式为：

$$FV = PV \cdot (1+i)^n$$

式中,$(1+i)^n$ 称为"复利终值系数"或"1 元复利终值系数",用符号 $FVIF_{i,n}$ 来表示,也可以用 $(F/P, i, n)$ 来表示。数值可查阅复利终值系数表,复利终值的计算公式可以整理为：

$$FV = PV \cdot FVIF_{i,n} = PV \cdot (F/P, i, n)$$

上式可读作"在 n 期,利率为 i 的情况下,已知现值求终值",为简化和加速计算,可编制复利终值系数表。

【例 2-3】 小张为了降低投资风险,将一笔 5 000 元的现金存入银行,银行 1 年期定期利率为 5%。

要求：如果存款期限为 1 年,小张在 1 年后能从银行取出多少钱? 如果存款期限是 2 年呢?

解：根据题意及复利终值系数表,可制简表如表 2-2 所示。

表 2-2　　　　　　　　　　　　复利终值系数表简表

n	i		
	4%	5%	6%
1	1.040 0	1.050 0	1.060 0
2	1.081 6	1.102 5	1.123 6
3	1.124 9	1.157 6	1.191 0

$$FV_1 = PV \cdot (1+i)^1 = 5\,000 \times 1.050\,0 = 5\,250(元)$$

或

$$FV_1 = PV \cdot FVIF_{5\%,1} = 5\,000 \times 1.050\,0 = 5\,250(元)$$

$$FV_2 = PV \cdot (1+i)^2 = 5\,000 \times 1.102\,5 = 5\,512.5(元)$$

或

$$FV_2 = PV \cdot FVIF_{5\%,2} = 5\,000 \times 1.102\,5 = 5\,512.5(元)$$

答：如果存款期限是 1 年，小张在 1 年后能从银行取出 5 250 元；如果存款期限是 2 年，小张在 2 年后能从银行取出 5 512.5 元。

上式中的 $FVIF_{5\%,2}$ 表示利率为 5%，期限为 2 年的复利终值系数，在复利终值表中，可以从横行中找到利息 5%，纵列中找到期数 2 年，纵横相交处，可查到 $FVIF_{5\%,2} = 1.102\,5$，如表 2-2 所示。该系数表明，在年利率为 5% 的条件下，现在的 1 元与 2 年后的 1.102 5 元相等。

将单利终值与复利终值比较发现，在第 1 年，单利终值和复利终值是相等的，在第 2 年，单利终值和复利终值不相等，两者相差 5 512.5 − 5 500 = 12.5(元)，这是因为第 1 年本金所产生的利息在第二年也要计算利息，即 250 × 5% = 12.5(元)。因此，从第 2 年开始，单利终值和复利终值是不相等的。

2. 复利现值

复利现值是指在将来某一特定时间取得或支出一定数额的资金，按复利折算到现在的价值。复利现值是和复利终值相对的概念，是复利终值的逆运算，因此，复利现值的计算公式为：

$$PV = \frac{FV}{(1+i)^n} = FV \cdot (1+i)^{-n}$$

式中的 $(1+i)^{-n}$ 称为"复利现值系数"或"1 元复利现值系数"，可以用符号 $PVIF_{i,n}$ 表示，也可以用符号 $(P/F, i, n)$ 表示。其数值可查阅复利现值系数表，复利现值的计算公式可以整理为：

$$PV = FV \cdot PVIF_{i,n} = FV \cdot (P/F, i, n)$$

【例 2-4】 小王希望 5 年后获得 10 000 元，以供其旅游支出，现打算拿出部分闲置资金存入银行，假设银行利率为 5%。

要求：计算小王现在需存入银行多少资金，5 年后能够一次性取出 10 000 元。

解：根据题意及复利现值系数表，制简表如表2-3所示。

表2-3　　　　　　　　　　　复利现值系数表

n	i				
	2%	3%	4%	5%	6%
1	0.980 4	0.970 9	0.961 5	0.952 4	0.943 4
2	0.961 2	0.942 6	0.924 6	0.907 0	0.890 0
3	0.942 3	0.915 1	0.889	0.863 8	0.839 6
4	0.923 8	0.888 5	0.854 8	0.822 7	0.792 1
5	0.905 7	0.862 6	0.821 9	0.783 5	0.747 3

$$PV = FV \cdot PVIF_{5\%,5} = 10\,000 \times 0.783\,5 = 7\,835(元)$$

$PVIF_{5\%,5}$ 表示利率为5%，期限为5年的复利现值系数。同样，我们在复利现值表上，从横行中找到利率5%，纵列中找到期限5年，两者相交处，可查到 $PVIF_{5\%,5} = 0.783\,5$，如表2-3所示。该系数表明，在年利率为5%的条件下，5年后的1元相当于现在的0.783 5元。

答：小王现在需存入银行7 835元，5年后可一次性取出10 000元。

（三）年金终值及现值的计算

年金是指一定时期内，每隔相同的时间，收入或支出相同金额的系列款项，如折旧、租金、等额分期付款、养老金、保险费、零存整取等都属于年金问题。

年金根据每次收付发生的时点不同，可分为后付年金、先付年金、递延年金和永续年金四种。需要大家注意的是，讲到年金，一般是指后付年金，也就是我们通常所说的普通年金。

1. 普通年金

普通年金也叫后付年金，是指在每期的期末，间隔相等时间，收入或支出相等金额的系列款项。每一间隔期，有期初和期末两个时点，由于普通年金是在期末这个时点上发生收付，故又称后付年金。

（1）普通年金终值。普通年金的终值是指每期期末收入或支出的相等款项，按复利计算，在最后一期所得的本利和。每期期末收入或支出的款项用 A 表示，利率用 i 表示，期数用 n 表示，普通年金的终值（FVA）计算公式为：

$$FVA = A \cdot \sum_{t=1}^{n}(1+i)^{t-1}$$

$\sum_{t=1}^{n}(1+i)^{t-1}$ 称为"年金终值系数"或"1元年金终值系数"，可以用符号 $FVIFA_{i,n}$ 表示，也可以用符号 $(F/A,i,n)$ 表示。上式可读作"在年金为1元，利率为 i 的情况下，求经过 n 期的年金终值"，可查1元年金终值表，因此，后付年金终值的计算公式也可以表示为：

$$FVA = A \cdot FVIFA_{i,n} = A \cdot (F/A,i,n)$$

【例2-5】 小张为了降低投资风险，计划将钱存入银行，他连续5年每年年末存入银行

10 000元,银行年利率为5%。

要求:计算第5年年末小张可以从银行一次性取出多少钱。

解:可以利用年金终值系数表查找期数为5,利率为5%的年金终值系数为5.525 6,如表2-4所示。

表2-4　　　　　　　　　　　年金终值系数简表

n	i				
	2%	3%	4%	5%	6%
1	1.000 0	1.000 0	1.000 0	1.000 0	1.000 0
2	2.020 0	2.030 0	2.040 0	2.050 0	2.060 0
3	3.060 4	3.090 9	3.121 6	3.152 5	3.183 6
4	4.121 6	4.183 6	4.246 5	4.310 1	4.374 6
5	5.204 0	5.309 1	5.416 3	5.525 6	5.637 1

$$FVA = A \times FVIFA_{5\%,5} = 10\,000 \times 5.525\,6 = 55\,256(元)$$

上面计算表明,每年年末存入银行10 000元,复利年利率为5%,连续存5年,到第5年年末可得55 256元。

答:第5年年末小张可从银行取出55 256元。

计算年金终值,一般是已知每年年金数额,然后求终值。有时我们会碰到已知年金终值,反过来求每年支付的年金数额,这是年金终值的逆运算,我们把它称作年偿债基金的计算,计算公式如下:

$$A = \frac{FVA}{FVIFA_{i,n}} = FVA \cdot \frac{1}{FVIFA_{i,n}}$$

$\frac{1}{FVIFA_{i,n}}$ 称作"偿债基金系数",可查偿债基金系数表,也可根据年金终值系数的倒数来得到。利用偿债基金系数可把年金终值折算为每年需要支付的年金数额。

【例2-6】 小张计划在5年后攒够50 000元,以支付购买房子的首付,他又不想承担过高的投资风险,决定将资金存入银行,假设银行年利率为5%。

要求:为攒够这笔首付资金,小张需要每年年末存入银行多少元?

解:
$$A = \frac{FVA}{FVIFA_{5\%,5}} = \frac{50\,000}{5.525\,6} = 9\,048.79(元)$$

答:在银行年利率为5%时,小张每年年末存入银行9 048.79元,5年后才能攒够50 000元。

(2) 普通年金现值。普通年金的现值是指一定时期内每期期末等额收支款项的复利现值之和。实际上就是指为了在每期期末取得或支出相等金额的款项,现在需要一次投入或借入多少金额。年金现值用PVA表示。

$$PVA = \frac{A}{(1+i)^1} + \frac{A}{(1+i)^2} + \cdots + \frac{A}{(1+i)^{n-1}} + \frac{A}{(1+i)^n}$$

经整理：

$$PVA = A \cdot \sum_{t=1}^{n} \frac{1}{(1+i)^t}$$

$\sum_{t=1}^{n} \frac{1}{(1+i)^t}$ 称为"年金现值系数"或"1元年金现值系数"，可以用符号 $PVIFA_{i,n}$ 表示，也可以用符号 $(P/A,i,n)$ 表示。上式可读作"在年金为1元，利率为 i 的情况下，经过 n 期的年金现值"，可查1元年金现值表，因此，年金现值的计算公式也可整理为：

$$PVA = A \cdot PVIFA_{i,n} = A \cdot (P/A,i,n)$$

【例2-7】 小王一家三口决定在今年年初向银行存入一笔钱，作为家庭未来5年每年年末的旅游基金，假设银行年利率为5%，小王希望每年年末取得10 000元用来旅游支出。

要求： 计算今年年初（第一年年初）应一次性存入多少元。

解： 可以利用年金现值系数表查找期数为5，利率为5%的年金现值系数为4.329 5，如表2-5所示。

表2-5 年金现值系数简表

n	i				
	2%	3%	4%	5%	6%
1	0.980 4	0.970 9	0.961 5	0.952 4	0.943 4
2	1.941 6	1.913 5	1.886 1	1.859 4	1.833 4
3	2.883 9	2.828 6	2.775 1	2.723 2	2.673 0
4	3.807 7	3.717 1	3.629 9	3.546 0	3.465 1
5	4.713 5	4.579 7	4.451 8	4.329 5	4.212 4

$$PVA = A \cdot PVIFA_{5\%,5} = 10\,000 \times 4.329\,5 = 43\,295(元)$$

答： 为了每年年末取得10 000元，第一年年初应一次性存入43 295元。

上题是已知每年年金数额的条件下，计算年金的现值，也可以反过来在已知年金现值的条件下，求每年年金数额，这是年金现值的逆运算，可称作年回收额的计算，计算公式如下：

$$A = \frac{PVA}{PVIFA_{i,n}} = PVA \cdot \frac{1}{PVIFA_{i,n}}$$

$\frac{1}{PVIFA_{i,n}}$ 称作"回收系数"，是年金现值系数的倒数，可查表获得，也可利用年金现值系数的倒数来求得。

【例2-8】 小张购入一套商品房，需向银行按揭贷款100万元，准备20年内于每年年末等额偿还，银行贷款年利率为5%。

要求： 计算小张每年应归还多少元？

解： $A = \frac{100}{PVIFA_{5\%,20}} = \frac{100}{12.462\,2} = 8.024\,3(万元)$

答： 小张每年应还贷款8.024 3万元。

2. 先付年金

先付年金是指每期收入或支出相等金额的款项发生在每期的期初,而不是期末,又称即付年金。

(1) 先付年金终值。先付年金与普通年金的区别在于收付款的时点不同,普通年金在每期的期末收付款项,先付年金在每期的期初收付款项,收付时间如图 2-2 所示。

先付年金:

普通年金:

图 2-2　先付年金与普通年金

从图 2-2 可见,n 期的先付年金与 n 期的普通年金,其收付款次数是一样的,只是收付款时点不一样。如果计算年金终值,先付年金要比普通年金多计 1 年的利息。因此,在普通年金的终值的基础上,乘上 $(1+i)$ 便可计算出先付年金的终值,其计算公式为:

$$FVA_n = A \cdot FVIFA_{i,n} \cdot (1+i)$$

【特别提示】

可根据 n 期先付年金终值与 $(n+1)$ 期普通年金终值的关系推导出另一计算公式。n 期先付年金与 $(n+1)$ 期普通年金的计息期数相同,但比 $(n+1)$ 期普通年金少付 1 次款,因此,只要将 $(n+1)$ 期普通年金的终值减去 1 期付款 A,便可求出 n 期先付年金终值,其计算公式为:

$$FVA_n = A \cdot FVIFA_{i,n+1} - A = A \cdot (FVIFA_{i,n+1} - 1)$$

$(FVIFA_{i,n+1} - 1)$ 称为"先付年金系数",可利用普通年金终值表查得 $(n+1)$ 期的终值,然后减去 1,就可得到 1 元先付年金终值。

【例 2-9】　小张为了降低投资风险,计划将钱存入银行,他连续 5 年每年年初存入银行 10 000 元,假设银行年利率为 5%。

要求:计算第 5 年年末小张可以一次性从银行取出多少钱。

解:　$FVA = 10\,000 \times (FVIFA_{5\%,5+1} - 1) = 10\,000 \times (6.8019 - 1) = 58\,019(元)$

答:第 5 年年末小张可以一次性从银行取出 58 019 元。

与[例 2-5]的普通年金终值相比,相差 $58\,019 - 55\,256 = 2\,763$(元),该差额实际上是因为先付年金比普通年金多计 1 年利息,即 $55\,256 \times 5\% \approx 2\,763$(元)。

(2) 先付年金现值。n 期的先付年金与 n 期的普通年金,其收付款次数是一样的,只是付款时间不同,在计算现值时,n 期后付年金比 n 期先付年金多折现一期。因此,可先求出 n 期后付年金的现值,再乘以 $(1+i)$,便可求出 n 期先付年金的现值,其计算公式为:

$$PVA = A \cdot PVIFA_{i,n} \cdot (1+i)$$

【特别提示】

可根据 n 期先付年金与 n−1 期后付年金的关系推导出另一计算公式。n 期先付年金现值与 n−1 期后付年金现值的折现期数相同,但比 n−1 期后付年金多一期不用折现的付款额 A,因此,只要将 n−1 期后付年金的现值加上一期不用折现的付款额 A,便可求出 n 期先付年金现值,其计算公式为:

$$PVA = A \cdot PVIFA_{i,n-1} + A = A \cdot (PVIFA_{i,n-1} + 1)$$

$(PVIFA_{i,n-1}+1)$ 称"先付年金现值系数",记作 $[(P/A,i,n-1)+1]$,可利用普通年金现值表查得 $(n-1)$ 期的现值,然后加上 1,就可得到 1 元先付年金现值。

【例 2-10】 小王一家三口决定在今年年初向银行存入一笔钱,作为家庭未来 5 年每年年初的旅游基金,假设银行利率为 5%,小王希望每年年初取得 10 000 元用来旅游支出。

要求:计算今年年初(第一年年初)应一次性存入多少元。

解: $PVA = 10\,000 \times (PVIFA_{5\%,5-1} + 1) = 10\,000 \times (3.546\,0 + 1) = 45\,460(元)$

答:小王今年年初应一次性存入 45 460 元。

与[例 2-7]的普通年金现值相比,相差 2 165 元(45 460−43 295),该差额实际上是因为先付年金现值比普通年金现值少折现一期,即 $43\,295 \times 5\% \approx 2\,165(元)$。

3. 递延年金

前两种年金的第一次收付时间都发生在整个收付期的第一期,要么在第一期期末,要么在第一期期初。但有时会遇到最初若干期无收付款项,后面若干期等额的系列收付款项。这种年金形式就是递延年金,它是普通年金的特殊形式。因此,递延年金是指在最初若干期没有收付款项的情况下,后面若干期有等额的系列收付款项的年金。递延年金的支付特点,如图 2-3 所示。

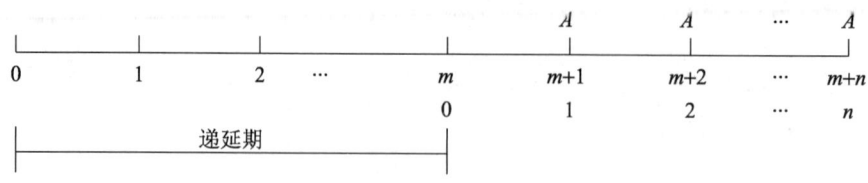

图 2-3 递延年金

从图 2-3 中可知,递延年金的第一次年金收付没有发生在第一期,而是隔了 m 期(这 m 期就是递延期),在第 $(m+1)$ 期的期末才发生第一次收付,并且在以后的 n 期内,每期期末均发生等额的现金收支。与普通年金相比,尽管期限一样,都是 $(m+n)$ 期,但普通年金在 $(m+n)$ 期内,每个期末都要发生收支,而递延年金在 $(m+n)$ 期内,只在后 n 期发生收支,前 m 期无收支发生。

(1) 递延年金的终值。在图 2-4 中,先不考虑递延期,年金一共支付了 n 期。只要将这 n 期年金折算到期末,即可得到递延年金终值。所以,递延年金终值的大小,与递延期无关,只与年金共支付了多少期有关,它的计算方法与普通年金相同。

$$FVA = A \cdot FVIFA_{i,n}$$

【例 2-11】 小张投资某一理财项目,估计从第 5 年开始至第 10 年,每年年末可得收益 10 000 元,假定年利率为 5%。

要求:计算小张投资该理财项目年收益的终值。

解:$FVA = 10\,000 \times FVIFA_{5\%,5} = 10\,000 \times 5.525\,6 = 55\,256(元)$

答:小张投资该理财项目年收益的终值为 55 256 元。

(2) 递延年金的现值。递延年金的现值可用三种方法来计算。

方法一:把递延年金视为 n 期的普通年金,求出年金在递延期期末 m 点的现值,再将 m 点的现值调整到第一期期初,如图 2-4 所示。

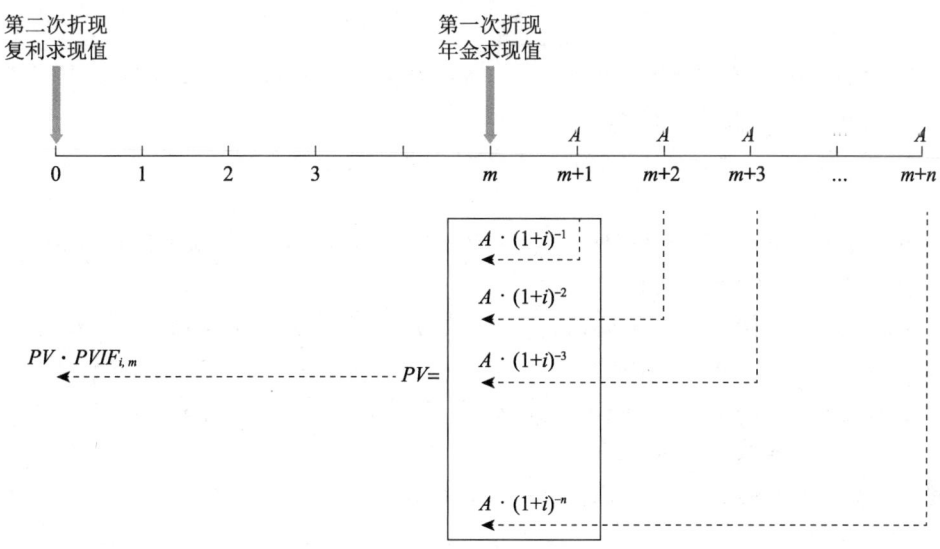

图 2-4 递延年金求现值方法一

根据图 2-4,递延年金求现值公式可整理为:

$$PVA = A \cdot PVIFA_{i,n} \cdot PVIF_{i,m}$$

方法二:先假设递延期也发生收支,则递延年金变成一个 $(m+n)$ 期的普通年金,算出 $(m+n)$ 期的年金现值,再扣除并未发生年金收支的 m 期递延期的年金现值,即可求得递延年金现值,如图 2-5 所示。

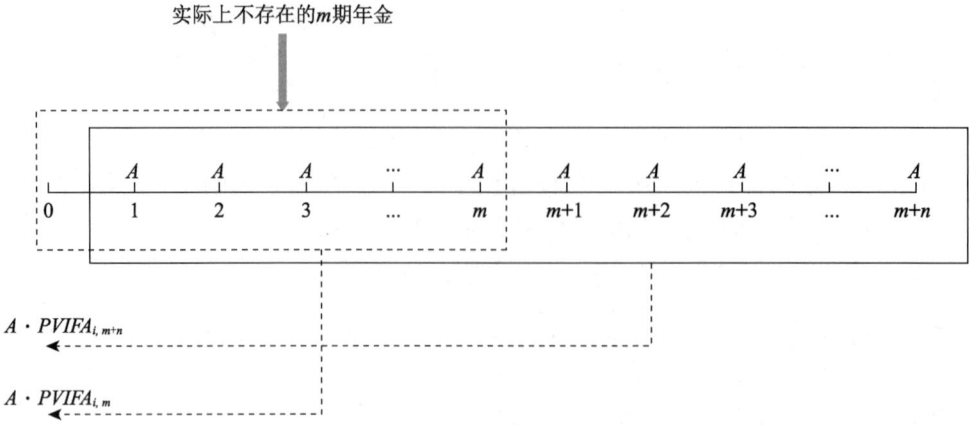

图 2-5　递延年金求现值方法二

根据图 2-5，递延年金求现值公式可整理为：

$$PVA = A \cdot PVIFA_{i,m+n} - A \cdot PVIFA_{i,m}$$

方法三：先算出递延年金的终值，再将终值折算到第一期期初，即可求得递延年金的现值。递延年金求现值公式可整理为：

$$PVA = A \cdot FVIFA_{i,n} \cdot PVIF_{i,m+n}$$

【**例 2-12**】　小王年初投资一理财产品，希望从第 6 年开始每年年末取得 10 000 元收益，投资期限为 10 年，假定年利率 5%。

要求：计算为取得上述收益，小王应在年初一次性投资的金额。

解：

方法一：$PVA = 10\,000 \times PVIFA_{5\%,5} \times PVIF_{5\%,5} = 10\,000 \times 4.329\,5 \times 0.783\,5$
$= 33\,921.63(元)$

方法二：$PVA = 10\,000 \times (PVIFA_{5\%,10} - PVIF_{5\%,5}) = 10\,000 \times (7.721\,7 - 4.329\,5)$
$= 33\,922.00(元)$

方法三：$PVA = 10\,000 \times FVIFA_{5\%,5} \times PVIF_{5\%,10} = 10\,000 \times 5.525\,6 \times 0.613\,9$
$= 33\,921.66(元)$

答：为取得上述收益，小王应在年初一次性投资 33 922 元。

4. 永续年金

永续年金是指无限期的收入或支出相等金额的年金，又称永久年金。它也是普通年金的一种特殊形式，由于永续年金的期限趋于无限，没有终止时间，因而也没有终值，只有现值。永续年金的现值计算公式如下：

$$PVA = A \cdot \frac{1 - \frac{1}{(1+i)^n}}{i}$$

当 $n \to \infty$ 时，$\frac{1}{(1+i)^n} \to 0$，所以，永续年金的现值公式可以整理为：

$$PVA = A \cdot \frac{1}{i}$$

【例 2-13】 小王长期持有某一公司的股票,该公司采用固定股利政策,预计每年可以拿到 5 000 元的股利,年利率为 5%。

要求:计算小王所持有的该股票的现值。

解: $PVA = \dfrac{A}{i} = \dfrac{5\,000}{5\%} = 100\,000(元)$

答:小王持有的该股票的现值为 100 000 元。

【特别提示】
前面讲解的年金是指每次收入或支出款项相等的情况,但是在实际管理中,并不是每次收入或支出的款项都相等,更多的是款项不等的情况,因此,我们还要学习不等额现金流入或现金流出的计算。不等额现金流入或现金流出的计算实质上就是将复利和年金结合起来综合计算。我们可以通过下面的例题具体掌握其计算方法。

【例 2-14】 某一理财投资将产生一笔现金流量,第 1 年年初有 1 000 元现金流入,第 1 年年末有 2 000 元的现金流入,第 2 年年末有 100 元的现金流入,第 3 年至第 5 年年末分别有 3 000 元的现金流入,假设折现率为 5%。

要求:计算该笔不等额现金流入的现值。

解: $PV = 1\,000 + 2\,000 \times PVIF_{5\%,1} + 100 \times PVIF_{5\%,2} + 3\,000 \times PVIFA_{5\%,3} \times PVIF_{5\%,2}$
$= 1\,000 \times 1.000\,0 + 2\,000 \times 0.952\,4 + 100 \times 0.907\,0 + 3\,000 \times 2.723\,2 \times 0.907\,0$
$= 11\,221.63(元)$

答:该笔不等额现金流入的现值为 11 221.63 元。

第二节 风险与报酬

在讨论时间价值时,货币时间价值通常被理解为没有风险和通货膨胀情况下的社会平均投资报酬率。事实上,任何投资都是有风险的,个人的理财决策也都是在包含风险和不确定性的情况下做出的。

一、风险的概念

风险是个人理财环境的一个重要特征,通常指决策结果的不确定性。风险产生的原因是信息缺乏和个人对未来事物发展过程的不可控。在个人理财规划中,这种不确定性可能是积极的、正向的,也可能是消极的、逆向的。

风险是某一特定危险情况发生的可能性和后果的组合。风险具有客观性、普遍性、损失性、不确定性、可识别性、可控性等特点。

在个人理财过程中,风险是指在一定条件下和一定时期内预期结果的不确定性或实际结果偏离预期目标的程度,若投资者投资国债,则收益的不确定性较小;若投资股票,则收益的不确定性就会大很多。各种经济活动和理财行为都有各自不同的特点,投资风险的大小客观存在,而投资者可以凭主观决策判断是否去冒风险以及所冒风险的大小程度。投资国债,最终结果与预期目标出现偏离的程度小,是低风险投资行为;投资股票,最终结果与预期目标出现偏离的程度大,是高风险投资行为。

在个人理财活动中,风险既可能带来额外的收益,也可能造成超出预期的损失。一般来说,个人理财对意外损失的关注程度远高于对额外收益的关注。因此,人们在分析风险时更加注重研究不利事件发生的可能性以及如何去避免损失或减少损失。从个人理财的角度来看,风险主要是指发生损失和未达到预期报酬的可能性。

二、风险的类别

(一)利率风险

利率风险是指由于市场利率变动的不确定性而使投资者遭受损失的可能性。证券价格与市场利率的关系极为密切,两者呈反向变化。其原因在于,银行利率提高,会吸引一部分资金流向银行等储蓄机构,从而减少对证券的需求,致使证券价格下降;同时利率提高,公司融资成本提高,在其他条件不变的情况下,盈利减少,从而派发的股利也减少,于是便导致股价下跌,反之亦然。

(二)通货膨胀风险

通货膨胀风险是指由于通货膨胀而使货币的购买力下降的风险。在通货膨胀期间,虽然随着商品价格的普遍上涨,证券价格也会上涨,投资者的货币收入会有所增加,但由于货币贬值,购买力水平下降,投资者的实际收益可能没有增加反而有所下降。例如,通货膨胀率为7%,年利率为5%,则实际利率为负利率。例如,当投资者年初持有100元货币资金时,年终价值为105元,但年初价格为100元的商品,年终价格为107元,年初用100元可以购买的商品到年终则无法购得,货币的购买力下降。

(三)财务风险

财务风险是指由于举债而给投资者财务成果带来的不确定性,又称筹资风险。财务风险是由于投资者举债而引起的到期不能偿债的可能性以及由此而形成的投资收益率的波动。负债在投资者整个资产中所占比重越高,财务风险越大。

(四)违约风险

违约风险又称信用风险,是指证券发行人无法按时还本付息而使投资者遭受损失的风险。违约风险是债券的主要风险。一般认为,在各类债券中,违约风险从低到高排列依次为国家债券、地方政府债券、金融债券、公司债券。

(五)变现力风险

变现力风险是指无法在短期内以合理价格卖掉证券的风险。投资者在出售证券时,有两个不确定性:①以何种价格成交,②需要多长时间才能成交。若投资者购买的是垃圾股或不知名公司的股票等流动性差的证券,当其遇到更好的投资机会,想出售现有证券以便再投资时,通常很难在短期内以合理价格售出,只能通过降价或等待较长时间才能出售,于是投资者就会丧失新的投资机会或蒙受降价损失。

【特别提示】

以上风险类别中,利率风险与通货膨胀风险属于系统风险,是所有企业和个人都会面对的风险,它不能通过分散投资加以分散,是不可分散风险;财务风险、违约风险及变现力风险属于非系统风险,它只会对特定的企业和个人收益产生影响,可以通过多元化投资来分散,是可分散风险。

三、风险与报酬的关系及计量

个人理财总是在有风险的状态下进行的,只不过风险有大有小。投资者进行风险投资,是为了获得更多的报酬,风险越大,要求的报酬就越高。风险和报酬之间存在密切的对应关系,高风险的项目必然有高报酬,低风险的项目必然低报酬,因此,风险报酬是投资报酬的组成部分。

风险报酬是指投资者进行风险投资而获得的超过货币时间价值的那部分额外收益,是对所遇到的风险的一种价值补偿,也称风险价值。它的表现形式是风险报酬额或风险报酬率,在实务中一般以风险报酬率来表示。

如果不考虑通货膨胀,投资者进行风险投资所希望得到的投资报酬率是无风险报酬率与风险报酬率之和,即:

$$投资报酬率 = 无风险报酬率 + 风险报酬率$$

无风险报酬率就是货币时间价值,是在没有风险状态下的投资报酬率,是投资者投资某一项目,肯定能够得到的报酬,具有预期报酬的确定性,并且与投资时间的长短有关,可用政府债券利率或存款利率表示。风险报酬率是风险价值,是超过货币时间价值的额外报酬,具有预期报酬的不确定性,与风险程度和风险报酬斜率的大小有关,并呈正比关系。风险报酬斜率可根据历史资料用高低点法、直线回归法或由投资者经验确定,风险程度用期望值、标准差来确定。

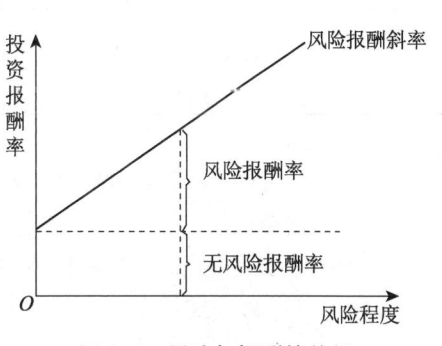

图 2-6 风险与报酬的关系

$$风险报酬率 = 风险报酬斜率 \times 风险程度。$$

风险与报酬的关系,如图 2-6 所示。

【例 2-15】 小王购买 A 公司股票进行理财,市场无风险报酬率为 5%,股票投资的风险报酬率为 10%。

要求:在不考虑通货膨胀时,计算小王投资 A 股票的投资报酬率。

$$投资报酬率 = 无风险报酬率 + 风险报酬率 = 5\% + 10\% = 15\%$$

答:在不考虑通货膨胀时,小王投资 A 股票的投资报酬率为 15%。

四、风险衡量

风险具有普遍性和广泛性,正确衡量风险十分重要。风险是可能值对期望值的偏离。

利用概率分布,用期望值和标准差来计算与衡量风险的大小,是一种最常用的方法。

(一) 概率

在完全相同的条件下,某一事件可能发生也可能不发生,可能出现这种结果也可能出现另外一种结果,这类事件称为随机事件。概率就是用来反映随机事件发生的可能性大小的数值,一般用 X 表示随机事件,X_i 表示随机事件的第 i 种结果,P_i 表示第 i 种结果出现的概率。一般随机事件的概率在 0 与 1 之间,即 $0 \leqslant P_i \leqslant 1$,$P_i$ 越大,表示该事件发生的可能性越大,反之,P_i 越小,表示该事件发生的可能性越小。所有可能的结果出现的概率之和一定为 1。即

$$\sum_{i=1}^{n} P_i = 1$$

【例 2-16】 小王对 A 股票投资,A 股票在不同市场情况下,各种可能收益及概率如表 2-6 所示。

表 2-6　　　　A 股票在不同市场情况下投资可能收益及概率　　　　金额单位:万元

市场情况	年收益	概率
繁荣	200	0.3
正常	100	0.5
疲软	50	0.2

从表 2-6 中可见,所有的 P_i 均在 0 和 1 之间,且 $P_1 + P_2 + P_3 = 0.3 + 0.5 + 0.2 = 1$。如果我们将该股票年收益的各种可能结果及相应的各种结果出现的概率按一定规则排列出来,构成分布图,则称为概率分布。概率分布一般用坐标图来反映,横坐标表示某一事件的结果,纵坐标表示每一结果相应的概率。

(二) 期望值

期望值,又称均值,它是随机变量各个可能取值以概率为权数的加权平均值。通常以 $\bar{r}$ 来表示。其计算公式如下:

$$\bar{r} = P_1 \cdot r_1 + P_2 \cdot r_2 + \cdots + P_n \cdot r_n = \sum_{i=1}^{n} P_i \cdot r_i$$

【例 2-17】 A 股票和 B 股票的报酬率及其概率分布情况,如表 2-7 所示。

表 2-7　　　　　　　A 股票和 B 股票报酬率的概率分布

市场情况	报酬率		概率
	A 股票	B 股票	
繁荣	40%	70%	0.3
正常	20%	20%	0.5
疲软	0	−30%	0.2

要求:计算 A 股票和 B 股票报酬率的期望值。

解：$\bar{r}_A = 40\% \times 0.3 + 20\% \times 0.5 + 0 \times 0.2 = 22\%$

$\bar{r}_B = 70\% \times 0.3 + 20\% \times 0.5 + (-30\%) \times 0.2 = 25\%$

答：A 股票报酬率的期望值为 22%，B 股票报酬率的期望值为 25%。

(三) 标准差

标准差用来衡量概率分布中各种可能值对期望值的偏离程度，反映风险的大小，用 σ 表示，其计算公式如下：

$$\sigma = \sqrt{\sum_{i=1}^{n}(r_i - \bar{r})^2 \cdot P_i}$$

标准差用来反映决策方案的风险，是一个绝对数。对 n 个方案进行决策的情况下，若期望值相同，则标准差越大，表明各种可能值偏离期望值的幅度越大，结果的不确定性越大，风险也越大；反之，标准差越小，表明各种可能值偏离期望值的幅度越小，结果的不确定性越小，则风险也越小。

【例 2-18】 承接[例 2-17]的数据。

要求：计算 A 股票和 B 股票的标准差。

解：$\sigma_A = \sqrt{(40\% - 22\%)^2 \times 0.3 + (20\% - 22\%)^2 \times 0.5 + (0 - 22\%)^2 \times 0.2} = 0.14$

$\sigma_B = \sqrt{(70\% - 25\%)^2 \times 0.3 + (20\% - 25\%)^2 \times 0.5 + (-30\% - 25\%)^2 \times 0.2} = 0.35$

答：A 股票标准差为 0.14，B 股票标准差为 0.35。

标准差越小，离散程度越小，风险也越小，说明 A 股票的风险要小于 B 股票的风险。

(四) 标准差系数

标准差作为反映可能值与期望值偏离程度的一个指标，可用来衡量风险，但它只适用于在期望值相同条件下风险程度的比较，对于期望值不同的决策方案，则不适用，于是引入标准差系数这个概念。

标准差系数是指标准差与期望值的比值，也称离散系数，用 q 表示，计算公式如下：

$$q = \frac{\sigma}{\bar{r}}$$

标准差系数是一个相对数，在期望值不同时，标准差系数越大，表明可能值与期望值偏离程度越大，结果的不确定性越大，风险也越大；反之，标准差系数越小，表明可能值与期望值偏离程度越小，结果的不确定性越小，风险也越小。

【例 2-19】 承接[例 2-18]和[例 2-17]的数据。

要求：计算 A 股票和 B 股票的标准差系数。

解：$q_A = \dfrac{0.14}{22\%} = 0.636 \quad q_B = \dfrac{0.35}{25\%} = 1.4$

答：A 股票的标准差系数为 0.636，B 股票的标准差系数为 1.4。

利用期望值和标准差系数这两个指标可确定方案风险的大小，选择决策方案。对单个方案，可将标准差（系数）与设定的可接受的此项指标最高限值比较；对于多个方案，选择标准差系数低、期望值高的方案,具体情况还要具体分析。

(五) 风险报酬率

投资者进行风险投资而获得的超过货币时间价值的额外收益,称为风险报酬额。风险报酬额对于投资额的比率,则称为风险报酬率。在实际工作中,风险价值通常用风险报酬率进行计量。其计算公式如下:

$$风险报酬率 = 风险报酬斜率 \times 风险程度 = b \cdot q$$

其中,b 表示风险报酬斜率,q 表示风险程度。

[例 2-20] 承接[例 2-19]的数据,假定风险报酬率为 10%。

要求: 计算 A 股票和 B 股票的风险报酬率。

解: A 股票的风险报酬率 $= b \cdot q = 10\% \times 0.636 = 6.36\%$

B 股票的风险报酬率 $= b \cdot q = 10\% \times 1.4 = 14\%$

答: A 股票的风险报酬率为 6.36%,B 股票的风险报酬率为 14%。

个人理财追求资产最大化增值时,风险也随之增加。如果只考虑收益而不考虑风险,也许可能会实现收益的最大化,但风险一旦超过投资者风险承受度时,投资者可能会因风险的增加导致本金损失殆尽。因此,成功的理财者总是善于进行风险分析,在风险与收益的相互协调中进行利弊权衡,以期取得较高收益,而非最高收益。

五、个人理财风险分析

(一) 投资环境的变化

市场外在因素的变化,如利率、汇率、通货膨胀率、经济景气度等都将影响投资收益率。如果一项投资的收益率为 12%,投资期通货膨胀率为 8%,那么真实收益率仅为 4%,假如此时银行存款利率为 7%,则真实收益率为负。如果持有现金未进行任何理财投资,则所受损失更大。另外,还有些突发状况,如战争、政治局势变动、天灾等不可预知的非人为因素,都将影响理财的收益。

(二) 理财产品的选择

理想的理财组合是长短期结合、风险高低兼顾,既可保证流动性,又可降低风险的总量,起到风险相互抵消、最终保证较高收益的目的。

(三) 个人(家庭)因素

因理财资产规模、占用时长、临时变故或其他原因而需撤资中断投资的情况,也会影响理财收益。同时,基于个人主观臆断盲目投资当前热门的投资标的,或听信传言而投资不熟悉的理财产品,也会增大投资风险。

六、个人理财风险评估

(一) 分散理财

人们常说"不要把鸡蛋放在一个篮子里",实质就是分散风险。任何投资均存在波动性。如果投资者选择将大部分资产用于一种投资,可能赢得了极高的收益,但同时也存在损失惨重的可能性。如果分散投资,投资的种类越多,对单项资产的波动性减弱,获利的稳定性增加。分散投资的基本原理就是在风险与报酬间做一个适度的取舍,以达到降低风险的效果。

分散投资就是增加投资的种类,尤其是投资额比较大时,不要只投资在单一的投资项目上,投资组合中各投资标的齐涨齐跌的现象越不明显,或是报酬率呈现相反走势的投资标的,投资组合分散风险的效果越好。当然,分散投资并不能实现零风险,最佳的投资组合也只能消除企业特有风险(即不同企业、不同投资工具所带来的风险),而不能消除市场方面的风险(即系统风险)。风险评估和管理的目的只是了解风险、降低风险。

(二) 考虑风险承受能力

成熟的投资者,必须先摒除规避风险的思想,培养健康的风险意识,勇于投资在高期望报酬的投资项目上,并承担其所伴随的高风险。每个人承受风险的程度都不一样,这与个人(家庭)的条件和个性有很大关系。投资者必须主观上愿意承担风险,做能力以内的投资理财,风险才不会对其造成损害。因此,投资者每次做理财方案时,务必先了解可能遇到的风险,并对每种可能发生的状况,预先设想应变方案,分析盲目冒险的成分有多少,预估成功的概率有多大,且在过程中,需不断地重新评估。

没有高报酬的风险不要冒险,如彩票,这种高风险、低报酬的活动,不值得去投入。

(三) 选择合适的理财工具

投资理财要选择合适的理财工具,每种投资理财工具的流动性、收益性、风险性都各不相同。投资者要明确认识到它们的特点与差异性,并根据自身的条件和对产品的掌握程度谨慎选择、合理组合。例如,股票投资不仅需要投资者具有一定的知识和财务分析能力,还需要一定的资金实力。股票投资通常需要长线投资才能获利,而且前提是必须选好股票。期货市场是风险大、利润大的交易场所。进入期货市场需要较多的资金和更专业的知识。债券投资是一个稳定、可靠的投资渠道,我国的债券有短期国债、长期国债、企业债券、银行债券等。短期国债是一般稳健投资者首选的品种,企业债券和银行债券具有高收益的特点,但信用等级比国债低。投资债券必须了解债券的发行、流通交易、收益率计算等相关知识。除此以外,理财工具还有房产投资、外汇投资、土地投资、基金投资等。这些工具的流动性、收益性、风险性各不相同,稳健的投资者要充分了解自己的风险承受能力和资金条件,审慎选择、科学组合,以取得风险、流动性与收益三方面的最佳组合。

第三节 个人财务报表

一、个人财务记录

为便于个人能够随时了解自己的财务信息并做出相应决策,需要对自己的财务活动进行记录。财务记录可以揭示个人目前的财务状况,帮助分析了解存在的问题,以便个人通过制定收支预算来有效管理和控制理财活动。日常生活中,需要进行记录的个人财务相关活动如表 2-8 所示。

表 2-8　　　　　　　　　　　　理财记录的类型和分类

记录类别	相关文件
个人和职业记录	身份证、户口簿、结婚证、出生证明、学历和学位证书、职称证、工作证、最新简历、成果、劳动合同、社会保险文件等
资金管理记录	最新预算、最近个人财务报表(资产负债表、现金流量表等)、理财目标列表、保险箱内容清单等
纳税记录	工资单、既往个人所得税完税证明、应税收入证明、抵扣税项文件等
理财服务记录	存折、银行卡、支票、银行结算单、开户资料、保险箱信息等
信用记录	信用卡、收据、银行每月对账单等
个人消费记录	购物发票、保修卡、使用手册、说明书、保证书等
住房记录	购房合同、房产证、契税完税证明、土地使用权证、按揭文件、房屋维修文件、租房合同等
保险和健康记录	保险单证、保险费收据和到期日列表、医疗信息(健康记录、处方药信息、体检信息)、索赔记录等
投资记录	证券(股票、债券、基金等)买进和卖出记录、开户的证券公司联系方式、股东卡、红利记录、终结结算单、公司年报等
遗产和退休记录	遗嘱、养老金计划信息、退休账户结算单、财产公证书等

通过记录和保存个人财务活动,可以对目前的财务状况进行分析,找出较好的方面和指标,也找出较差的方面和指标。并在此基础上分析财务状况是否存在不合理的情况,如收支不合理,负债不合理,投资不合理等,及时调整、重新规划以使未来活动更加合理。

二、个人(家庭)财务报表

财务记录是零散的信息,必须经过总结归纳才能为理财活动提供有效的信息,个人财务信息经过整理,即可生成个人财务报表。对于个人或家庭理财来说,财务报表的编制与财务分析同样重要,它可以记录个人或家庭的财务活动信息,衡量个人或家庭财务目标的进展。个人(家庭)财务报表可以参照企业的财务报表编制,但是因为个人或家庭的财务活动主要是现金流动,所以可以忽略企业的利润表,只编制资产负债表和现金流量表。

(一) 个人(家庭)资产负债表

资产负债表是指报告个人或家庭在某一时点的资产和负债状况的财务报表,又称净资产表。资产负债表表明投资者某一时点(如1月1日、6月30日或12月31日等)的财务状况,是存量指标,并不揭示资产和负债是如何形成的,只是表明某个时间点的结果,所以资产负债表显示的是静态数据。资产负债表的作用在于:①反映资产及其分布状况;②表明所承担的债务及其偿还时间;③反映净资产及其形成原因;④反映未来财务发展状况趋势。个人资产负债表的计算公式如下:

$$资产(个人或家庭的所有) = 负债(个人或家庭的债务) + 净资产(个人或家庭的财富)$$

编制个人(家庭)资产负债表时,首先要列出资产总额,其次要列出负债数额,最后即可计算净资产。例如,投资者的资产是 100 万元,负债是 60 万元,那么净资产就是 40 万元。

【例 2-21】 王女士家庭月收入为 9 500 元。每月家庭支出主要为日常衣食 3 000 元、交通费 1 000 元、电话及宽带费 150 元、医药费 200 元。儿子目前上小学,每月的学杂费等约 500 元。家庭每年旅游一次。家庭现有存款 50 000 元(在余额宝中,可随时取出使用),国债 60 000 元,理财产品 50 000 元。目前持有货币市场基金 240 000 元,短期债券基金 60 000 元,股票 150 000 元。此外,夫妻两人有住房公积金余额 90 000 元,住房一套,市场价值约 1 400 000 元,房贷 300 000 元。

要求: 编制王女士家庭现在的资产负债表。

解: 王女士家庭现在的资产负债表编制结果如表 2-9 所示,它表示的是目前王女士家庭的资产总额为 2 100 000 元,负债总额为 300 000 元,净资产为 1 800 000 元。

表 2-9　　　　　　　　　　　王女士家庭资产负债表　　　　　　　　　　　单位:元

资产	金额	负债及净资产	金额
现金及活期存款	50 000	房贷	300 000
国债	60 000	负债小计	300 000
理财产品	50 000		
货币市场基金	240 000		
短期债券基金	60 000		
股票	150 000		
住房公积金余额	90 000		
住房	1 400 000	净资产小计	1 800 000
资产总计	2 100 000	负债及净资产总计	2 100 000

(二)个人现金流量表

现金流量表能够动态地反映个人财务情况,并揭示资产和负债是如何形成的。现金流量表是指概括个人或家庭某段时间内现金收入和支出的财务报表,又称现金收支表。现金流量表的计算公式如下:

$$既定时间段的现金流入 - 既定时间段的现金流出 = 净现金流量(结余)$$

编制现金流量表时,首先要确定现金流入(收入),一般包括工资、奖金、利息收入、股票分红等,其次要记录现金流出(支出),一般包括固定支出和可变支出,固定支出如房租、公共事业费、汽车贷款月供、每月投资基金支出等,可变支出如买衣服的支出、购买礼品支出、购置家电支出等,每项支出因人而异,可以包含不同内容;最后要计算净现金流量,即现金流入减去现金流出的余额。

若净现金流量>0,表示个人日常有一定的积累。

若净现金流量=0,表示个人日常收入与支出平衡,日常无积累。

若净现金流量<0,表示个人日常入不敷出,要动用原有的积蓄或借债。

根据[例 2-21]中给出的情况,编制现金流量表,如表 2-10 所示。

表 2-10　　　　　　　　　王女士家庭现金流量表　　　　　　　　　单位：元

现金流入		现金支出	
项目	金额	项目	金额
工资	9 500	衣食	3 000
		交通费	1 000
		电话及宽带费	150
		医药费	200
		子女教育费	500
合计	9 500	合计	4 850
		结余	4 650

通过现金流量表可以了解个人或家庭某段时期的财务收支状况，现金流量表的评价指标主要是收支比率，即支出与收入的比率。支出大于收入，说明应控制支出，减少盲目消费和不合理消费，以使收支平衡；收入大于支出，说明可以进行投资。

现金流量表和资产负债表之间的关系，如表 2-11 所示。

表 2-11　　　　　　　　现金流量表和资产负债表的关系

现金流量表	资产负债表
现金流入＞现金流出	净资产增加
现金流入＜现金流出	净资产减少

第四节　个人预算

一、个人预算规划的概念

个人预算是指根据个人或家庭的生活和财务目标，制定投资目标和投资理财计划，提前确定一定时期内的财务安排。

投资规划和收支预算是个人理财过程中必要环节。理财者需合理规划自身的收入与支出，有效地改善财务状况。个人预算规划即可帮助理财者平衡收支，是实现系统理财的重要工具。

二、个人预算的意义

预算是成功理财的第一步。做预算的主要作用是帮助我们做到收支平衡、避免负债，同时实现理财目标，准备应急之需以及培养良好的理财习惯。另外，预算能把常见的财务问题（如滥用信用、缺乏常规储蓄规划等）的发生概率降至最低。具体而言，预算的意义有以下几个方面：

（1）实现收支平衡。通过制定预算,能够将未来的收入与支出进行合理安排,在实现之前就做到收支平衡。

（2）理性消费,建立约束机制,避免盲目性和随意性,提高财务资源的效率。

（3）提供理财目标和实施步骤。预算能将实现理财目标的过程具体化,将财务资源分配及目标达成时间——细化,为实现个人理财目标提供切实可行的操作指示。

（4）为经济紧急事件做好准备。未来难以预测,紧急情况随时可能发生,通过预算可以制订应急财务计划,留足紧急备用金,以备不时之需。

（5）养成良好的财务管理习惯。预算的实质是编制一个较为详尽的财务计划。监控各项收支,提前做好计划并随时进行监督,能够培养个人理财的良好习惯,为将来做出正确的理财决策打下坚实的基础。

【特别提示】
做预算只是第一步,根据所做预算,可以划出个人"必要"的开支、"可有可无"的开支和"不该发生"的开支。除去"必要的"开支,就能分出部分收入进行储蓄或投资;"可有可无"的开支应尽量减少,坚决杜绝"不该发生"的开支。

三、编制个人预算的步骤

在编制个人预算时应遵循以下三项原则:①先满足基本生活需要;②储蓄和保险必不可少;③注重增长性。在这三项原则的约束下可编制出切实可行的预算方案。

具体来说,编制个人预算包括以下步骤。

(一) 确定理财目标

未来的规划对理财方向起着重要的影响。理财目标是对未来活动的规划,它要求对消费、储蓄和投资做好计划。个人(家庭)资产负债表和现金流量表能帮助了解目前的财务状况,确定切实可行的理财目标。

(二) 预算收入

因为许多支出都是每月结清的,所以预算收入的时间通常是一个月。在确定可支配收入时,应该只计算肯定能得到的收入,对于分红、礼品或意料之外的收入在没有实际收到之前不应考虑在内。如果每月收入为一次性收入,那么计算比较容易,但是如果每月取得多次收入,则必须规划每次收入应匹配的费用支出。如果收入根据季节不同而有变化,那么可以按照过去一年的状况来对未来一年的情况进行预测。预测时应相对保守和稳健,避免对财务状况做出过于乐观的估计,从而因支出过度而陷入财务困境。

(三) 规划紧急备用金和储蓄

为了应付未预测到的支出和保证未来的财务安全,在预算中除了要准备储蓄和投资项目,手中还应该保留一部分的备用现金。手中的备用现金应足够应付3~6个月的生活费用支出,具体数量可以根据个人或家庭的生活状况和就业稳定性程度变化。例如,3个月的备用金对拥有稳定工作和收入的个人可能是合适的;但是,对只拥有临时性工作的个人或家庭,则应该预留更长时间生活支出的备用金。

（四）预算固定开支

固定开支的估算是预算的一个重要组成部分，个人的固定支出通常包括房租、纳税、借款偿付、保险费等项目。

（五）预算可变开支

可变开支随家庭状况、时间、家人健康、经济条件以及其他因素的变化而波动，因此，对可变开支的预算相对困难。这一部分的支出往往要占到个人支出的40%以上。

（六）记录消费金额

明确消费计划之后，要对实际的收支情况进行记录，将实际发生的支出金额填列到预算计划表中相应的位置。通过对实际消费与预算金额的比较，可以直观地了解到个人理财的效果。收入小于预期会发生赤字，收入大于预期会出现盈余。某个项目的超支可以通过减少另一个项目的消费或储蓄来平衡，也可以动态调整预算和理财目标。若出现赤字，就表明该月的收入不足以全数缴付所有支出。但预算的目的正是要找出理财的关键点，降低发生赤字的概率。如果哪个月份出现赤字，可以通过削减其他的支出，或利用已有的投资套现，或利用借贷的方式来弥补赤字。如果全年的预算是一个平衡预算或盈余预算，一时的赤字可视为暂时的现象，待日后的支出恢复正常时，财务将再度平衡或出现盈余。

（七）定期检查并修订预算计划

和大多数决策活动一样，预算是持续的、循环往复的过程，必须定期检查并根据实际情况修改消费计划。预算的结果通常表现为，账户里有多余的现金、没能及时支付账单或者是其他情况。通过结果对实际消费与预期存在差异的部分进行总结，帮助调整预算。当预算出现短缺时应该及时缩减某些开支项目，不同的家庭缩减支出的项目不尽相同，但常见的超支项目是娱乐和饮食开支，特别是外出旅游。调整预算的常见手段包括购买价格略低的品牌商品、购买高质量的二手商品、租借而非购买某些使用频率不高的高档商品等。

【特别提示】

在编制预算的过程中，还应考虑以下两点：

第一，生活成本的变化，应注意消费物价指数的变化。货币的购买能力会随着时间的变动而发生变化，在通货膨胀的情况下，消费者购买同样数量的物品，未来要比现在支付更多资金。

第二，生活成本的变化也随居住在何处以及购买何种物品而变化，居住在不同的地区，生活费用支出的比例不一样，购买物品的价格也不一样。以国内当前的情形而言，耐用消费品的价格呈现逐步下降的趋势，如电视机、汽车的价格等；服务的价格，如理发，则呈现逐渐走高的趋势。

本章练习

一、单项选择题

1. 若年利率为8%,每3个月复利一次,为在第五年获得本利和100元,计算现在应往银行存入多少钱,下列计算正确的是( )。
   A. $PV = 100 \times (1+8\%)^5$
   B. $PV = 100 \times (1+8\%)^{-5}$
   C. $PV = 100 \times (1+8\%/4)^{5 \times 4}$
   D. $PV = 100 \times (1+8\%/4)^{-5 \times 4}$

2. 在复利条件下,已知现值、年金和折现率,求期数,应先计算( )。
   A. 年金终值系数　　　　　　　B. 年金现值系数
   C. 复利终值系数　　　　　　　D. 复利现值系数

3. 某人按12%的年利率取得贷款200 000元,要求在5年内每年年末等额偿还,每年的偿付额应为( )元。
   A. 40 000　　　　　　　　　　B. 52 000
   C. 55 482　　　　　　　　　　D. 64 000

4. 先付年金终值的计算( )。
   A. 与普通年金的计算一样
   B. 比普通年金少计一年利息
   C. 与普通年金的计算无关
   D. 比普通年金多计一年利息

5. 下列各项年金中,只有现值没有终值的是( )。
   A. 永续年金　　　　　　　　　B. 先付年金
   C. 延期年金　　　　　　　　　D. 普通年金

6. 某人某年年初存入银行100元,年利率3%,按复利方法计算,第三年年末可以得到本利和( )元。
   A. 100　　　B. 109　　　C. 103　　　D. 109.27

7. 货币时间价值是( )。
   A. 货币经过投资后所增加的价值
   B. 没有通货膨胀条件下的社会平均资金利润率
   C. 没有通货膨胀和风险的条件下的社会平均资金利润率
   D. 没有通货膨胀条件下的利率

8. 普通年金( )。
   A. 又称永续年金
   B. 又称预付年金
   C. 是每期期末等额支付的年金
   D. 是每期期初等额支付的年金

9. 投资者甘冒风险进行投资的诱因是( )。
   A. 可获得投资收益
   B. 可获得时间价值回报
   C. 可获得风险报酬
   D. 可一定程度抵御风险

10. 风险按照能否通过( )予以分散,分为系统风险和非系统风险。
    A. 时间组合　　　　　　　　B. 投资组合
    C. 内部控制　　　　　　　　D. 风险收益权衡

二、多项选择题

1. 下列选项中,( )可以视为年金的形式。
   A. 直线法计提的折旧
   B. 每月等额的房租
   C. 利滚利
   D. 20 年等额支付的养老保险费用

2. 设利率为 i,计息期数为 n,则复利终值的计算公式有( )。
   A. $FV = PV \cdot FVIF_{i,n}$　　　　B. $FV = PV \cdot FVIFA_{i,n}$
   C. $FV = PV \cdot (1+i)^n$　　　　D. $FV = PV \cdot \dfrac{1}{(1+i)^n}$

3. 设年金为 A,计息期为 n,利率为 i,则后付年金现值的计算公式有( )。
   A. $PVA = A \cdot PVIF_{i,n}$　　　　B. $PVA = A \cdot PVIFA_{i,n}$
   C. $PVA = A \cdot \dfrac{1-(1+i)^{-n}}{i}$　　　　D. $PVA = A \cdot PVIF_{i,n} \cdot (1+i)$

4. 假设最初有 m 期没有收付款项,后面 n 期有等额的收付款项,利率为 i,则延期年金现值的计算公式有( )。
   A. $PVA = A \cdot PVIFA_{i,n} \cdot PVIF_{i,m}$
   B. $PVA = A \cdot PVIFA_{i,m+n}$
   C. $PVA = A \cdot PVIFA_{i,m+n} - A \cdot PVIFA_{i,m}$
   D. $PVA = A \cdot PVIFA_{i,n}$

5. 衡量风险时,应考虑的因素有( )。
   A. 利率　　　　　　　　　　B. 概率
   C. 标准差　　　　　　　　　D. 期望值

6. 下列各项中,属于系统性风险的有( )。
   A. 利率风险　　　　　　　　B. 通货膨胀风险
   C. 违约风险　　　　　　　　D. 财务风险

7. 个人理财中涉及的财务学基础工具包括( )。
   A. 货币时间价值　　　　　　B. 资金成本
   C. 风险和收益　　　　　　　D. 价值评估

8. 个人财务报表包括( )。

   A. 资产负债表 B. 现金流量表

   C. 利润表 D. 收入表

9. 下列各项中,属于个人和职业记录的材料有( )。

   A. 学历和学位证书、身份证、工作证

   B. 奖状、成果、劳动合同

   C. 出生证明、户口簿、结婚证

   D. 存款单、存折、房产证

10. 编制个人预算时应遵循的原则包括( )。

    A. 考虑现实可行性

    B. 先满足基本生活需要

    C. 储蓄和保险必不可少

    D. 注重增长性

三、计算题

1. 某人投资一个项目,每年年初投入10万元,连续投资3年,年利率为5%。

   要求:

   (1) 计算该项目3年后的投资总额。

   (2) 若3年的投资额于年初一次性投入,投资总额是多少?

2. 王某现存入银行一笔款项,计划从第5年起每年年末从银行提取现金30 000元,连续8年,假设银行存款年利率为10%。(利率为10%,期数为4的复利现值系数为0.683 0,期数为8的年金现值系数为5.334 9)

   要求:计算王某现在应存入的款项是多少?

3. 张先生准备购买一套新房,假设银行利率为5%,开发商提供了两个付款方案让张先生选择:

   (1) A方案,从第4年年末开始支付,每年年末支付20万元,一共支付8年。

   (2) B方案,按揭买房,每年年初支付15万元,一共支付10年。

   要求:说明张先生应该选择哪个方案?为什么?

四、案例分析题

张先生今年28岁,本科学历,有5年工作经验,有吸烟嗜好,父母均有退休金和医疗保障,身体健康,短期内无需照顾。此外,张先生最近正在谈恋爱,开销较大。

基本财务状况:张先生在一家外企从事财务工作,月平均收入6 000元,活期存款2 000元,五年期定期银行存款6 000元,股票市值40 000元,年终奖10 000元左右。日常生活开销每月1 800元,交际费用每月3 200元。单位有社会养老保险和医疗保险,60岁时每月可领取1 200元退休金。无商业保险。

要求:

(1) 请编制张先生的资产负债表和现金流量表,其格式如表 2-12、表 2-13 所示。
(2) 请对张先生的财务状况进行分析,并提出理财建议。

表 2-12　　　　　　　　　　张先生的资产负债表　　　　　　　　　　单位:元

资产	金额	负债及净资产	金额
银行存款		负债小计	
股票			
		净资产小计	
资产总计		负债及净资产总计	

表 2-13　　　　　　　　　张先生的现金流量表(年度)　　　　　　　　单位:元

现金流入		现金支出	
项目	金额	项目	金额
工资		日常生活	
年终奖		交际费用	
合计		合计	
		结余	

第三章　流动性规划

知识导航

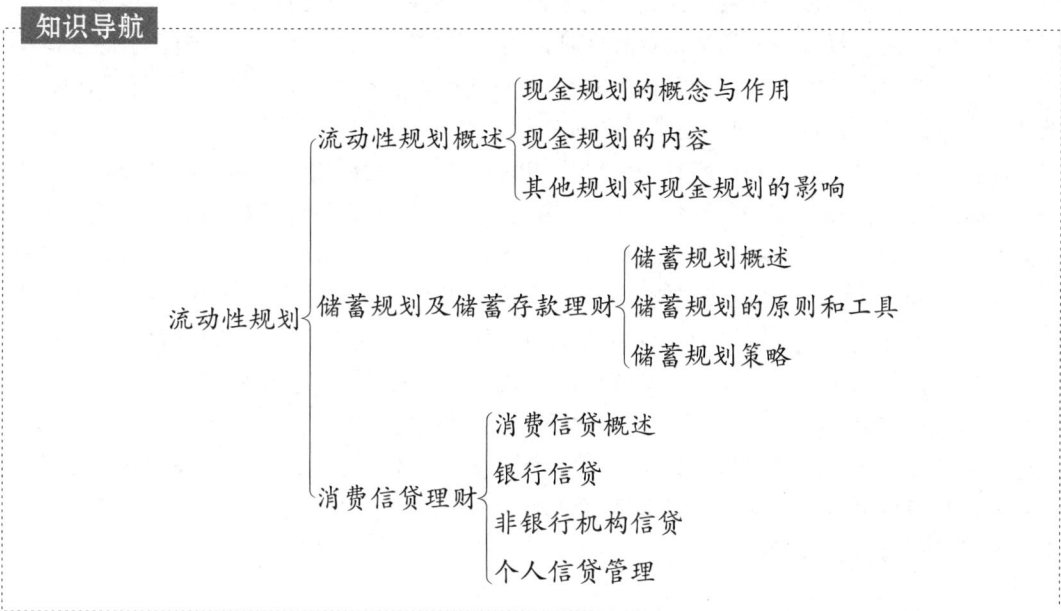

学习目标

1. 了解现金规划的基本知识,熟悉现金规划的基本内容和思路。
2. 了解储蓄规划的基本知识,理解储蓄规划方法,掌握储蓄存款利息的计算方法。
3. 了解消费信贷理财的基本知识,理解个人信用管理的政策,熟悉消费信贷理财的主要方式。

导入案例

随着经济的发展和社会生产水平的提高,民众的收入水平也提高了不少。在现实生活中很多人月收入并不低,却总是在叫穷,尤其是一些年轻人,很多都成了"月光族"。很多人都有这样的困惑:"这个月好像什么都没有买,可是钱却不知不觉没了。"当具体要探究拿钱到底做了什么,钱又流向何处,却也说不出个所以然。也有一部分人为了记录各月消费详情,在日常消费中以刷卡的方式付账,该方式可以准确记录每笔消费的日期、金额和门店,年轻人多采用花呗、借呗等方式,先消费后还款,到月底查看一下自己的账单,明确该月的总体消费状况,知道自己的钱都流向何处。

思考:

(1) 什么是流动性规划?

(2) 维持资金流动性需求的动机?

第一节 流动性规划概述

在个人理财规划中,资产以股票、债券、基金、房产等不同的形式存在,无论何种载体,在制订个人理财计划和做出投资决策时,应把握资产的流动性、安全性和收益性,以确保个人资产的保值增值。资产的流动性是指其变现能力,流动性强说明资产的变现能力强,流动性差说明资产的变现能力差。现金是流动性最强的资产,投资者在投资时应该留有部分现金维持一定的流动性,流动性规划通常也理解为现金规划。

储蓄是指居民个人在银行或其他金融机构的存款。因为储蓄存款是一种常见的流动性工具,所以将储蓄规划放在本章进行介绍。消费信贷规划主要关注于如何利用信贷产品满足消费需求,如购买耐用品、教育、旅游等,它涉及借贷资金的使用和偿还计划。而流动性规划则关注于确保个人或家庭有足够的流动资金来应对短期内的财务需求和意外支出,保持财务的灵活性和安全性。良好的流动性规划可以提高个人在申请消费信贷时的信用评分,因为金融机构倾向于认为有充足流动资金的借款人风险较低。消费信贷的偿还记录也会影响个人的信用评分,进而影响未来流动性规划中的信贷可获得性。消费信贷规划和流动性规划是相辅相成的。消费信贷规划可以帮助个人实现消费目标,而流动性规划则确保个人在实现这些目标的过程中保持财务的灵活性和安全性。两者都需要在个人财务规划中得到充分考虑,以实现财务的健康和稳定。

一、现金规划的概念与作用

(一) 现金的概念

在金融活动中,现金的含义有广义和狭义两种。广义的现金通常包括狭义现金和现金等价物。狭义的现金一般包括持有的现金以及可以随时用于支付的存款。现金等价物是指期限短、流动性强、易于转换成已知金额现金、价值变动风险较小的投资,一般包括支票账户、储蓄账户、货币市场账户、其他短期投资工具等。从本质上看,现金最重要的特征就是流动性强、方便支付,因此只要满足这一本质要求,能无损失或损失很少价值转换为现金的,就可以视为现金。

本节只讨论狭义现金的规划,严格来说只针对个人持有的一般意义上的现金。

(二) 现金规划的概念

现金规划是指为了满足个人或家庭短期需求,对日常的现金、现金等价物及短期融资活动进行管理和安排的过程。现金规划可以确保有足够的资金来支付计划内和计划外的费用,并且使消费模式运行在预算之内。

现金规划的内容,主要包括现金收入预算和现金支出计划,前者关注现金流入,后者关注现金流出,其实质是保持流畅的个人或家庭现金流、避免出现周转不灵的现象。

在个人或家庭的理财规划中,现金规划既能够使所拥有的资产保持一定的流动性,满足个人或家庭支付日常费用的需要,又能够使流动性较强的资产保持一定的收益。一般来说,在现金规划中有这样一个原则,即短期需求可以用手头的现金来满足,预期或将来的需求可以通过各种类型的储蓄或者短期投融资工具来满足。

现金规划源于个人或家庭对资产流动性的需求,而流动性需求通常源于3个动机,即交易动机、预防动机和投资动机,如表3-1所示。

表3-1　　　　　　　　　　　　　流动性需求比较

动机	含义	影响因素
交易动机	为维持日常生活需要而持有现金	①收入水平 ②消费偏好
预防动机	为应付紧急情况而持有现金	①风险承担能力 ②举债能力 ③对现金流量预测的准确性
投资动机	为把握投资机会获得较大收益而持有现金	①投资机会 ②风险偏好
说明	持有的现金总额并不等于各种动机相加,前者往往小于后者	

(三) 现金规划的作用

在个人理财规划中,现金规划有助于满足日常现金需要。作为商品经济社会不可或缺的重要元素,人们在生活中离不开现金。

现金规划同时可以满足计划外现金消费——紧急备用金的提留。紧急备用金作为家庭现金流的缓冲池,可以应付失业、生病等不时之需,紧急备用金一般为月支出的3~6倍。

现金规划有助于提高资金利用率。持有现金确实能给生活带来许多便利,但也不是持有越多越好,持有现金的比例越大,其机会成本就越高。

(四) 持有现金的机会成本

放在桌上的现金(cash on the table),是西方经济学家最常使用的隐喻,它喻指人们错过的获利机会。对于金融资产来说,通常流动性和回报率是成反方向变化的。现金具有最高的流动性,因此它必将伴随着一定的机会成本。持有现金的机会成本主要包括两个方面:①放弃的投资收益,现金的机会成本在金融资产里一般被看作是进行活期储蓄的所得,如果持有现金,在满足流动性需求的同时就意味着放弃收益,因此要对资本的流动性和收益性进行权衡;②因通货膨胀所导致的贬值损失,持有现金时间越长这一成本将会越高。

二、现金规划的内容

在现金规划中,最重要的是根据个人(家庭)对现金的需求进行规划建议。我们可以通过编制现金流量表来分析并掌握现金收支的情况。现金规划的基本步骤,如图3-1所示。

(一) 影响现金规划的因素

具体预留多少现金,每个家庭都会不同,主要根据是:

(1) 风险偏好程度。风险偏好低的家庭,可以预留较多现金;反之,应预留较少现金。

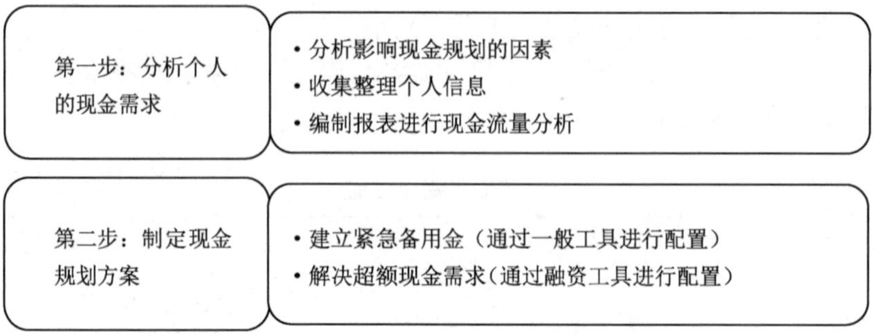

```
┌─────────────────┐    ┌──────────────────────────────┐
│ 第一步：分析个人 │───▶│ • 分析影响现金规划的因素     │
│   的现金需求     │    │ • 收集整理个人信息           │
│                 │    │ • 编制报表进行现金流量分析   │
└─────────────────┘    └──────────────────────────────┘

┌─────────────────┐    ┌──────────────────────────────────────┐
│ 第二步：制定现金 │───▶│ • 建立紧急备用金（通过一般工具进行配置）│
│     规划方案     │    │ • 解决超额现金需求（通过融资工具进行配置）│
└─────────────────┘    └──────────────────────────────────────┘
```

图 3-1　现金规划的基本步骤

（2）持有现金的机会成本。如果家庭有较好的理财渠道，持有现金所放弃的机会成本较高，则可以少预留一些现金。

（3）现金收入来源及稳定性。家庭中工作人数较多，工作稳定性好，有其他较稳定收益，如房屋租金等，则可以少留现金。

（4）现金支出渠道及稳定性。如果家庭开支稳定，意外大项支出较少，则可以少留现金。

（5）非现金资产的流动性。如果一个家庭除了现金外，其余大多是房产或实业投资等变现周期长、变现价格不确定性高、流动性差的资产，则需要多留一些现金。

我们有两种现金管理的备选策略：一种是现金预留较多，流动性强，但降低了资产收益性；另一种是现金预留较少，如有需要，可通过变现其他类资产来获取现金。

无论采取何种策略，每个家庭都应至少预留 3～6 个月使用的现金以应付日常生活开支。

（二）选择现金规划工具

当个人或家庭有突发的未预料到的支出，而个人或家庭的现金及现金等价物的额度又不足以应付这些支出时，临时变现其他流动性不强的金融资产会有一部分损失。这时利用一些短期的融资工具获得一些资金，就不失为一个解决紧急问题的好方法。在个人或家庭的现金规划过程中，个人或家庭往往更重视已有现金及现金等价物的管理和使用，而忽略了个人融资。

在考虑现金规划的工具时，应以资产流动性为考虑的主要因素，在此基础上保证一定的收益性。

1. 现金规划的一般工具

（1）现金。现金是现金规划的重要工具，与其他的现金规划工具相比，现金有两个突出的特点：①现金的流动性在所有金融工具中是最强的；②现金的收益率低，在通货膨胀条件下，现金不仅没有收益，反而会贬值。

（2）活期储蓄。储蓄流动性较强，但收益率较低，在一般情况下低于居民消费物价指数。

（3）货币市场基金。货币市场基金是指通过某些特定发起人成立的基金管理公司，以出售基金凭证单位的形式募集资金，统一投资于那些既安全又富有流动性的货币市场工具，将这些工具形成的资产组合收益，按一定的规则在扣除一定比例的管理费用后，支付给基金凭证单位持有人,因而是专门以货币市场为投资组合领域和对象的共同基金投资方式,是共同基金的一种,有时也简称货币基金。货币市场基金的主要特点是风险低、收益稳定,是一种较好的流动性管理工具,为个人提供了一种能够与银行中短期存款相替代,相对安全、收益稳定的投资方式。货币市场基金采取每天计利的方法来计算投资者投资期间的累计利息(通常公布7天的平均年化收益率),并通过每月分红的方式将累计利息按月发送到基金投资人的账户上,使投资人的收益定期"落袋为安"。

通常情况下,现金及现金等价物的配置比例建议为:现金占1/3,活期储蓄及货币市场基金占2/3。

2. 现金规划的融资工具

(1) 信用卡。信用卡是银行或其他财务机构签发给那些资信状况良好的人士,用于指定的商家购物和消费,或在指定银行机构存取现金的特制卡片,是一种特殊的信用凭证。其优势在于能透支且享受一定时期的免利息待遇,是解决短期现金需求的首选。

(2) 银行短期融资。银行贷款是目前大众融资的重要渠道,家庭及个人较常用的主要包括凭证式国债质押贷款和存单质押贷款。

(3) 保单质押融资。保单质押贷款是投保人把所持有的保单直接抵押给保险公司,按照保单现金价值的一定比例获得资金的一种融资方式。

(4) 典当融资。典当的对象包括动产、房地产和财产权利。

(三) 对支出去向的规划

现金的支出规划是满足生存、享乐、发展的需要。一般而言,可以结合财务规划,将支出划分为可控的支出和不可控的支出。可以用下列方式降低生活支出:

(1) 省吃俭用,少外出就餐,少买不必要的衣服,不买短期内用不着的东西。

(2) 善用折扣,在打折时再购买,同样东西以较低价格购得。

(3) 多用大众运输工具,如公交车、火车,可节省交通费。

(4) 规定支出预算,大额消费或旅游应事先计划,按预算执行。

(5) 使用公共资源,以逛公园、去图书馆的方式节省休闲支出。

(四) 根据收入来源进行规划

1. 受雇者(内勤上班族)

(1) 收入特点:收入稳定且稳步增长,额外收入较少,福利保障较为充分。

(2) 理财策略:①开源节流,严格控制现金流量。②不能超负荷购置资产,以免落入债务陷阱,最终导致资不抵债乃至破产。③持有现金不宜过多,充分利用定额定期方式积累投资资产,获取长期的稳定收益。

2. 自营+受雇者(外勤创收族)

(1) 收入特点:以佣金为主,受环境影响大,收入波动大。

(2) 理财策略:①拟定不同收入状况下的收支和储蓄模式,增加防御能力。②应安排好紧急备用金。③进行组合投资,在规避风险的同时尽可能获取收益。④应注意规划顺序。

3. 一般自营者(小本开店族)

(1) 收入特点:取决于经营状况,变动因素大。

(2) 理财策略:①科学选择投资项目,进行科学的财务规划。②保持流畅的现金流,加快存货和应收账款的周转。

4. 专业自营者(医生、律师等)

(1) 收入特点:收入较高,但不一定稳定。

(2) 理财策略:维持高收入的同时积极理财,居安思危。

5. 小型私营业主

(1) 收入特点:取决于经营状况,经营风险大。

(2) 理财策略:①严格区分企业与个人资金,尽量做到不互相占用;②充分利用财务杠杆作用,有效防范风险;③保持流畅的现金流,加快存货和应收账款的周转。

6. 大型私营业主

(1) 收入特点:收入丰厚。

(2) 理财策略:①由专业顾问进行理财规划;②节税规划和遗产规划为重点规划内容;③以信托方式理财。

7. 失业者

(1) 收入特点:只有最基本的生活保障。

(2) 理财策略:①制订合理的家庭消费计划,严格控制消费支出;②以持有现金或者活期储蓄的方式为主,增强资产流动性,以应付日常开支;③尽可能安排好紧急备用金以备不时之需;④提升人力资本,创造再就业机会。

(五) 建立紧急备用金

紧急备用金是用来保障个人和家庭发生预料外支出的专项资金。无论一个家庭的负债额度和负债比例有多少,都要留出一部分流动资金作为家庭的紧急备用金。在西方有比较健全的保险保障的前提下,一般建议紧急备用金数额以家庭平均月开支的3~6倍为宜。但是由于目前国内很多家庭保险普遍不足,套用这个公式比较牵强。如果仅仅考虑避免意外开销导致手头紧的话,一般建议预留6个月的生活开销作为家庭备用金。

1. 建立紧急备用金的必要性

(1) 应付失业或失能(因为意外身心遭受伤害,导致无法工作,这在保险术语上称为失能)导致的工作中断。我们每个人都可能会因为意外导致收入突然减少,甚至中断,若没有一笔紧急备用金可以动用,则会陷入财务困境,面临生活费用、买车或买房的月供款、房租等债务压力。

(2) 应付紧急医疗或意外灾害导致的超支费用。对于紧急医疗或者意外灾害而导致的超支费用,通常需要紧急备用金来支付。

(3) 应付短期资金流动性需求。假如有突发事件发生,需要大量资金,而我们把资金都投入到收益较高的投资项目中去,而没有建立紧急备用金,就会导致我们不得不将投资变现,将高收益投资变现会付出巨大成本,并且大多投资还会损失掉大量的收益。因此,紧急备用金能够有效防止这类损失的出现,保证自己在投资规划上的正常运作。

2. 建立紧急备用金的原则

(1) 必须性。在所有的家庭财务规划中,紧急备用金必须首先被考虑和安排,只有在紧急备用金被建立并满足后,才能开始其他规划。

(2) 随用随补。当发生预料外支出使用部分或全部紧急备用金后,必须及时予以补充,尽量将其维持在满足3~6个月生活开销的水平线上。

（3）专款专用。紧急备用金相当于是家庭财务的一个安全阀，这部分资金既不能节省，也不能挪作日常随意消费，以备紧急情况发生的时候，临时救急。

3. 如何建立紧急备用金

家庭经济中不可或缺的紧急备用金，既不可留太多，也不可留太少。这部分钱，预留过多，将影响私人资本的效率；预留过少，则可能不利于家庭经济，进而影响私人资本的投资获利。我们可以以两种方式来建立紧急备用金：①流动性高的活期存款或短期定期存款；②备用的贷款额度（如信用卡或典当）。两种方式在机会成本方面的比较如下：

以存款建立紧急备用金的机会成本，是指因准备资金的流动性而可能无法达到长期投资的平均报酬率，以两者的报酬率差异5%计算，这5%就是紧急备用金存款的机会成本。假设每个月固定支出为6 000元，准备5个月的支出为紧急备用金共30 000元，则1年5%的差异的机会成本为1 500元（30 000×5%）。若把所有的钱都拿去做长期投资，短期急用时抛售可能会有资本损失，因此以救急贷款来应付。假如此时短期信用贷款的年利率为12%，额度亦为30 000元，则每月需付300元（30 000×12%÷12）的利息。因此，若使用期达5个月，借款利息也达到1 500元。以存款准备的机会成本是相对的，若当时投资环境不佳，持有现金才是上策，则机会成本可为0；若以贷款额度准备，一旦动用就要支付高利率的利息。当存款利率与短期信用贷款利率的差距越大时，以部分资金保留流动性，而以存款当紧急备用金的诱因就越大。因为紧急备用额度是有支用才按日计息，利率虽高，但如果借用的时间短，就可以用经常性收支余额还清，负担也不会太大。

以上两种方式单独使用都各有利弊，最好的方式是两者搭配，各作为紧急备用金的一部分。例如，月固定支出为5 000元，紧急备用金为6个月的固定支出30 000元，此时可以将10 000元存为活期存款当作第一笔紧急备用金，另外向银行申请紧急备用额度20 000元。即使当月收入无法满足当月支出，10 000元的活期存款额度可以随时挪用应急，待有收支结余时再补回。有时支出金额过大超过存款余额，此时就要用预先设定的备用额度，虽然支付较高的利率，但预计时间不会太长，整体来说此种搭配较为稳健。

三、其他规划对现金规划的影响

现金是理财的基础，现金规划是理财规划中的核心环节，其他规划都会对现金规划产生一定的影响，了解其他规划对现金规划的影响，有利于现金规划的正确制定。

（一）保险规划对现金规划的影响

购买保险虽然会带来一定的现金支出，但在发生意外情况时所获得的保险赔款却有利于减轻财务危机的程度，如没有保险则需要动用很大一部分紧急备用金。从表面看来，两者所需的投入可以基本持平，只是在投入时间上存在差异，购买保险是一种预期支出，紧急备用金是一种波动性很大的意外支出。因此，购买保险可以通过保险理赔为现金规划节省很大一部分紧急备用金。

（二）投资规划对现金规划的影响

不论投资的结果如何都会对现金规划带来影响。现金规划的本质是对流动性资金进行规划，避免因手头流动资金不足导致损失，而投资规划追求的是资金的增值，所以两者不存在冲突。因此,应该综合衡量风险和收益,择优选择。

(三) 纳税规划对现金规划的影响

纳税规划的成功与否会影响现金的支出,如果纳税规划比较成功,则可以降低收入支出表中的税务支出部分;如果纳税规划不成功,则不会降低支出甚至还会增加支出(如被罚款的时候就会增加额外支出)。

其他如房产规划、教育规划以及退休规划,它们也与现金规划紧密相关。对于一定的收入如何在房屋贷款、教育基金以及退休基金之间进行分配,也是需要慎重考虑的重要问题。

第二节 储蓄规划及储蓄存款理财

一、储蓄规划概述

(一) 储蓄的概念和特点

广义上的储蓄概念是指一个国家或地区在一定时期内国民收入中未被消费的部分当前收入中不用于消费的部分,即收入减去消费,如存入银行的存款、购买的有价证券、保存在手中的货币等,都被称为储蓄。储蓄是西方经济学中宏观分析理论的一个重要概念,也是凯恩斯收入与就业理论的前提条件之一。同时,储蓄也是一个不容易确定的概念,无论从它的来源还是用途方面看,均没有准确的数量限制。

狭义上的储蓄概念指的是居民个人在银行或者其他金融机构的存款。

任何种类的储蓄都有利息收入,这也是储蓄作为一种投资品种的根据,利息收入的大小主要是由存款类型、存款额、存期、利率等确定。储蓄的基本原则是存期越长,利息收入越多。存款利率一般由中央银行确定,不同时期的利率水平是不一样的,国家有可能根据经济、金融形势进行相应的调整。

储蓄是家庭投资品种中最稳妥可靠的投资工具,具有以下特点:

(1) 安全性高。储蓄是所有投资品种中最安全的,特别是存款机构为国有银行时,其基本上是以国家的信用作担保,几乎没有违约风险(不能到期支付的风险)。

(2) 变现性好。所有储蓄基本上都是可以立即变现的,包括定期存款。虽然定期存款提前支取会损失部分利息收入,但不会影响其变现能力。所以我们可以把储蓄认同为流动资金,特别是活期存款,应与现金完全等同视之。

(3) 操作简易。相对于其他投资工具,储蓄的操作非常容易。不管是开户、存取、销户等一般业务,还是如挂失等特殊业务,流程都比较简易。个人使用身份证即可办理。由于银行机构的网点比较多,存取业务非常方便,特别是利用 ATM 自助终端,更是随时随地都可办理业务。

(4) 收益较低。相对其他投资品种,储蓄的收益可能是最低的。它唯一的收入就是利息,且需扣除利息税。这是由它的低风险因素决定的,符合投资第一基本原则,即收益和风险是正相关的。

(二) 储蓄规划的意义

作为最传统的投资理财方式,储蓄是一项流动性高、收益固定的低风险投资,不但能缓冲财务危机,还能为实现未来的财务目标积累资金。

个人或家庭储蓄的原因主要包括为不测事件建立紧急备用金、为自己的老年积累资金、为保障家属的日常生活或为了其他某件具体事项等。同时,个人或家庭储蓄也为商业资本投资提供了部分资金来源。影响个人或家庭储蓄水平的主要因素包括收入的多少、人们对未来收入的预期以及利息率的高低等。

具体来说,储蓄规划对于个人和家庭理财具有以下意义:

(1) 资金链优势。与保险公司或券商相比,银行的资金链优势非常明显,因为储户总是把钱放在银行才安心。

(2) 信誉好、安全性高。储户在求助理财顾问的时候,最关心的问题就是资金的安全性。一般民众认为,由于国家对银行的审批非常严格,成立一家银行相对不容易,所以银行的信誉较其他金融机构更高,更有安全感,如"银证通"就比"银证转账"更受欢迎,因为客户一般认为银行不可能破产倒闭,但证券公司却有可能。

(3) 网点众多、快捷便利。银行的网点数量众多,分理处、储蓄所、各级支行遍地开花,通存通兑也给银行客户提供了很大便利。从银行角度看,网点众多确实也是开展理财业务的优势之一。

(4) 专业化服务。银行能够更专业、更客观、更中立地开展个人理财服务,更切合客户的实际需要。

在中国人的传统观念中,始终存在比较强的生活预防动机。如果一个人加入了"月光族",往往会被评价为"不会过日子"。人们为了防备未来生活出现,如失业、收入减少、子女上学、老人生病等变数,都需要有一定的积蓄和储备,能够及时接济。从时间价值上看,虽然5年以后100元的消费可能抵不上现在90元的消费水平,但是人们需要把钱暂时储蓄起来以备不时之需。这种为"天有不测风云"而进行的储蓄被称为谨慎性储蓄。

当然,还有很多人存钱是为了购置耐用消费品,如购买电脑、购置车产、房产等,这些都可以归结为目标性储蓄。

(三) 我国的储蓄政策和储蓄原则

1. 储蓄政策

为了发展储蓄事业,保护储户的合法权益,我国对居民储蓄一贯实行鼓励和保护的政策,保护个人合法储蓄存款的所有权及其他合法权益,鼓励个人参加储蓄。

2. 储蓄原则

银行办理储蓄业务必须遵循"存款自愿、取款自由、存款有息、为储户保密"的原则。

(1) 存款自愿。居民所持有的现金是个人财产,参加储蓄必须出于存款人的自愿,存与不存,什么时候存,存在哪家银行,存多少,存的时间长短,选择什么储蓄种类,都由储户自己决定,银行或储蓄单位不得以任何方式加以干涉。

(2) 取款自由。储户提取存款时,银行必须照章付款,储户可根据需要取出部分或全部存款,银行不得以任何理由拒绝、为难或限制,更不应加以查问或干预。

(3) 存款有息。银行按储户存款的期限长短和储蓄种类支付相应的利息。银行必须按中央银行规定的存款利率计付利息,不能随意降低或提高利率,储户有取得利息的权利。

(4) 为储户保密。储户的户名账号、存款金额、期限、地址等均属个人隐私,任何单位和个人没有合法手续都不能查询储户的存款,银行必须为储户保密。如果因经济纠纷或案件涉及个人存款需要查询,有关单位和个人必须依照法律程序进行。

二、储蓄规划的原则和工具

(一) 储蓄规划的原则

1. 留足支付日常开支的现金原则

储蓄的基础是闲置的收入和货币,因此应该留足日常开支使用的现金,在不影响日常支付的情况下安排储蓄。

2. 事先建立理财目标原则

储蓄是一项长期的投资规划,因此应该事先建立储蓄理财目标。通过制定自己近年内的储蓄数额目标,确定平时的储蓄数额。

3. 储蓄优先原则

在每月领到薪金后,首先将钱存入银行,这有利于抑制消费欲望,从而有效地控制支出。

4. 连续性和长期性原则

储蓄贯穿着人的一生,只要日积月累,就一定能有一笔可观的积蓄。

5. 利率比较原则

要根据自己储蓄的用途和目的,按照各种储蓄利率的不同,采取"长短结合、统筹兼顾"的方法,尽量增加利息收益。例如,购买收益较高的国债,为子女上学可投资利率较高的教育储蓄。

(二) 储蓄规划工具

储蓄存款一般可按期限分为活期和定期两种,其中又可以细分为具体的储蓄品种,如图3-2所示。

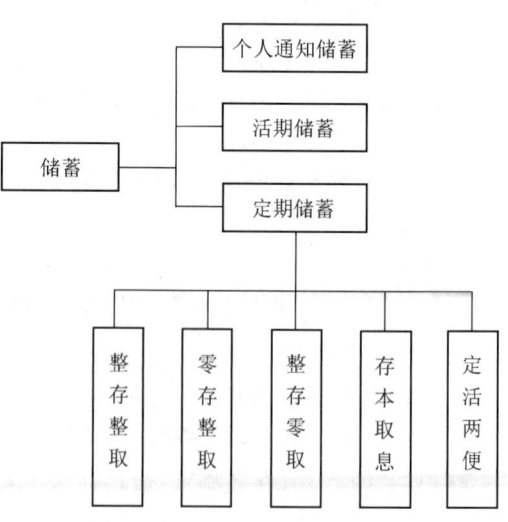

图 3-2　常见的储蓄种类

1. 活期储蓄

活期储蓄是指不规定存期,储户可随时凭存折(卡)存取,存取金额不限的一种储蓄方式。活期储蓄以1元为起存点,多存不限,每年结算一次利息。

活期储蓄存款是居民储蓄存款中最基本和最重要的一种形式,适用于居民小额的随存随取的生活零用节余存款,灵活方便,适应性强。参加这种储蓄大体有以下几种情况:①暂不用作消费支出的货币收入;②预备用于购买大件耐用消费品的积攒性资金;③个体经营户的营运周转货币资金,在银行为其开户、转账等问题解决之前,以活期储蓄的方式存入银行。

2. 整存整取定期储蓄

整存整取定期储蓄是指在存款开户时约定存期,整笔存入,到期一次整笔支取本息的一种个人存款方式。其特点是金额较大,存期较长,收益较高,存款稳定性较强。我国规定此类储蓄起存金额为人民币 50 元,外汇整存整取存款起存金额为等值人民币 100 元的外汇。该储种只能进行一次部分提前支取,提前支取时必须提供身份证件,代他人支取的不仅要提供存款人的身份证件,还要提供代取人的身份证件。计息按存入时的约定利率计算,利随本清。整存整取存款可以在到期日自动转存,也可根据客户意愿,到期办理约定转存。人民币存期分为 3 个月、6 个月、1 年、2 年、3 年 5 个档次。外币存期分为 1 个月、3 个月、6 个月、1 年、2 年 5 个档次。

整存整取定期储蓄适用于生活节余的较长时间不需动用的款项。在高利率时期,存期要就"中",即将 5 年期的存款分解为 1 年期和 2 年期,后滚动轮番存储,如此则可利生利,收益效果更好。

3. 零存整取定期储蓄

零存整取定期储蓄是指在存款开户时约定存期,分次每月固定存款金额,到期一次支取本息的一种个人存款方式。开户手续与活期储蓄相同,只是每月要按开户时约定的金额进行续存。储户提前支取时的手续比照整存整取定期储蓄存款有关手续办理。一般 5 元起存,每月存入 1 次,中途如有漏存,应在次月补齐。计息按实存金额和实际存期计算。存期分为 1 年、3 年、5 年。利息按存款开户日挂牌零存整取利率计算,到期未支取部分或提前支取按支取日挂牌的活期利率计算利息。该储种利率低于整存整取定期储蓄(打六折),但高于活期储蓄利率,可使储户获得稍高的存款利息收入。该储种可集零成整,具有计划性、约束性、积累性的功能,适合收入稳定,储蓄资金以备结婚、上学等用途的个人或家庭,以达到计划开支的目的。零存整取的计息公式如下:

$$利息 = 月存款金额 \times 累计月积数 \times 月利率$$

4. 整存零取定期储蓄

整存零取定期储蓄是指在存款开户时约定存期、本金一次存入,按固定期限分次支取本金的一种个人存款方式。存款开户的手续与活期相同,一般 1 000 元起存,存期分 1 年、3 年和 5 年,支取分 1 个月、3 个月及半年一次。利息按存款开户日挂牌整存零取利率计算,于期满结清时支取。到期未支取部分或提前支取按支取日挂牌的活期利率计算利息。

5. 存本取息定期储蓄

存本取息定期储蓄是指在存款开户时约定存期、整笔一次存入,按固定期限分次支取利息、到期一次支取本金的一种个人存款。其开户和支取手续与活期储蓄相同,提前支取时与定期整存整取的手续相同,一般是 5 000 元起存,存期分 1 年、3 年、5 年,可一个月或几个月取息一次,在开户时约定的支取限额内可多次支取任意金额。利息按存款开户日挂牌存本取息利率计算,到期未支取部分或提前支取按支取日挂牌的活期利率计算利息。该储种适合持较大数额现金的储蓄投资者。

6. 定活两便储蓄

定活两便储蓄指在存款开户时不必约定存期,银行根据客户存款的实际存期按规定计息,可随时支取的一种个人存款方式。一般50元起存,存期不足3个月的,利息按支取日挂牌活期利率计算;存期3个月以上(含3个月)不满半年的,利息按支取日挂牌定期整存整取3个月存款利率打六折计算;存期半年以上(含半年)不满1年的,整个存期按支取日定期整存整取半年期存款利率打六折计息;存期1年以上(含1年),无论存期多长,整个存期一律按支取日定期整存整取1年期存款利率打六折计息,各档次均不分段计息。该储种的特点包括方便灵活、收益较高、手续简便、利率合理以及存款期限不受限制等,适合存款期限不确定的储户,其操作要点主要是掌握支取日,确保存期大于或等于3个月,以避免利息损失。

7. 个人通知储蓄

个人通知储蓄是指在存入款项时不约定存期,支取时事先通知银行,约定支取存款日期和金额的一种个人存款方式。其最低起存金额为人民币50 000元(含),外币等值5 000美元(含)。为了方便,可在存入款项开户时即提前通知取款日期或约定转存存款日期和金额。个人通知储蓄需一次性存入,可以一次或分次支取,但分次支取后账户余额不能低于最低起存金额,当低于最低起存金额时银行给予清户,转为活期存款。个人通知储蓄按存款人选择的提前通知的期限长短划分为1天通知存款和7天通知存款两个品种。其中,1天通知存款需要提前1天向银行发出支取通知,并且存期最少2天;7天通知存款需要提前7天向银行发出支取通知,并且存期最少7天。该储种适合手上持有现金,一时又无法确定存期的储户,具有集活期之便、得定期之利的特点。例如,个体户的进货资金、炒股时持币观望的资金或是节假日股市休市时的闲置资金,可尽量将存款定为7天的档次。

我国储蓄存款基准利率表,如表3-2所示。

表3-2 我国储蓄存款基准利率表

项目			利率
活期存款			0.35%
定期存款	整存整取	3个月	1.10%
		半年	1.30%
		1年	1.50%
		2年	2.10%
		3年	2.75%
	零存整取 整存零取 存本取息	1年	1.10%
		3年	1.30%
	定活两便		按1年以内定期整存整取档次利率打6折执行
	通知存款	1天	0.80%
		7天	1.35%

注:从2015年10月24日起各商业银行利率浮动实行市场化,监管部门不再设置利率浮动上限。

8. 外币储蓄

外币储蓄是相对人民币储蓄而言的,分为活期、定期和个人通知存款三种。其中,定期存款期限分为 1 个月、3 个月、6 个月、1 年、2 年共 5 个档次。通知存款只有 7 天通知存款一种。目前,我国银行开办的外币储蓄品种主要有美元、日元、加拿大元、英镑、瑞士法郎、新加坡元、欧元、港币等。外币储蓄实行与人民币不同的利率,如表 3-3 所示。

表 3-3 外币存款利率表

币种	活期	7 天通知	1 个月	3 个月	6 个月	1 年	2 年
美元	0.010 0%	0.010 0%	0.050 0%	0.150 0%	0.250 0%	0.350 0%	0.350 0%
英镑	0.010 0%	0.010 0%	0.050 0%	0.050 0%	0.100 0%	0.100 0%	0.100 0%
欧元	0.000 1%	0.000 1%	0.000 1%	0.000 1%	0.000 1%	0.000 1%	0.000 1%
日元	0.000 1%	0.000 1%	0.000 1%	0.000 1%	0.000 1%	0.000 1%	0.000 1%
港币	0.010 0%	0.010 0%	0.050 0%	0.150 0%	0.250 0%	0.350 0%	0.350 0%
加拿大元	0.010 0%	0.010 0%	0.010 0%	0.050 0%	0.150 0%	0.250 0%	0.250 0%
瑞士法郎	0.000 1%	0.000 1%	0.000 1%	0.000 1%	0.000 1%	0.000 1%	0.000 1%
澳大利亚元	0.010 0%	0.010 0%	0.050 0%	0.050 0%	0.100 0%	0.150 0%	0.150 0%
新加坡元	0.000 1%	0.000 5%	0.010 0%	0.010 0%	0.010 0%	0.010 0%	0.010 0%

注:本表为中国银行外汇存款利率表,自 2020 年 9 月 15 日执行。

9. 教育储蓄

教育储蓄是指个人按国家有关规定在指定银行开户、存入规定数额资金、用于教育目的的专项储蓄,是一种专门为学生支付非义务教育所需教育金的专项储蓄。教育储蓄采用实名制,开户对象为在校小学四年级(含四年级)以上学生。开户时,储户要持本人(学生)户口簿或身份证,到银行以储户本人(学生)的姓名开立存款账户。到期支取时,储户需凭存折(卡)及有关证明一次支取本息。

教育储蓄具有储户特定、存期灵活、总额控制、利率优惠的特点,能积零成整,满足中低收入家庭每月固定小额存储,积蓄资金,解决子女非义务教育支出的需要。

(1) 储户特定。教育储蓄的对象(储户)为在校小学四年级(含四年级)以上学生。

(2) 存期灵活。教育储蓄为零存整取定期储蓄存款。存期分为 1 年、3 年和 6 年。

(3) 总额控制。教育储蓄起存金额为 50 元,本金合计最高限额为 2 万元。

(4) 利率优惠。1 年期、3 年期教育储蓄按开户日同期同档次整存整取定期储蓄存款利率计息;6 年期按开户日 3 年期整存整取定期储蓄存款利率计息,在存期内遇利率调整,仍按开户日利率计息。

三、储蓄规划策略

(一) 个人储蓄的动机

储蓄是货币的一种特殊使用形式,它体现了储户同银行之间一种相互合作的信用关系。由于人们经济收入及消费结构各不相同,安排在即期、近期、远期的消费以及节余能力也因人而异,银行设置的储种,正是为了满足适应长期性结余资金、短期待用资金和各种特定用途资金的存储需要。在现实生活中个人应根据自身储蓄的动机选择储蓄种类。一般个人储蓄动机可分为:

1. 积累动机

对于一个普通家庭而言,其收入是固定的,固定的收入只能购买日常必需的消费资料,如购买汽车等高档消费品或筹集住房、子女升学及嫁娶等,这些费用往往需要通过长时间的积累才能实现。出于这种动机的考虑,人们参储时一般以零整储蓄为主,聚零为整,逐步积累。

2. 增值动机

有些家庭闲钱较多,不想购置东西,也没有特定的用途,短期内派不上用场。这种情况下,人们参储带有储存财富的性质,因此往往选择一些期限较长、利息较高的定期储蓄种类,或者购买债券和股票,以使闲置的货币得以增值。

3. 谨慎动机

人们担心现金尤其是金额较大的现金放在家中或随身携带不安全,为了防止不测或防灾、防荒,在储蓄时可选择定期储蓄,必要时选择定期中不能提前支取的储种。

人们参储的动机往往是复合型的,储户应据其主要目的和动机选择合适的储种。

(二) 储蓄计息的基本规定

1. 利率

储蓄存款利率由国家统一规定,由中国人民银行挂牌公告。利率也称为利息率,是在一定日期内利息与本金的比率,一般分为年利率、月利率、日利率3种。年利率以百分比表示,月利率以千分比表示,日利率以万分比表示。

【例 3-1】 小王现在手中有 10 000 元闲置资金,想要存入银行,通过观察银行利率表发现,某储蓄品种年息9‰,月息6‰,日息1.5‱。

要求:小王选择该储蓄产品,请分别计算小王的年息、月息和日息。

解:年息 = 10 000 × 9‰ = 900(元)

月息 = 10 000 × 6‰ = 60(元)

日息 = 10 000 × 1.5‱ = 1.5(元)

答:小王选择该储蓄产品,年息为 900 元,月息为 60 元,日息为 1.5 元。

【特别提示】

目前,我国储蓄存款用月利率挂牌。为了计息方便,3 种利率之间可以换算,其换算公式为:

年利率 ÷ 12 = 月利率

月利率 ÷ 30 = 日利率

年利率 ÷ 360 = 日利率

2. 计息起点

计算储蓄存款利息时,本金以"元"为起息点,元以下的角、分不计息,利息的金额算至分位,分位以下四舍五入。分段计息算至厘位,合计利息后分以下四舍五入。

3. 不计复息

各种储蓄存款除活期(存折)年度结息可将利息转入本金生息外,其他各种储蓄存款不论存期如何,一律于支取时利随本付清,不计复息。

4. 存期计算规定

(1) 算头不算尾,计算利息时,存款天数一律算头不算尾,即从存入日起算至取款前一天止。

(2) 不论闰年、平年,不分月大、月小,全年按360天、每月按30天计算。

(3) 对年、对月、对日计算,各种定期存款的到期日均以对年、对月、对日为准,即自存入至次年同月同日为对年,存入日至下月同一日为对月。

(4) 定期储蓄到期日,如遇例行假期不办公,可以提前一日支取,视同到期计算利息,手续同提前支取办理。

【例3-2】 李华于2023年1月14日存入1年期的定期存款20 000元。

要求:说明李华该笔存款的到期日。

答:李华该笔存款的到期日为2024年1月14日。

5. 存款利息的计算方法

如前所述,利率一般分为年利率、月利率和日利率3种。各种储蓄的利息,都可以通过公式算出来。

(1) 一般储蓄存款利息的计算公式如下:

$$利息 = 本金 \times 存期 \times 利率$$

(2) 零存整取储蓄存款利息的计算公式如下:

$$利息 = 月存金额 \times \frac{存入的次数+1}{2} \times 存入次数 \times 月利率$$

(3) 整存零取储蓄存款利息的计算公式如下:

$$利息 = \frac{全部本金 + 每次支取金额}{2} \times 存期 \times 月利率$$

(4) 定活两便储蓄存款利息的计算公式如下:

$$利息 = 本金 \times 存期 \times 利率$$
$$利率 = 同档次定期利率 \times 60\%$$

(三) 储蓄规划方法

1. 目标储蓄法

如果想购买一件高价商品或操办某项大事,应根据家庭经济收入的实际情况建立切实可行的储蓄指标并制定攒钱措施。

2. 计划储蓄法

每个月领取薪水后,可以留出当月必需的生活费用和开支,将余下的钱按用途区分,选择适当的储蓄品种存入银行,这样可减少许多随意性的支出。

3. 节约储蓄法

注意节约,减少不必要的开支,杜绝随意消费,用节约下来的钱进行储蓄。

4. 增收储蓄法

在日常生活中,如遇上加薪、获奖、获得稿酬、亲友馈赠和其他临时性收入时,可权当没有这些收入,将这些增收的钱及时存进银行。

5. 折旧储蓄法

为了家用电器等耐用消费品的更新换代,可为这些物品存一笔折旧费。在银行设立一个"定期一本通"存款账户,当家庭需添置价值较高的耐用品时,可以根据物品的大致使用年限,将费用平摊到每个月。这样,当这些物品需要更换时,账户内的折旧基金便能派上用场。

6. 缓买储蓄法

家庭准备添置高档耐用消费品或其他珍贵物品时,如并非迫切需要或实用价值不高,可缓一两个月再买,先将这笔钱暂时存入银行。待消费高峰期过后,此类商品价格必然会回落,那时就可以相对便宜地购买到该商品。

7. 降档储蓄法

在准备购进一件贵重物品时,可以购买档次稍低一些的商品,把省下来的钱存入银行。

8. 滚动储蓄法

每月将结余的钱存入一张1年期整存整取定期储蓄账户,存储的数额可根据家庭的经济收入而定,存满1年为一个周期。1年后第一张存单到期,可取出储蓄本息,待凑成整数后进行下一轮的储蓄。如此循环往复,手头始终是12张存单,每月都可有一定数额的资金收益,储蓄数额滚动增加,家庭积蓄也随之丰裕。滚动储蓄可选择1年期的,也可选择3年期的定期储蓄。这种储蓄方法较为灵活,每月存储额可视家庭经济收入而定,无须固定。一旦急需钱用,只要支取到期或近期储蓄就可以了,以减少利息损失。另外,每张存单最好都设定到期自动续存,可节省时间成本,减少繁琐手续。

9. 四分储蓄法

四分储蓄法,又叫"金字塔"法。如果持有10 000元,投资者可以分别存成4张定期存单,存单的金额呈金字塔状,以适应急需时不同的数额,如将10 000分别存成1 000元、2 000元、3 000元、4 000元4张1年期定期存单。这样可以在急需用钱时,根据实际需用金额支取相应额度的存单,可避免只需取小数额钱却不得不动用大存单的弊端,减少了不必要的利息损失。

10. 阶梯储蓄法

假如某投资者持有3万元,可分别用1万元开设1年、2年、3年期的定期储蓄存单各1份。1年后,该投资者可用到期的1万元再开设1张3年期的存单。以此类推,3年后该投资者持有的存单则全部为3年期的,只是到期的年限不同,依次相差1年。这种储蓄方式可使年度储蓄到期额保持等量平衡,既能应对储蓄利率的调整,又可获取3年期存款的较高利息。这是一种中长期投资,适宜于工薪家庭为子女积累教育基金与婚嫁资金等。

11. 组合储蓄法

组合储蓄法又称为利滚利储蓄法,是一种存本取息与零存整取相组合的储蓄方法。如果某投资者现有 5 万元,可以先存入存本取息储蓄账户,在 1 个月后,取出存本取息储蓄的第一个月利息,再开设一个零存整取储蓄账户,然后将每月的利息存入零存整取储蓄账户。这样不仅可以得到存本取息储蓄利息,而且其利息在存入零存整取储蓄后可再次获得利息。

12. 通知储蓄法

通知储蓄法很适合手头有大笔资金准备用于近期(3 个月以内)开支的储户。假如手中有 20 万元现金,拟于近期首付住房款,但是又不想把 20 万元简简单单存活期损失利息,这时就可以存 7 天通知储蓄。这样既保证了用款时的需要,又可享受相对较高的利率。

【例 3-3】 某人持有 20 万元,预计持有 3 个月,已知 7 天期的通知储蓄的利率为 1.40%,活期储蓄存款利率为 0.35%。

要求:通过计算比较两种储蓄方式的差异。

解:7 天期的通知储蓄利息 = 200 000 × 1.4‰ × 3 ÷ 12 = 700(元)

活期储蓄利息 = 200 000 × 0.35‰ × 3 ÷ 12 = 175(元)

利息差异 = 700 - 175 = 525(元)

答:7 天期的通知储蓄收益比活期储蓄收益高出 525 元,高出近 50%。

【特别提示】

如果投资者参加的是 7 天通知储蓄,投资者在向银行发出支取通知后,未满 7 天即可前往支取,支取金额的利息按照活期存款利率计算。此外,办理通知手续后逾期支取的部分也要按活期存款利率计息;支取金额不足或超过约定金额的,其不足或超过部分按活期存款利率计息;支取金额不足最低支取金额的,按活期存款利率计息;办理通知手续而不支取或在通知期限内取消通知的,通知期限内不计息。存款的支取时间、方式和金额与事先的约定一致,才能保证预期利息不会遭到损失。

(四)储蓄规划的基本思路

1. 规划好时间

尽量不提前支取,以避免损失利息。由于特殊原因需提前支取,则支取部分按活期计息。投资者可采取以下办法减少利息损失:一是只取急用部分的金额。例如,如果某人急需 5 000 元,现手上有 10 000 元的定期存单,则从中取 5 000 元即可,不要全部取完,因为剩余的 5 000 元还是按原利率计息。二是办理存单抵押贷款。对已存时间比较长的存单,可采用以此存单为抵押申请贷款来解决急用资金问题。

2. 采用合理的存款组合

(1)考虑存款组合的总原则是兼顾收益和保证日常生活需要。定期存款利率高、收益好,活期存款取款方便,一般来说应以定期存款为主,通知存款为辅,少投资活期存款和定活两便存款。

(2) 定期存款的重要技巧。一时难以确定存期的大额资金应选择通知存款以兼顾收益性和灵活性;较大额的存款宜开多张存单,可把提前支取的利息损失减少到最低限度;多采用到期自动续存的方式,既防止利息损失,又省去跑银行转存的麻烦;大笔的长期闲置资金应该考虑大额定期存单和大额可转让定期存单。

(3) 资金零散的个人应多采用零存整取方式,半强制性地积累资金。

(4) 定活两便与活期储蓄应以小额、少量为宜,毕竟日常生活开支每月相差不多,一般是可以估算的。

3. 利用优惠政策

要充分利用国家和银行的优惠政策,如某些银行推出特定时段储蓄的优惠政策等。

4. 增加储蓄本金

提高家庭储蓄的可能方式包括增加家庭工作收入、增加家庭理财收入、降低家庭生活支出、降低家庭理财支出。另外,还要注意防范理财风险,如借钱给别人要写借据、不随便提供金融担保、不参与民间借贷活动、不参与社会非法集资、谨慎从事高风险投资等。

5. 根据收入来源区分储蓄

领取现金薪资的收入者,应该先把储蓄分离出来,以信贷消费预算法控制各项支出。

通过银行转账领取薪资的收入者,薪资入账时即应该强迫储蓄,剩余金额以自动提款机平均提取的方式控制支出。

自营事业有现金收入者,应先区分真正赚取的收入,若营业情况稳定可以以日营业额的比例做消费支出预算。

6. 选择适当的储蓄币种

由于各国经常处于不同的经济周期,同一时期利率差别很大,如果有条件可以试试外币储蓄,以获得更高的收益。例如,人民币1年期利率为1.75%,而美元为1.00%时,两者相差较大,若现在手中持有美元,就应当兑换成人民币去存储,而不是直接储蓄。在考虑外币存款的时候,最重要的是要选择和人民币兑换率较稳定的币种,如美元、英镑、港币等,要避免日元,尤其是那些可能贬值的货币。

7. 根据不同的宏观经济周期选择储蓄品种

要获取尽量多的利息收入,就要根据宏观经济形势来选择储蓄品种,可采用以下判断原则:

(1) 在国家经济形势好转,经济增长率稳步上升时,利率政策一般比较宽松,同时物价并不高。这时应选择中短期储蓄,由于利率可能进一步提高,所以不要选择存期太长的定期存款。

(2) 经济逐步加速到一个较高的水平,通货膨胀率上升,国家一再提高利率。这时可以存入利息不变的长期定期存款,以获取长期的较高的利息收益。

(3) 经济增长速度和通货膨胀率逐步降低,利率慢慢回落。这时应避免短期存款,选择长期存款。由于利率处于下降趋势中,短期存款会受到不断下降的利率的侵害,利息收益不高。

(4) 经济增长和物价水平已经处于低谷,利率也到了较低水平,这时应选择短期存款。

第三节 消费信贷理财

一、消费信贷概述

(一) 消费信贷的历史与发展

消费信贷的历史可以追溯到古希腊和古罗马,现代消费信贷制度的基础出现在1915—1935年。

消费信贷的发展历史就是不断突破传统消费观念的历史。1880年左右,美国开始兴起分期付款赊销,众多收入低下的普通百姓为了享受更高的生活水平,从开展赊销的销售商那里购买超过自身经济实力的生活产品,让自己背上沉重的债务负担。在那个阶段,分期付款方式被上流社会指责为贫困和不节俭的表现。到了20世纪20年代以后,分期付款方式摆脱了社会地位方面的耻辱,变成购买昂贵家庭用品的标准方式,甚至连富豪也采取此种方式购买商品。1929年美国发生经济大萧条以后,这种信贷融资方式被人们贬低,社会公众普遍认为分期付款严重威胁了公共道德,是经济灾难的预兆,分期付款提供者是国家经济的叛徒。虽然遭到批判和谩骂,消费信贷依旧大行其道,最终变成了美国普通大众购买昂贵耐用消费品的途径,并使负债成为一种生活方式。

信用卡问世于20世纪50年代,它是消费信贷的一部分,是消费信贷最重要的象征。消费信贷最广泛、人们最熟悉的形式是分期付款。

(二) 消费信贷的概念和特点

1. 消费信贷的概念

消费信贷是个人和家庭用于满足个人需求的信贷形式,也是企业、商业银行或其他金融机构贷款给个人用以购买耐用消费品和支付各种服务费用的信贷形式。

消费信贷是金融创新的产物,它打破了传统的个人与银行单向融资的局限性,开创了个人与银行相互融资的全新的债权债务关系。消费信贷是当期得到现金、商品和服务,在将来支付有关费用的一种安排。它以消费者未来的购买力为放款基础,旨在通过信贷方式预支远期消费能力,以满足个人当期消费需求。消费信贷的基础是人们在账单到期时支付的能力和意愿。

按接受贷款对象的不同,消费信贷又可分为买方信贷和卖方信贷。买方信贷是对购买消费品的消费者发放的贷款,如个人旅游贷款、个人综合消费贷款、个人短期信用贷款等。卖方信贷是以分期付款单证做抵押,对销售消费品的企业发放的贷款,如企业小额贷款等;按担保的不同,又可分为抵押贷款、质押贷款、保证贷款和信用贷款等。消费信贷又可按偿还形式划分为分期付款和非分期付款两大类。分期付款一般按周、月偿还贷款,这种贷款最主要的用途是支付消费者购买汽车、家电等高档耐用消费品的贷款;非分期付款即为在规定的期限内一次还清贷款。

1998年以来,为支持扩大内需,我国商业银行开始大力拓展消费信贷业务,已经开办的消费贷款种类主要有住房贷款、汽车贷款、家电等耐用消费品贷款和助学贷款等。目前在商业银行贷款结构中,消费信贷比例明显上升。根据典型调查推算,1元消费信贷可以带动1.5元的商品消费,对促进消费、拉动经济增长起到了积极作用。

2. 消费信贷的特点

和其他贷款形式相比,个人消费信贷具有以下特点:

(1) 贷款对象为个人或家庭。消费信贷以个人或家庭为特定信用对象,而不针对一般的法人或组织。

(2) 贷款用途的消费性。消费信贷用于购买个人和家庭的各类消费品,以消费性需求为目的,而非以营利性需求为目的。

(3) 贷款额度的小额性。消费信贷一般只有较小信用额度,通常在1 000元至50万元之间,不大量占用银行的信贷资金。

(4) 贷款期限的灵活性。消费信贷期限灵活,一般为6个月至5年,部分信贷期限相对较长,如个人住房贷款期限最长可达30年。

(5) 贷款资金的安全性。消费信贷大多都有抵(质)押物担保或保证,对于放款机构而言,信贷资金的安全性一般都能有保证。

(三) 消费信贷的种类及优缺点

1. 消费信贷的种类

根据贷款的发放机构,消费信贷可分为银行信贷和非银行信贷;根据贷款的方式,消费信贷又分为封闭式信贷和开放式信贷。

(1) 银行信贷是银行作为资金的提供者,向借款人发放贷款,用于满足借款人的融资需求。

(2) 非银行信贷是指除了传统商业银行之外的金融机构或非金融机构提供的信贷服务,主要包括小额贷款公司、典当行等。

(3) 封闭式信贷是指在特定时间内,借款人可以多次提取和使用贷款,但在贷款到期日必须全额归还本金的信贷安排。在这种贷款模式下,借款人不能再次增加已批准的贷款金额,也不能只还利息而不还本金。

(4) 开放式信贷是指银行或金融机构向客户提供的一种无抵押、无担保的信用贷款。这种贷款允许客户在一定额度范围内自由借款和还款,通常根据客户的信用记录、收入状况等因素来决定授信额度。

2. 消费信贷的优缺点

信贷是即时提供商品和服务的工具,是灵活的资金管理方式,安全而便利,是发生紧急情况时的缓冲带,是增加资源的工具。当消费者及时偿还贷款时,信贷还能创造良好的信用等级。但是请记住,信贷是一把"双刃"剑,它也有副作用。为了理智使用信贷,须仔细评价当前债务水平、未来收入、增加的成本以及过度消费的后果。

消费信贷的优点包括:①现在享受未来的商品和服务;②在资金短缺时也能购买商品;③实现购物便利;④建立信用等级。

消费信贷的缺点包括:①过度消费的诱惑;②不会提高总购买力;③信贷成本较高。

(四) 消费信贷的操作流程

银行消费信贷的操作流程,如图3-3所示。

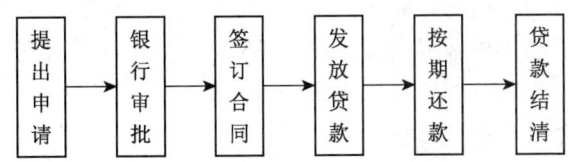

图 3-3　消费信贷操作流程

(1) 提出申请。客户向银行提出申请,书面填写申请表,同时提交相关资料。

(2) 银行审批。银行对借款人的贷款申请、购房合同、协议及有关材料进行审查。

(3) 签订合同。银行对借款人提交的申请资料调查、审批通过后,双方签订借款合同、担保合同,视情况办理机关公证、抵押登记手续等。

(4) 发放贷款。经银行审批同意发放的贷款,办妥所有手续后,银行按各类消费信贷合同约定以转账方式直接划入个人、汽车经销商或者购房协议指定的售房单位的账户。

(5) 按期还款。借款人按借款合同约定的还款计划、还款方式偿还贷款本息。

(6) 贷款结清。贷款结清包括正常结清和提前结清两种。①正常结清:在贷款到期日(一次性还本付息类)或贷款最后一期(分期偿还类)结清贷款。②提前结清:在贷款到期日前,借款人如提前部分或全部结清贷款,须按借款合同约定,提前向银行提出申请,由银行审批后到指定会计柜台进行还款。贷款结清后,借款人应持本人有效身份证件和银行出具的贷款结清凭证领回由银行收押的法律凭证和有关证明文件,并持贷款结清凭证到原抵押登记部门办理抵押登记注销手续。

在各种消费信贷的申请过程中,申请人需要填写书面申请表,并提交相关资料,主要有:

(1) 有效身份证件。

(2) 常住户口证明或有效居住证明,以及固定住所证明。

(3) 婚姻状况证明。

(4) 收入证明或个人资产状况证明。

(5) 采用房屋抵押方式贷款的,需要提供抵押房屋的房屋所有权证,抵押房屋财产所有人(含法定共有人)的身份证件、婚姻状况证明、同意抵押的书面证明,并按规定对抵押物价值进行评估,提供评价报告;抵押住房免于评估的,应提供符合免于评估条件的相关证明材料,包括交易合同或上一次评估报告等。

(6) 贷款用途使用计划或声明。

(7) 银行要求提供的其他资料。

二、银行信贷

(一) 封闭式信贷

封闭式信贷有特定的用途,以合同形式规定偿还金额、偿还条件、支付次数等,通常在偿还债务前,销售方拥有商品所有权。目前,我国商业银行个人消费信贷处于起步阶段,种类还不是很多,主要有以下几种:

1. 汽车贷款

汽车贷款是指贷款人向申请购买汽车的借款人发放的专项贷款,也叫汽车按揭。汽车贷款是由贷款人向在特约经销商处购买汽车的借款人发放,用于购买汽车,以贷款人认可的权利质押或者具有代偿能力的单位或个人作为还贷本息并承担连带责任的保证人提供保证,在贷款银行存入首期车款,贷款金额最高一般不超过所购汽车售价的80%,贷款期限一般为1～3年,最长不超过5年。

2. 个人旅游贷款

个人旅游贷款是贷款人向借款人发放的用于支付旅游费用、以贷款人认可的有效权利做质押担保或者有代偿能力的单位或个人作为偿还贷款本息并承担连带责任的保证人提供保证,借款金额为2 000元至5 000元,期限为6个月至2年,且提供不少于旅游项目实际报价30%首期付款的人民币贷款。

3. 国家助学贷款

国家助学贷款又分为一般助学贷款和特困生贷款,是贷款人向全日制高等学校中经济困难的本专科在校学生发放的,用于支付学费和生活费,并由教育部门设立"助学贷款专户资金"给予贴息的人民币专项贷款。

4. 商业性助学贷款

商业性助学贷款是商业银行对正在接受非义务教育学习的学生或直系家属或法定监护人发放的商业性贷款,适用于学生的出国留学、再教育进修等。商业性助学贷款根据用途分为学生学杂费贷款、教育储备金贷款、进修贷款和出国留学贷款。各家商业银行在商业助学贷款的条款上可能有所差别,但基本内容相同。商业性助学贷款额度由银行根据借款人资信状况及所提供的担保情况综合确定,最高不超过50万元。贷款最短期限为6个月,最长期限不超过8年。与国家助学贷款相比,商业性助学贷款的利率水平、申请条件以及还贷期限等都提高不少。

5. 大额耐用消费品贷款

大额耐用消费品贷款是指向消费者个人发放用于购买大额耐用消费品的人民币贷款。大额耐用消费品是指单价在3 000元以上(含3 000元)、正常使用寿命在2年以上的家庭耐用商品,包括家用电器、电脑、家具、健身器材、卫生洁具、乐器等(汽车、房屋除外)。大额耐用消费品贷款只能用于购买与贷款人签订有关协议、承办分期付款业务的特约销售商所经营的大额耐用消费品。贷款期限一般在1年以内,最长为3年(含3年)。贷款额度起点为人民币2 000元,最高额不超过10万元,借款额最高不得超过购物款的80%。

6. 家居装修贷款

家居装修贷款是指贷款人向借款人发放的用于借款人自用家居装修的人民币消费贷款。贷款期限一般为1年至3年,最长不超过5年(含5年)。贷款额度一般不得超过家居装修工程总额的80%。

7. 个人综合消费贷款

个人综合消费贷款是贷款人向借款人发放的、不限定具体消费用途,以贷款人认可的有效权利质押担保或能以合法有效房产做抵押担保,借款金额在2 000元至50万元、期限在6个月至3年的人民币贷款。

8. 个人住房贷款

个人住房贷款是贷款人向借款人发放的用于购买自用普通住房或者城镇居民住房、自建住房,以贷款人认可的抵押、质押或者保证,在银行存入首期房款,借款金额最高为房款的70%、期限最高为30年的人民币专项贷款。个人住房贷款又分为自营性个人住房贷款、委托性个人住房贷款和个人住房组合贷款三种。本章讨论的消费信贷主要是短期信贷,属于中长期贷款的住房贷款则在以后的章节中讨论。

(二) 开放式信贷

开放式信贷无须像封闭式信贷那样需要事先申请,只要不超过信用额度,可以随意使用开放式信贷进行购物,循环发放。信用限额是贷款人允许使用的最高额度,可能要支付利息或者手续费,一般可以享受若干期限的免息还款待遇。开放式信贷的主要形式是信用卡。

1. 信用卡

信用卡又称贷记卡,是由具有一定规模的银行或金融公司发行的,可凭此向特定商家购买货物或享受服务,或向特定银行支取一定款项的信用凭证。

信用卡的大小与名片相同,卡面上至少有如下信息:

(1) 正面:发卡行名称及标识、信用卡别(组织标识)及全息防伪标记、卡号、持卡人姓名英文或拼音、有效日期(一般顺序为"月年",如 04/21,即 2021 年 4 月到期),卡片正面附有芯片。

(2) 背面:持卡人签名栏(开卡启用后必须手写签名)、卡号末四位号码或全部卡号、信用卡安全码、服务电话、发卡银行名称和网站等。信用卡安全码是信用卡背面的签名栏上紧跟在卡号末 4 位号码的后面的 3 位数字,用于信用卡激活、密码管理、电视、电话及网络交易等。

中国境内最早发行信用卡的是中国银行。1979 年,中国银行广东省分行与香港东亚银行签订协议,开始代理境外信用卡业务,信用卡从此进入内地。1981 年,美国运通卡(American Express)、维萨卡(Visa)和万事达卡(Master Card)相继进入内地。1985 年 6 月,中国银行珠海分行率先发行了第一张信用卡——"中银卡"。1986 年 10 月,中国银行北京分行发行长城信用卡,后中国银行总行指定长城卡为中国银行系统统一的信用卡名称,在全国各分行发行。

2. 信用卡的使用流程

(1) 申请。多数情况下,具有完全民事行为能力(中国内地为年满 18 周岁的公民)的、有一定直接经济来源的公民,可以向发卡行申请信用卡。法人也可以作为申请人。

(2) 审查。发卡银行接到申请人交来的申请表及有关材料后,要对申请人的信誉情况进行审查。审查的内容主要包括申请表的内容是否属实,对申请的单位还要对其资信程度进行评估,对个人还要审查担保人的有关情况。随后,银行决定对申请人是否发放信用卡。

(3) 发卡。申请人申领信用卡成功后,发卡行将为持卡人在发卡银行开立单独的信用卡账户,以供购物、消费和取现后进行结算,同时把信用卡实物邮寄给申请人。

(4) 开卡。由于信用卡申请通过后是通过邮寄将卡片寄出的,所以并不能保证领取人就是申请人。为了使申请人和银行免遭盗刷损失,信用卡在正式启用前设置了开卡程序。开卡主要是通过电话或网络等,核对申请时提供的相关个人信息,符合即完成开卡程序。此时申请人变为卡片持有人,在卡片背后签名后可以正式开始使用。信用卡开卡后一般需同时为卡设立密码。

(5) 授权。商户、银行确认信用卡有效,根据与发卡行签订的合同与银行联系,请求授权。授权是要进一步证实持卡人的身份可以使用的金额,授权一般在超过合同规定的使用金额时进行。发卡银行收到授权通知后,根据持卡人存款账户的存款余额及银行允许透支的协议情况发出授权指令,答复是否同意进行交易。

(6) 使用。信用卡通常仅限于持卡人本人使用,外借给他人使用一般是违反使用合同的。信用卡特约商户或银行受理信用卡后,要审查信用卡的有效性和持卡人的身份。

(7) 销卡。信用卡销卡前,账户余额必须清零,销卡在申请提出后的45天内完成销卡的全部流程。

信用卡的使用流程,如图3-4所示。

3. 信用卡和借记卡的区别

贷记卡即狭义的信用卡,是发卡银行给予持卡人一定的信用额度,持卡人可在信用额度内先消费后还款的银行卡。

借记卡是指先存款后消费(或取现),没有透支功能的银行卡。其按功能不同,又可分为转账卡(含储蓄卡)、专用卡及储值卡。

信用卡和借记卡的区别,如表3-4所示。

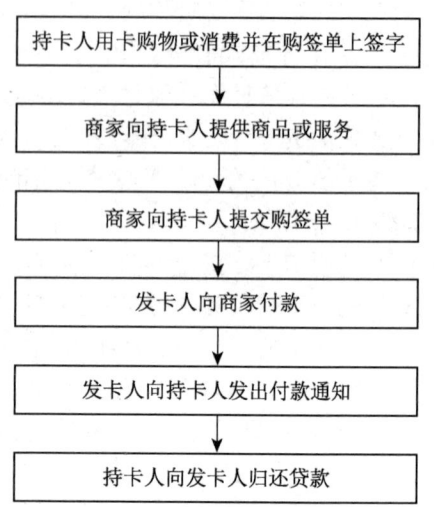

图3-4 信用卡的使用流程

表3-4　　　　　　　　信用卡和借记卡的区别

信用卡	借记卡
信用卡是(消费信贷产品)先消费后还款	借记卡是先存款后使用
信用卡可以透支	借记卡不可以透支
信用卡有循环信用额度(循环信用就是银行给持卡人核定可使用的额度,持卡人在额度内使用的欠款无须全额还款,只还规定的最低还款额,就可以保持良好的信用记录,可以重复使用持卡人的信用额度)	借记卡没有循环信用额度
信用卡持卡人在最后还款日前全额还款的,购物消费享有免息还款期	借记卡没有免息期
信用卡存款不计息	借记卡存款按储蓄利率计算
信用卡属于资产业务	借记卡属于负债业务
信用卡发卡需符合相关条件(如工作单位的情况、还款能力的考核、个人信用记录的审评等),信用卡有防伪标识和银联标识	借记卡有身份证就可以办理借记卡只有银联标识

4. 信用卡的利率

我国信用卡的透支取现利率统一为"日利率万分之五",折合年利率高达18%,远远高于我国的贷款基准利率。

5. 信用卡的使用条款

(1) 还款注意免息期。免息期是指针对消费交易,对按期全额还款的持卡人提供的免息待遇,免息时间为银行记账日至到期还款日之间的日期。

一般免息还款期由三个因素决定:客户刷卡消费日期、银行出立对账单日期和银行指定还款日期。所以,消费时一定要注意两点:①持卡人的消费日期;②银行对账单日期与还款日期之间的天数。每张信用卡都有一个账单日和一个还款日,账单日是银行每月定期对持卡人的信用卡账户当期发生的各项交易、费用等进行汇总结算,并结计利息、计算持卡人当期应还款项的日期;到期还款日是银行规定的持卡人应该偿还其全部应还款或最低还款额的最后日期。持卡人的任务是在还款日当天或之前及时还上账单日显示的账单金额,而持卡人每笔消费都会被计入下一个最近的账单日,因此,离账单日越近消费,享受的免息还款期越短。

弄清楚免息还款期的计算方法后,还要注意并不是所有的透支款项都可享受这一优惠。要想免息,必须同时满足两个条件:第一是全额还款;第二是非现金交易的款项。如还款困难,应按银行要求的最低还款额,偿还部分透支款,否则利息成本十分高昂。

【例3-4】 李先生于3月25日刷卡消费1000元,已知其账单于4月10日出立,银行指定还款日期为4月30日。

要求:假设李先生于4月30日前可以全额还款,计算李先生享受的免息期。

答:其免息期为36天(3月25日至4月30日),详细计算如图3-5所示。

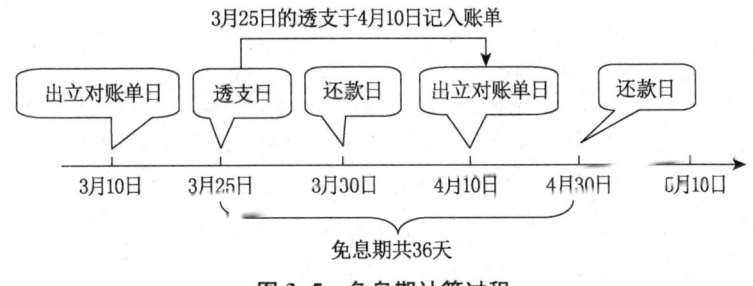

图3-5 免息期计算过程

(2)最低还款额。最低还款额是指持卡人在到期日(含)前偿还全部应付款项有困难的,可按发卡行规定的最低金额进行还款,但不能享受免息期待遇,最低还款额为消费金额的10%加其他各类应付款项。最低还款额列示在当期账单上。在到期还款日前归还金额大于或等于最低还款额,利息照算,但不会影响个人的信用;如果低于最低还款额,则除了利息外,还要按最低还款额未还部分的5%支付滞纳金,并会对信用记录造成影响。

最低还款额的计算方法为:

$$最低还款额 = 以前最低还款额累计未还部分 + 本月取现及转账贷款未还部分 + 本月超限额消费贷款 + 所有未还的限额内消费贷款 \times 10\%$$

【例3-5】 承上例,李先生4月10日的账单中显示:账户总计欠1000元,最低还款额为100元。

要求:比较李先生全额还款与最低还款两种形式下的利息。

答:如果李先生在4月30日之前还了1000元,则5月10日对账单中显示循环信用余额的利息为0。

如果李先生在4月30日之前还了最低还款额100元,则5月10日对账单中会显示利息为22.95元。利息计算为:

$$1\,000 \times 0.05\% \times 36 + (1\,000 - 100) \times 0.05\% \times 11 = 22.95(元)$$

(3) 不要超额透支。持卡人超过发卡银行批准的信用额度用卡时,不享受免息期待遇,即从透支之日起支付透支利息。所以持卡人在享受信用卡透支免息还款的实惠之时,切记不要超过银行批准的信用额度(即透支金额),否则超额部分将不会享受免息还款待遇,还要支付高额的透支利息。

(4) 透支还款要还清。信用卡刷卡消费,持卡人在免息期内,全额还款不需要支付利息,但若是部分偿还透支款项,在符合银行规定的最低还款额的前提下,目前有两种截然不同的计息方式:一种是只要持卡人有一部分钱在还款期内没有还,就不能享受免息待遇;另一种是只需支付欠款部分的利息。前者是大多数银行的做法,采取后者这种方式的只有极个别的银行。

【例3-6】 一位消费者某月透支消费了760.50元,由于忘了透支的具体金额,所以在免息期内归还了750元,欠10.5元没有还。

要求:回答该消费者需要按照多少钱来计算透支利息。

答:该消费者应该按照760.5元计息。

【特别提示】

　　以往,刷卡人刷卡的零头哪怕只有一毛钱,也需要足额还款,否则就面临全额罚息,计收复利。2013年7月1日起修订实施的《中国银行行业自律公约》中规定了"容差容时",而且还款日到期前3天银行需提示。"容时"是指,向持卡人提供一定期限的还款宽限期服务,还款宽限期自到期还款日起至少3天,持卡人在还款宽限期内还款时,应当视同持卡人按时还款,不影响个人征信情况。"容差"是指10元以下不全额罚息。

(5) 信用卡提现不能享受免息。使用信用卡提取现金是要支付利息的,并不享受免息还款期待遇,且计息是从提现透支日起开始计算的。这些规定一般在各银行的信用卡使用注意事项中都会写明,如"贷记卡取现或转账透支不享受免息还款待遇,从透支记账日起按日息万分之五计息"等等。同时,大多数银行还会按提现金额的1%~3%收取手续费。

(6) 不要将信用卡当存折用。信用卡内的存款(备用金)不计付利息是国际惯例,多数银行都是这样操作的,且存进的钱再取出来需要缴纳手续费(这种情况叫作溢款领回)。也有部分特殊卡种具有储蓄功能,所以在申请信用卡前必须多看条款,做到心中有数。办理信用卡之前,最好事先认真阅读章程或持卡人须知,了解该卡是否存款有息,以免造成误会和资金损失。

(7) 并非年年免年费。免年费一般也只是免成功办卡后第一年或两年内的费用,且往往捆绑着用户至少使用一个较长的固定期限。所以持卡人在使用时应该注意,如果到期没有缴纳年费,银行可能会在持卡人账户内自动扣款,而且银行所扣的款项将算作持卡人的透支提现,因此就要计算贷款利息,而且还会计算复利,利息会日复一日地积累,时间一长,就会莫名其妙地收到透支利息通知书。所以,如果持卡人不经常使用信用卡,最好将其注销。

三、非银行机构信贷

(一) 典当融资贷款

典当是指当户将其动产、财产权利作为当物质押或者抵押给典当行,交付一定比例费用,取得当金,并在约定期限内支付当金利息、偿还当金、赎回当物的行为。典当是以财物作质押,有偿有期借贷融资的一种方式,只要顾客在约定时间内还本并支付一定的综合服务费(包括当物的保管费、保险费、利息等),就可赎回当物。

(二) 保险公司贷款

保险公司贷款是指在投保人需要时,保险公司可以在保单已经具有的现金价值的范围内,以保单作质押,向投保人提供贷款。我国保单质押贷款的期限较短,一般最多不超过6个月,最高贷款余额也不超过保单现金价值的一定比例,这个比例各个保险公司有不同的规定,一般为70%~80%;银行则更为宽松,一般可达到90%。期满后贷款一定要及时归还,一旦借款本息超过保单现金价值,保单将永久失效。

(三) 消费金融公司贷款

消费金融公司是指不吸收公众存款,以小额、分散为原则,为中国境内居民个人提供以消费为目的的贷款的非银行金融机构。由于消费金融公司发放的贷款是无担保、无抵押贷款,风险相对较高,监管部门因而设立了严格的监管标准。与银行相比,消费金融公司贷款具有单笔授信额度小、审批速度快、无需抵押担保、服务方式灵活、贷款期限短等独特优势。消费金融公司经营的业务包括:个人耐用消费品贷款,一般用途个人消费贷款,信贷资产转让,境内同业拆借,向境内金融机构借款,经批准发行金融债券,与消费金融相关的咨询、代理业务,银保监会批准的其他业务。

2009年6月中旬,北京、上海、成都及天津等四地开展消费金融公司试点,如果人们买东西时缺钱,可以不用抵押、不用担保,就能很方便地从消费金融公司贷到钱。根据《消费金融公司管理办法》规定,消费金融公司对借款人贷款授信额度最高不得超过人民币20万元。

(四) 小额贷款公司贷款

小额贷款公司是由自然人、企业法人与其他社会组织投资设立,不吸收公众存款,经营小额贷款业务的有限责任公司或股份有限公司。小额贷款公司不是金融机构,由各地政府的金融办监管。与银行相比,小额贷款公司贷款更为便捷、迅速,适合中小企业、个体工商户的资金需求;与民间借贷相比,小额贷款更加规范,贷款利息可双方协商。消费金融公司和小额贷款公司的比较,如表3-5所示。

表3-5　　　　　　　　　消费金融公司和小额贷款公司的比较

项目	消费金融公司	小额贷款公司
监管机构	银保监会	金融办
企业性质	金融机构	非金融机构

(续表)

项目	消费金融公司	小额贷款公司
业务内容	① 办理个人耐用消费品贷款 ② 办理一般用途个人消费贷款 ③ 办理信贷资产转让 ④ 境内同业拆借 ⑤ 向境内金融机构借款 ⑥ 经批准发行金融债券 ⑦ 与消费金融相关的咨询、代理业务 ⑧ 代理销售与消费贷款相关的保险产品 ⑨ 固定收益类证券投资业务 ⑩ 银保监会批准的其他业务	① 办理各项小额贷款 ② 经批准的业务
服务对象	个人	个人、个体户、中小企业等
营业范围	不得在注册地所在行政区域之外开展业务（经银保监会批准可设分支机构）	不得跨区县经营（经批准在同省市内可设分支机构）
监督管理	① 资本充足率不低于10% ② 同业拆入资金比例不高于资本总额的100% ③ 资产损失准备充足率不低于100% ④ 投资余额不高于资本总额的20%	① 有些地区对三农方面的贷款余额有比率要求 ② 资产损失准备充足率不低于100% ③ 融资余额不得超过资本净额的50%
贷款额度	不得超过借款人月收入的5倍（利率不超过基准利率的4倍）	同一借款人的贷款额度不超过资本净额的3%～20%（利率不超过基准利率的4倍）

四、个人信贷管理

(一) 影响消费者信贷决策的因素

1. 预算约束（平均收入水平）

长期来看，消费者的各期消费之和应该等于各期收入之和。对于消费者来说，未来收入不仅要偿还借款的本金，还要支付利息，剩余的才能用于消费。消费者要把一切支付都计算进去，将剩余部分作为基础资金来进行信贷决策。

2. 未来收入预期增减

在未来消费额稳定的情况下，当未来收入预期高于当期收入时，消费者往往会选择满足当期需求，选择消费信贷；而当未来收入预期低于当期收入时，保守的消费者不会超支消费。

3. 消费习惯

消费习惯是一个人进行消费信贷决策的基础性原因。保守、谨慎型的消费者往往会偏好储蓄，使当期收入始终大于当期消费；而偏好超前消费的消费者，无论当期收入负于当期消费之差有多大，即使是借款也会选择消费。

4. 利率水平和还款周期

当期利率水平和消费者对未来利率水平的预期都会影响信贷决策，一旦消费者预期未来利率水平变动幅度过大,往往不会进行信贷消费或使信贷金额尽量达到最小。还款周期的长短也会直接影响消费者的决策,大多数消费者会选择购买消费周期短的信贷产品。

(二) 信贷能力

1. 计算信贷能力

信贷能力的计算主要有两种方法:一种是月总支配收入扣除月总基本开支,如果差额小于月还款额,就没有能力贷款;另一种是估算自己放弃哪些支出以支付月还贷金额。

2. 信贷能力指标体系

一般我们可以用债务支付收入占比这一指标来衡量自己的信贷能力,用公式表示即为:

$$债务支付收入占比 = 月还债支出 \div 净收入 \times 100\%$$

通常建议,债务支付收入占比不超过30%,这样才不会影响日常支付和生活质量。

3. 消费贷款的基本原则

贷款虽然能满足当时的消费欲望,但是以将来的收入为代价的。如果不能合理地均衡贷款债务与收入水平,就很可能陷入经济危机之中,所以在进行贷款时需参考以下基本原则:

(1) 贷款需在负债能力之内。在贷款前,个人需了解自己的负债能力。负债能力是指在借款人现有及可预见的未来经济状况下,能够按照协议要求偿还的借款数量。以上定义涉及两个方面:①目前的经济状况;②未来的经济状况,即短期还款能力(流动性)和长期偿付债务的能力(偿付能力)。例如,住房贷款的首期款就是对短期流动性资金的考验,必须一次性付清首期款,才能得到住房贷款。同时,以后每个月的还贷额是未来支出中的经常项目,必须有足够的收入来平衡。只有满足首付款和每月足额还贷两个条件,财务状况才可能保持健康,否则就会出现过度负债的情况,如不及时平衡就会对财务状况造成不良影响。实际上,在贷款前,为了贷款的安全,贷款机构(银行)会评估申请人的偿付能力。家庭预算不可能是完全准确的,各种不可预料的风险一样会影响偿付能力。

(2) 贷款期限与资产生命周期相匹配。匹配原则就是贷款期限与贷款消费的商品的生命周期相匹配。前文已介绍过贷款期限,此处商品的生命周期是指此商品的平均使用年限。

【例3-7】 已知汽车一般平均使用年限在5~8年,住房至少使用30年,一般百货或易消耗品,使用期限较短,多为现买现消。

要求: 分别说明汽车、住房、一般百货或易消耗品的生命周期。

答: 汽车的生命周期为5~8年,房子的生命周期超过30年,一般百货或易消耗品的生命周期为0。

根据以上原则,住房的贷款期限最长,一般可达30年,汽车贷款期限一般在5年以下,一般百货或易消耗品最好现金支付,就算是用信用卡透支消费的,也需及时补款还上。

(3) 保持良好的信用。消费信贷是指消费信用贷款,其中的信用是贷款能实现的重要保证之一,所以获得信用并保持良好的信用记录是以后贷款成功的关键。衡量信用的主要标准包括以往的还款记录以及家庭资产状况。如果以前所有的借款都能及时偿还,且保持健康的财务状况,信用评分就高,获得贷款的机会就多。

贷款需在负债能力之内的原则评估贷款金额的大小,贷款期限与资产生命周期相匹配的原则确定贷款期限的长短,保持良好的信用原则决定贷款成功的机会。

(三) 如何提高个人信用等级

消费信贷额度的高低取决于银行对个人经济信用的评估,要想获取较高的信用额度,可以从以下方面尝试。

1. 充分准备各种资产证明

申请之初,由于申请人在银行还没有任何消费信用记录,银行是根据个人的收入资产状况来评估其信用额度的。如果要大幅提高申请时的信用额度,就要认真准备各种信用证件,把收入证明、房屋产权证明、按揭购房证明、汽车产权证明、银行存款证明、有价证券凭证等提交给银行。

2. 认真填写表格

填写申请表格时,有以下影响信用额度的因素:①是否有本市的固定电话号码,这个号码是否是自己的名字或家人的名字登记办理的,手机号码是否有月租;②是否结婚;③是否为本市户口等。如果以上答案都是肯定的,银行会据此大幅提高信用评估,但是每个条件并不都是绝对的,银行更注重申请人的消费信用和还款信用。

3. 随时随地不忘刷卡

用卡期间,提高刷卡消费频率,衣食住行都尽量选择提供刷卡服务的商店消费,使用得越频繁,每月的消费额度就越稳定,把原来现金消费的习惯改为刷卡消费。这表明对银行的忠诚度,银行的信息系统会统计刷卡频率和额度,在半年左右就会自动提高信用额度。

4. 按时还款,保持良好信用

到期日及时还款,保持良好的还款记录。如果不按时还款,不仅会产生高额逾期利息,还会影响个人信用,降低额度。

5. 主动申请提高信用额度

正常使用信用卡半年后,可以主动提出书面申请或通过服务电话来调整授信额度,正常情况下,银行会在审查消费记录和信用记录后,在一定幅度内提高信用额度。另外,遇到重大节假日或重大支出需求,可以向银行提出临时提高信用额度。

本章练习

一、单项选择题

1. 下列理财工具中,流动性最强的是(　　)。
   A. 基金　　　　　B. 债券　　　　　C. 现金　　　　　D. 股票
2. 一般认为,家庭所准备的紧急备用金一般为月支出的(　　)倍为宜。
   A. 1~2　　　　　B. 2~5　　　　　C. 3~6　　　　　D. 8~10
3. 居民储蓄存款中最基本和最重要的形式是(　　)。
   A. 活期储蓄　　　　　　　　　　B. 整存整取定期储蓄
   C. 整存零取定期储蓄　　　　　　D. 零存整取定期储蓄
4. 孙阳是一个普通工薪层,每个月领取薪水后,留出当月必需的生活费用和开支,余下的钱按用途选择适当的储蓄品种存入银行进行储蓄,请问孙阳遵循的是(　　)。
   A. 目标储蓄法　　B. 计划储蓄法　　C. 节约储蓄法　　D. 缓买储蓄法
5. 个人消费贷款是指贷款人向符合条件的(　　)发放的应用于个人消费用途的本外币贷款。
   A. 社会团体　　　B. 经济组织　　　C. 法人　　　　　D. 自然人
6. 我国信用卡的透支取现利率统一为(　　)。
   A. 日利率1‰　　B. 日利率2‰　　C. 日利率3‰　　D. 日利率5‰
7. 从狭义上说,信用卡主要是指由金融机构或商业机构发行的(　　),持卡人在信用额度内可先消费后还款。
   A. 准借记卡　　　B. 贷记卡　　　　C. 借记卡　　　　D. 准贷记卡
8. 使用信用卡提取现金是要支付利息和手续费的,大多数银行的手续费是提取现金额的(　　)。
   A. 1%~3%　　　B. 3%~5%　　　C. 5%~8%　　　D. 10%左右
9. 银监会规定向个人发放消费贷款的余额不得超过借款人月收入的(　　)。
   A. 2倍　　　　　B. 3倍　　　　　C. 4倍　　　　　D. 5倍
10. 一般认为,债务支付收入占比不超过(　　),这样才不会影响日常支付和生活质量。
    A. 10%　　　　B. 20%　　　　C. 30%　　　　D. 40%

二、多项选择题

1. 现金等价物应满足的特征有(　　)。
   A. 价值变动风险较小　　　　　　B. 流动性强
   C. 易于转换成已知金额现金　　　D. 期限短
2. 从规划的内容来看,现金规划主要包括(　　)。
   A. 现金收入预算　B. 现金支出计划　C. 现金储蓄计划　D. 现金兑换计划
3. 持有现金的动机包括(　　)。
   A. 交易动机　　　B. 预防动机　　　C. 收藏动机　　　D. 投资动机
4. 建立紧急备用金的目的主要有(　　)。

A. 应付失业 B. 应付短期资金需求
C. 应付紧急医疗支出 D. 应付意外灾害超额支出

5. 个人或家庭储蓄的原因主要包括(　　)。
　A. 为不测事件建立储备金　　B. 为保证家属的生活
　C. 为自己的老年积累资金　　D. 为其他某具体目的

6. 生活中很多人有存钱的习惯,其中属于目标储蓄的有(　　)。
　A. 攒钱买电脑　B. 攒钱买车　C. 以防失业　D. 攒钱买房

7. 下列各项中,属于零存整取定期储蓄存期的有(　　)。
　A. 1年　B. 2年　C. 3年　D. 5年

8. 下列各项中,属于个人储蓄动机的有(　　)。
　A. 积累动机　B. 变现动机　C. 增值动机　D. 谨慎动机

9. 与银行相比,消费金融公司贷款的优势包括(　　)。
　A. 单笔授信额度小　　B. 无需抵押担保
　C. 审批速度快　　D. 服务方式灵活

10. 下列各项中,属于非银行机构信贷的有(　　)。
　A. 典当融资贷款　　B. 消费金融公司贷款
　C. 保险公司贷款　　D. 小额贷款公司贷款

三、判断题

1. 在现金规划时首先应分析客户的现金需求。(　　)
2. 家庭可以不设置紧急备用金,设置的家庭也可以用于日常随意消费,防止闲置。(　　)
3. 现金规划是理财能力的最初体现,也是对个人最基本的检验。(　　)
4. 为了获得更多的储蓄利息,在进行储蓄规划时应尽可能多地将货币存起来。(　　)
5. 在考虑外币存款时,最重要的是要选择和人民币兑换率较稳定的币种。(　　)
6. 我国保单质押贷款的期限较短,一般最多不超过10个月。(　　)

四、计算题

张女士有一张信用额度为50 000元的信用卡,银行约定出账日为每月5号,最后还款日为每月20号。2023年10月10日,张女士用此信用卡透支消费了3 000元。

要求:计算张女士的免息期。

五、案例分析题

王先生今年34岁,经营一家私营企业,年收入约20万元,现在未购买任何保险。王先生的妻子李女士今年32岁,是一位临床医生,月薪5 000元左右,有社保,每月公积金1 000元左右。夫妻二人育有一3岁儿子,上幼儿园小班。家庭每月日常支出4 000元左右,儿子教育费用1 500元一个月。夫妻二人现居住商品房一套,市值75万左右,无住房贷款。有一辆价值15.2万元的轿车,每月支付车辆保养费1 500元。银行活期存款50万元,3年定期存款10万元,股票15万元,现金1万元,无负债。

要求:请根据以上材料为王先生夫妻二人在保障基本生活支出、预防性支出和提高资产利用效率方面提出合理的理财建议。

第四章　个人筹资规划

知识导航

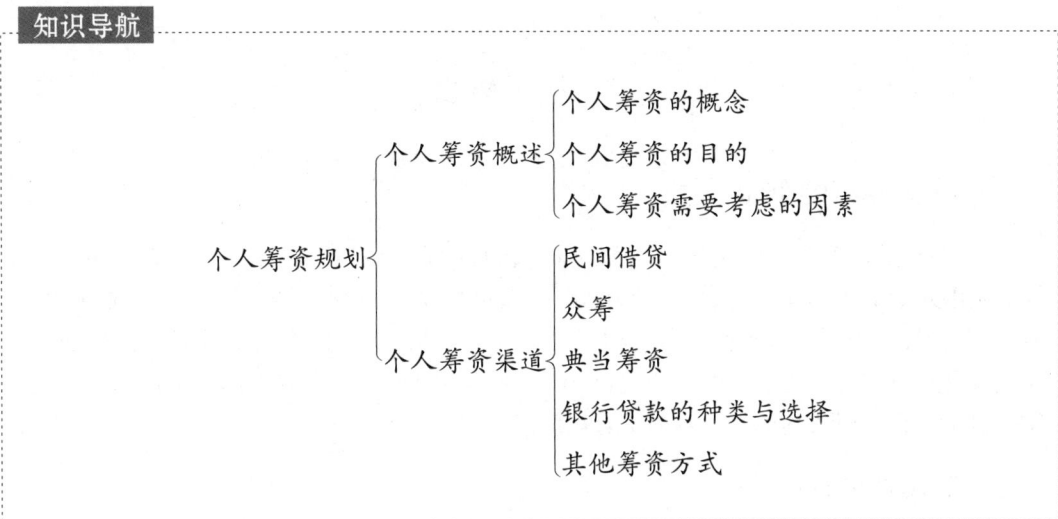

学习目标

1. 了解选择个人筹资渠道时考虑的因素。
2. 掌握民间借贷的概念和利息条款。
3. 掌握众筹的概念及特征。
4. 掌握典当筹资的概念及相关要素。
5. 了解银行贷款的种类。
6. 熟悉银行贷款不同还款方式的差异。
7. 了解银行贷款提前还款的方式。

导入案例

消费金融的发展是拉动消费的重要手段。近年来,我国的消费信贷市场获得了巨大发展。2023年以来,国家层面出台了《关于推进普惠金融高质量发展的实施意见》《关于金融支持恢复和扩大消费的通知》等多项促进消费的针对性政策,加大新型消费和服务消费金融支持,积极推动消费复苏,政策导向对消费金融行业发展带来一定红利,有助于消费公司信贷业务的持续发展。2023年,消费金融公司累计发放线上贷款2.47万亿元,占全部贷款的96.17%。根据《中国消费金融公司发展报告(2024)》披露数据显示,目前31家消费金融公司均开展了线上业务,其中10家消费金融公司完全采取线上方式获客,25家消费金融公司线上第三方引流获客占比超过50%,较2022年新增3家,同时半数消费金融公司该渠道投放占比仍呈现上升趋势。2023年消费金融公司不良贷款率略有下降,整体信贷资产质量相对稳定。从以上资料可以看出,个人消费信贷正在逐渐深入中国老百姓的生活,成为家庭理财中不可或缺的融资手段,"花明天的钱、花别人的钱、办今天的事"的口号改变着人们的理财习惯和理财观念,尤其对于年轻一代的影响力与日俱增。如何使用好消费信贷这一理财的双刃剑是人们讨论的热点问题。

思考:消费信贷是如何影响人们的生活的?人们应如何管理自己的个人信用?

第一节 个人筹资概述

一、个人筹资的概念

个人筹资是指个人在资金短缺时筹集资金的行为。个人筹资与企业筹资有很大的不同,个人作为单个实体存在,信用比企业低,因而可供个人选择的资金来源比企业少很多。如果收入在前,支出在后,而且收入或积累总是大于支出,那就没有筹资的必要。然而实际生活中,收入与支出往往不能时时匹配,每个人在不同的阶段或多或少都会出现资金短缺的情况,因此需要谋划从其他渠道融通资金以解燃眉之急。

二、个人筹资的目的

个人筹资的目的主要是包括以下三个方面:①生活消费的需要。当住房、汽车或装修等商品或服务价格较高,而自身的积累不足以一次性付清时,需要筹资购买。通过其他筹资渠道提供的资金支持,实现对生活的追求,进而改善生活品质。②投资的需要。这种筹资以获得更高收益为目的,因而应权衡获取资金的成本与投资的收益。③应急需要。当发生意外情况时,需尽快筹集所需资金,因而满足应急需要的筹资首要关注的是资金获取的便捷性。

三、个人筹资需要考虑的因素

不同的筹资目的决定了不同筹资渠道的选择,同时筹资时也要综合考虑筹资时间、筹资数量、资本成本以及便捷性等因素。

筹资时间是指资金使用时间的长短,获得资金的时间与使用资金的时间应尽量匹配。短期资金长期使用,到期后会面临再次筹资的困难,也有可能面临利率调整的风险;长期资金短期使用则会增加使用成本。

第二节 个人筹资渠道

一、民间借贷

民间借贷是自然人之间通过书面或口头协议形成的借贷关系,具有非正规金融的特点。从我国法律规定及司法实践来看,合法的民间借贷关系是受法律保护的。只要借贷双方意思表示真实,不违反我国法律、行政法规的规定,相应的民间借贷行为就是合法的,应当受到法律保护。

(一) 借贷凭证

借款合同是借款人向贷款人借款,到期返还借款并支付利息的合同。订立借款合同,贷款人可以要求借款人依照法律规定提供担保,借款合同采用书面形式,但自然人之间借款另有约定的除外。

从实际情况来看,民间借贷合同可以是书面的,也可以是口头的。按照《中华人民共和国民法典》(以下简称《民法典》)第三编的规定:"书面形式是指合同书、信件和数据电文(包括电报、电传、传真、电子数据交换和电子邮件)等可以有形地表现所载内容的形式"。《民法典》规定:"借款合同采用书面形式,但自然人之间借款另有约定的除外"。由此可见,金融机构作为出借人时须采用书面形式,而自然人之间的民间借贷可采用书面形式,也可以采用口头形式。为避免因约定不清产生争议,民间借贷交易双方应尽量签订完备的书面借款协议。

依据《民法典》第三编规定:"借款合同的内容包括借款种类、币种、用途、数额、利率、期限、还款的资金来源及还款方式、保证条款、违约责任以及其他条款等"。

(1) 借款种类。借款种类主要是按照借款方的行业属性、借款用途、资金来源和运用方式进行划分的。

(2) 借款币种。借款币种即借款合同标的种类,根据不同情况,借款币种可以是人民币也可以是外币,不同的货币种类下借款利率有所不同,借款合同应对货币种类予以明确规定。

(3) 借款用途。借款用途是指借款人使用借款的特定范围,是贷款方决定是否贷款、贷款数量、期限长短、利率高低的重要依据,借款人必须如实填写,并且借款人只能按照借款合同约定的借款用途使用借款,不能移作他用。

(4) 借款金额。借款金额是指借贷货币数量的多少。任何合同都必须有数量条款,只有标的而没有数量的合同是无法履行的。没有数量,就无法确定当事人权利义务的大小,借款合同没有借款金额,就无法确定借贷货币的数额,也失去了借贷利息的计算依据,因此,没有借款金额条款,借款合同便不能成立。

(5) 借款利率。借款利率是指一定时期借款利息与借款本金的比率。利率的高低对确定借贷双方当事人的权利义务至关重要,借款合同不能没有利率条款。这里需要注意的是,合同约定的利率不得违反我国法律的相关规定。

(6) 借款期限。借款期限是指借贷人同意让借款人使用借款的期限。当事人双方一般根据借款的种类和用途、借款人的还款能力和贷款人的资金借给能力等因素商议确定借款期限。

(7) 还款的资金来源及还款方式。贷款实行"有借有还,谁借谁还"的原则。在借款合同中,应明确是在合同期限届满时一次性偿还借款,还是分期偿还借款;是本息一起偿还,还是本息分别偿还。

(8) 保证条款。保证条款是借款合同保障贷款人实现债权的重要约定。对借款合同进行担保的方式有保证、抵押、质押,因此,担保贷款的种类有保证贷款、抵押贷款和质押贷款。借款合同的担保,当事人既可以采用由借、贷、担保三方当事人共同协商签订担保借款合同的形式,也可采用由担保人在借款合同中签字,同时向贷款方出具书面还款保证书的形式。

(9) 违约责任。违约责任是指当事人不履行合同义务的情况下所应承担的法律责任。如果借款合同中缺少违约责任条款,当事人的违约行为就失去了法律约束的依据,当事人的权利就无法得到保障,合同履行也将受到严重的影响。借款合同中约定违约责任条款对于督促当事人及时、正确、全面地履行合同,保护当事人权益具有重要意义。因此,违约责任是合同中的主要条款。

(10) 其他条款。除上述主要合同条款外,借款合同当事人还可以约定合同的变更与解除条款、争议的解决方式条款、通知和送达条款以及当事人双方协商签订的其他条款等。

如果借款双方没有书面协议,债权人仅能提供银行出具的转账凭证,而债务人则抗辩转账系偿还双方之前借款或其他债务,那么债务人有义务提供相应证据对其主张予以证明。债务人提供相应证据证明其主张后,债权人仍应就借贷关系的成立承担举证证明责任。也就是说,转账凭证并不能替代借款的书面协议,它仅是转账的说明,具体的借贷事实还需找其他的证据来佐证。

(二) 民间借贷的利息

(1) 利率的上限。民间借贷的利率可以自由约定,但不得违反我国法律规定的上限。上限的规定经过以下几次变化:《关于人民法院审理民间借贷案件的若干意见》(1991年)规定,民间借贷的利率可以适当高于银行的利率,但最高不得超过银行同类贷款利率的四倍。《最高人民法院关于审理民间借贷案件适用法律若干问题的规定》(2015年9月1日起施行)对此进行了修改:借贷双方约定的利率未超过年利率24%,出借人请求借款人按照约定的利率支付利息的,人民法院应予支持。借贷双方约定的利率超过年利率36%,超过部分的利息约定无效。借款人请求出借人返还已支付的超过年利率36%部分的利息的,人民法院应予支持。2020年8月18日最高人民法院审判委员会第1890次会议《关于修改〈关于审理民间借贷案件适用法律若干问题的规定〉的决定》(2020年8月20日起施行),出借人请求借款人按照合同约定利率支付利息的,人民法院应予支持,但是双方约定的利率超过合同成立时一年期贷款市场报价利率四倍的除外。前面所称"一年期贷款市场报价利率",是指中国人民银行授权全国银行间同业拆借中心自2019年8月20日起每月发布的一年期贷款市场报价利率。

(2) 没有约定利息或利息约定不明。自然人之间借贷对利息约定不明,出借人主张支付利息的,人民法院不予支持。除自然人之间借贷的外,借贷双方对借贷利息约定不明,出借人主张利息的,人民法院应当结合民间借贷合同的内容,并根据当地或者当事人的交易方式、交易习惯、市场报价利率等因素确定利息。

(3) 逾期利息。借贷双方对逾期利率有约定的,从其约定,但是以不超过合同成立时一年期贷款市场报价利率四倍为限。未约定逾期利率或者约定不明的,人民法院可以区分不同情况处理:既未约定借期内利率,也未约定逾期利率,出借人主张借款人自逾期还款之日起承担逾期还款违约责任的,人民法院应予支持;约定了借期内利率但是未约定逾期利率,出借人主张借款人自逾期还款之日起按照借期内利率支付资金占用期间利息的,人民法院应予支持。出借人与借款人既约定了逾期利率,又约定了违约金或者其他费用,出借人可以选择主张逾期利息、违约金或者其他费用，也可以一并主张，但是总计超过合同成立时一年期贷款市场报价利率四倍的部分，人民法院不予支持。

(4) 复利。复利是指出借人将应得的利息加入本金再计算利息，俗称"息加息"或"利滚利"。以复利计算的利息显然高于单利。实践中这类情况比较常见，借贷双方对前期借款本息结算后将利息计入后期借款本金并重新出具债权凭证，如果前期利率没有超过合同成立时一年期贷款市场报价利率四倍，重新出具的债权凭证载明的金额可认定为后期借款本金。超过部分的利息，不应认定为后期借款本金。借款人在借款期间届满后应当支付的本息之和，超过以最初借款本金与以最初借款本金为基数、以合同成立时一年期贷款市场报价利率四倍计算的整个借款期间的利息之和的，人民法院不予支持。

(5) 提前偿还借款利息。借款人可以提前偿还借款，但是当事人另有约定的除外。借款人提前偿还借款并主张按照实际借款期限计算利息的，人民法院应予支持。

二、众筹

众筹指项目发起人通过互联网向投资人发布其创意，以实物、服务或股权等为回报募集资金的模式。众筹具有低门槛、多样性、依靠大众力量、注重创意的特征，主要包括三个参与方：发起人（筹资人）、中介机构（众筹平台）和公众（出资人）。其中，筹资人就是项目发起人，是有创造能力但缺乏资金的人，他们在众筹平台上创建项目，介绍自己的产品、创意或需求，设定筹资期限、筹资模式、筹资金额和预期回报率等。出资人是对筹资人的故事和回报感兴趣的并且有能力支持该项目的人，他们通过浏览平台上的各种项目，选择适合的项目进行投资。众筹平台就是众筹网站，是连接发起人和出资人的互联网终端，负责审核、展示筹资人创建的项目并提供服务支持。发起人将自己的想法和设计原型以视频、图片和文字的方式进行展示，出资人如果觉得想法很靠谱就可以把钱投给筹资人，以换取相应的承诺。

三、典当筹资

典当是指当户将其动产、财产权利作为当物质押或者抵押给典当行，交付一定比例的费用，取得当金，并在约定期限内支付当金利息，偿还当金、赎回当物的行为。通俗地说，典当就是以财物作质押，有偿有期借贷筹资的一种方式。这是一种以物换钱的筹资方式，只要顾客在约定时间内还本并支付一定的综合服务费（包括当物的保管费、保险费、利息等），就可赎回当物。典当行名称中的行业表述应当标明"典当"字样。其他任何经营性组织和机构的名称中不得含有"典当"字样，不得经营或者变相经营典当业务。

（一）抵押物

典当行可以经营的业务包括动产、财产权利和房地产的质押典当。典当行经营房地产抵押典当业务，应当和当户依法到有关部门先行办理抵押登记，再办理抵押典当手续。典当行经营机动车质押典当业务，应当到车辆管理部门办理质押登记手续。典当行经营其他典当业务，有关法律法规要求登记的，应当依法办理登记手续。典当行不得收当下列财物：依法被查封、扣押或者已经被采取其他保全措施的财产；赃物和来源不明的物品；易燃、易爆、剧毒、放射性物品及其容器；管制刀具、枪支、弹药，军、警用标志、制式服装和器械；国家机关公文、印章及其管理的财物;国家机关核发的除物权证书以外的证照及有效身份证件;当户没有所有权或者未能依法取得处分权的财产;法律法规及国家有关规定禁止流通的自然资源或者其他财物。典当行在当期内不得出租、质押、抵押和使用当物。质押当物在典当期内或者续当期内发生遗失或者损毁的,典当行应当按照估价金额进行赔偿。遇有不可抗力导致质押当物损毁的,典当行不承担赔偿责任。

(二) 当票

当把财物抵押给当铺时,当户会与典当行签订当票,即当户和典当行之间的借贷契约,它也是典当行向当户支付当金的付款凭证。当票一般会载明以下事项:典当行机构名称及住所;当户姓名(名称)、住所(址)、有效证件(照)及号码;当物名称、数量、质量、状况;估价金额、当金数额;利率、综合费率;典当日期、典当期、续当期;当户须知。

典当行和当户就当票以外事项进行约定的,应当补充订立书面合同,但约定的内容不得违反有关法律法规的规定。典当行和当户不得将当票转让、出借或者质押给第三人。典当行和当户应当真实记录并妥善保管当票。当票遗失时,当户应当及时向典当行办理挂失手续。未办理挂失手续或者挂失前被他人赎当,典当行无过错的,典当行不承担赔偿责任。

(三) 典当费用和期限

典当时间的长短由典当行和当户约定,但最长不得超过 6 个月。典当期限届满后 5 日内,经双方同意可以续当,一次续当的最长期限为 6 个月。典当的费用包括典当当金利息和综合费用。典当当金利息,按中国人民银行公布的银行机构 6 个月期法定贷款利率及典当期限折算后执行。典当当金利息不得预扣。典当综合费用包括各种服务及管理费用。动产质押典当的月综合费率不得超过当金的 42‰;房地产抵押典当的月综合费率不得超过当金的 27‰;财产权利质押典当的月综合费率不得超过当金的 24‰。综合费用一般按日收取,但是有最低期限,当期不足 5 日的,按 5 日收取有关费用。当户于典当期限或者续当期限届满至绝当前赎当的,除须偿还当金本息、综合费用外,还应当根据中国人民银行规定的银行等金融机构逾期贷款罚息水平、典当行制定的费用标准和逾期天数,补交当金利息和有关费用。

(四) 典当物品不能赎回时的处理

典当期限或者续当期限届满后,当户应当在 5 日内赎当或者续当。逾期不赎当也不续当的,为绝当,也就是当户无法偿还筹资,所抵押的物品也不能要回,由典当行进行处理。典当行会根据当物金额和物品本身性质决定绝当物品的处理方式。例如,当物估价金额在 3 万元以上的,可以按照法律有关规定处理,也可以双方事先约定绝当后由典当行委托拍卖行公开拍卖。拍卖收入在扣除拍卖费用及当金本息后,剩余部分应当退还当户,不足部分向当户追索;绝当物估价金额不足 3 万元的,典当行可以自行变卖或者折价处理,损益自负;对国家限制流通的绝当物,应当根据有关法律、法规,报有关管理部门批准后处理或者交售指定单位;典当行在营业场所以外设立绝当物品销售点应当到省级商务主管部门办理备案,并自觉接受当地商务主管部门监督检查;典当行处分绝当物品中的上市公司股份应当取得当户的同意和配合,典当行不得自行变卖、折价处理或者委托拍卖行公开拍卖绝当物品中的上市公司股份。

通过典当，个人可以以质押或抵押的方式从典当行获得资金。这是一种快速、便捷的筹资方式，与作为主流筹资渠道的银行贷款相比，其最大的特点就是灵活和快捷。当物灵活，典当行一般接受的抵押物、质押物的范围很广，包括金银饰品、古玩珠宝、家用电器、机动车辆、生活资料、生产资料、商品房产、有价证券等；期限灵活，典当的期限最长可以是半年，在典当期限内当户可以提前赎当，经双方同意可以续当；手续快捷，银行申请贷款手续繁杂、周期长，典当贷款手续十分简便，大多立等可取，即使是不动产抵押，也比银行要便捷得多。典当能满足个人短期筹资需求，有"江湖救急"的特点。

四、银行贷款的种类与选择

(一) 银行贷款的种类

1. 按贷款期限分类

银行贷款按贷款期限可分为短期贷款、中期贷款、长期贷款。短期贷款指贷款期限在1年以内的贷款；中期贷款指贷款期限为1～5年的贷款；长期贷款指贷款期限为5年以上的贷款。

贷款的利率一般按时间长短来划分，时间长的利率更高，时间短的利率相对较低。各银行的贷款利率以贷款市场报价利率作为基准利率，金融机构在此基础上确定贷款利率。贷款市场报价利率如表4-1所示。

表4-1　全国银行间同业拆借中心公布的贷款市场报价利率(2024年10月21日)

LPR	年利率
1年期LPR	3.1%
5年期以上LPR	3.6%

注：中国人民银行授权全国银行间同业拆借中心公布，2024年10月21日贷款市场报价利率(LPR)。以上LPR在下一次发布LPR之前有效。

2. 按担保方式分类

银行贷款按担保方式可分为个人抵押贷款、个人质押贷款、个人信用贷款、个人保证贷款。

(1) 个人抵押贷款。个人抵押贷款是指贷款银行以借款人或第三方提供的、经贷款银行认可的、符合规定条件的财产作为抵押物而向自然人发放的贷款。根据《民法典》的规定，可以抵押的财产包括抵押人所有的房屋和其他地上定着物；抵押人所有的机器、交通运输工具和其他财产；抵押人依法有权处分的国有的土地使用权、房屋和其他地上定着物；抵押人依法有权处分的国有的机器、交通运输工具和其他财产；抵押人依法承包并经发包方同意抵押的荒山、荒沟、荒丘、荒滩等荒地的土地使用权；依法可以抵押的其他财产。

(2) 个人质押贷款。个人质押贷款是指自然人以合法有效的符合银行规定条件的质物出质，向银行申请取得一定金额的贷款。根据《民法典》第二编的规定，可作为个人质押贷款的质物主要包括汇票、支票、本票；债券、存款单；仓单、提单；可以转让的基金份额、股权；可以转让的注册商标专用权、专利权、著作权等知识产权中的财产权；应收账款；法律、行政法规规定可以出质的其他财产权利。

（3）个人信用贷款。个人信用贷款是以借款人的信誉发放的贷款。个人信用贷款主要依据借款申请人的个人信用状况确定信贷额度，信用等级越高，信用额度越大，反之越小。有些银行提供个人信用循环贷款，它是银行根据个人客户的信用状况，为其提供的一种短期筹资便利产品，借款人在银行核定的额度内可循环使用贷款。个人信用循环贷款可用于除购买住房、商用房等房屋之外的合法个人消费支出，且不能用于投资经营。

（4）个人保证贷款。个人保证贷款是指银行以银行认可的、具有代为清偿债务能力的法人、其他经济组织或自然人作为保证人而向自然人发放的贷款。

3. 按贷款产品用途分类

银行贷款按贷款产品用途可分为个人消费性贷款和个人经营性贷款。

（1）个人消费性贷款。个人消费类贷款用来满足个人的消费支出，是银行向申请购买"具有合理用途的消费品或服务"的借款人发放的个人贷款。具体来说，是银行向个人客户发放的有指定消费用途的贷款，用途主要有购买住房、汽车等。个人消费类贷款包括住房贷款（商业住房贷款、公积金住房贷款和住房组合贷款）、汽车贷款、教育贷款、住房装修贷款、耐用消费品贷款、旅游消费贷款、医疗贷款等。

（2）个人经营性贷款。个人经营性贷款指银行向从事合法生产经营的自然人发放的，用于定向购买商用房以及用于满足个人控制的企业（包括个体工商户）生产经营流动资金需求和其他合理资金需求的贷款。个人经营性贷款包括个人商用房贷款、个人经营贷款、农户贷款和下岗失业小额担保贷款。

4. 银行委托贷款

银行委托贷款是指委托人提供资金，由商业银行（受托人）根据委托人确定的借款人、用途、金额、币种、期限、利率等代为发放、协助监督使用并收回的贷款。商业银行与委托人、借款人就委托贷款事项达成一致后，三方应签订委托贷款借款合同。合同中应载明贷款用途、金额、币种、期限、利率、还款计划等内容，并明确委托人、受托人、借款人三方的权利和义务。

银行委托贷款是商业银行的委托代理业务。商业银行按照责利匹配的原则，收取代理手续费，不承担信用风险。商业银行应按照"质价相符""谁委托谁付费"的原则向委托人收取代理手续费。银行不得将国家规定具有特殊用途的各类专项基金、银行授信资金、发行债券筹集的资金、筹集的他人资金等用于发放委托贷款。商业银行受托发放的贷款应有明确用途，资金用途应符合法律规定和信贷政策。资金不得用于从事债券、期货、金融衍生品、理财产品、股本权益等投资，也不得用作注册资本金、注册验资或增资扩股和国家明确规定的其他禁止用途。

（二）贷款条件

个人贷款申请应具备以下条件：

（1）借款人为具有完全民事行为能力的中华人民共和国公民或符合国家有关规定的境外自然人。

（2）贷款用途明确合法。

（3）贷款申请数额、期限和币种合理。

（4）借款人具备还款意愿和还款能力。

(5) 借款人信用状况良好,无重大不良信用记录。

(6) 贷款人要求的其他条件。

贷款人受理借款人贷款申请后,应履行尽职调查职责,对个人贷款申请内容和相关情况的真实性、准确性、完整性进行调查核实,形成调查评价意见。贷款调查包括但不限于借款人基本情况;借款人收入情况;借款用途;借款人还款来源、还款能力及还款方式;保证人担保意愿、担保能力或抵(质)押物价值及变现能力等内容。

银行贷款调查应以实地调查为主、间接调查为辅,采取现场核实、电话查问以及信息咨询等途径和方法。银行贷款审查应对贷款调查内容的合法性、合理性、准确性进行全面审查,重点关注调查人的尽职情况和借款人的偿还能力、诚信状况、担保情况、抵(质)押比率、风险程度等。贷款风险评价应以分析借款人现金收入为基础,采取定量和定性分析方法,全面动态地进行贷款审查和风险评估。贷款人应建立和完善借款人信用记录和评价体系。贷款需要提供的基本资料包括贷款申请表;身份证(包括配偶)复印件;户口簿复印件;婚姻证明复印件;个人收入证明或其他足以证明其收入水平的证明;以财产抵押或质押担保的,应提供抵(质)押物的权属证明、抵押物估价证明原件、质物原件;有权处分人同意抵押或质押的证明;由第三方提供保证担保的,必须提供保证人身份证件、户籍证明原件及复印件,以及担保人收入证明(自然人保证担保时);法人保证人的营业执照和法人代码证及近期财务报表等(法人保证担保时)。

(三) 贷款还款付息方式的选择

1. 等额本息还款、等额本金还款、一次性还本付息及按期付息还本

银行贷款的常见还款方式有等额本息还款、等额本金还款、一次性还本付息和按期付息还本四种。

(1) 等额本息还款。等额本息是指一种贷款的还款方式,指在还款期内,每月偿还同等数额的贷款(包括本金和利息),即把按揭贷款的本金总额与利息总额相加,然后平均分摊到还款期限的每个月中,每个月的还款额是固定的,但每月还款额中的本金比重逐月递增、利息比重逐月递减,适合经济收入状况较稳定的贷款者。这种方法是最为普遍,也是大部分银行长期推荐的方式。

(2) 等额本金还款。借款人每月按相等的金额(贷款金额/贷款月数)偿还贷款本金,每月贷款利息按月初剩余贷款本金计算并逐月结清,两者合计即为每月还款额。等额本金前期所要偿还的金额较多,还款压力较大。

(3) 一次性还本付息。这类还款方式虽然操作简单,但适用性不强,适合贷款期限在1年及1年以内的贷款。

(4) 按期付息还本。借款人可根据自己的经济情况与银行协商指定还款时间。并非所有的银行都有这类还款方式,这种方式适合收入不稳定的贷款者。

下面重点介绍等额本息还款法与等额本金还款法。

等额本息还款法,即借款人每月按相等的金额偿还贷款本息的方法,其中每月贷款利息按月初剩余贷款本金计算并逐月结清。由于每月的还款额相等,因此在贷款初期每月的还款中,剔除按月结清的利息后,所还的贷款本金较少。而在贷款后期因贷款本金不断减少,每月的还款额中贷款利息会不断减少,相应的每月所还的贷款本金较多。这种还款方式实

际占用银行贷款的数额更多、时间更长,同时它还便于借款人合理安排每月的生活并进行理财,对于精通投资、擅长"以钱生钱"的人来说,这无疑是最好的选择。

$$月还款额 = \frac{贷款本金 \times 月利率 \times (1+月利率)^{还款期数}}{(1+月利率)^{还款期数} - 1}$$

等额本金还款法,即借款人每月按相等的金额(贷款金额/贷款月数)偿还贷款本金,每月贷款利息按月初剩余贷款本金计算并逐月结清,两者合计即为每月的还款额。由于每月所还本金固定,每月贷款利息随着本金余额的减少而逐月递减,因此在贷款初期月还款额较大,此后逐月递减(月递减额 = 月还本金 × 月利率)。其计算公式如下:

$$月还款额 = \frac{贷款本金}{还款期数} + (贷款本金 - 累计已还本金) \times 月利率$$

【例 4-1】 目前住房商业贷款基准利率为 4.9%,李华向银行借款 30 万元,银行提供等额本金和等额本息两种还款方式。

要求:通过计算比较两种还款方式的差异。

答:等额本息还款与等额本金还款比较,如表 4-2 所示。

表 4-2　　　　　　　　　　等额本息还款与等额本金还款比较　　　　　　金额单位:元

项目	等额本息还款	等额本金还款
贷款金额	300 000	300 000
贷款年限(年)	30	30
贷款利率	4.9%	4.9%
还款总额	573 184.86	521 112.5
支付利息款	273 184.86	221 112.5
贷款月数	360	360
第 1 个月(1 期)	1 592.18	2 058.33
第 360 个月(360 期)	1 592.18	836.74

从表 4-2 中我们可以看出,等额本金所还的利息要比等额本息少 52 072.36 元。等额本息每期负担相同,等额本金则随着时间的推移,负担逐渐减少,第一个月 2 058.33 元,最后一个月 836.74 元。

另外我们还要考虑提前还款的问题,假设两种方式已还款两年,并且在还款期间利率没有变化,如表 4-3 和表 4-4 所示。

表 4-3　　　　　　　　　　等额本息还款明细表　　　　　　　　单位:元

期数	月还款额	应还利息	应还本金	贷款余额
0				300 000.00
1	1 592.18	1 225.00	367.18	299 632.82
2	1 592.18	1 223.50	368.68	299 264.14
3	1 592.18	1 222.00	370.18	298 893.96
4	1 592.18	1 220.48	371.70	298 522.26
5	1 592.18	1 218.97	373.21	298 149.04
6	1 592.18	1 217.44	374.74	297 774.31
7	1 592.18	1 215.91	376.27	297 398.04
8	1 592.18	1 214.38	377.80	297 020.23
9	1 592.18	1 212.83	379.35	296 640.89
10	1 592.18	1 211.28	380.90	296 259.99
11	1 592.18	1 209.73	382.45	295 877.54
12	1 592.18	1 208.17	384.01	295 493.52
13	1 592.18	1 206.60	385.58	295 107.94
14	1 592.18	1 205.02	387.16	294 720.79
15	1 592.18	1 203.44	388.74	294 332.05
16	1 592.18	1 201.86	390.32	293 941.72
17	1 592.18	1 200.26	391.92	293 549.81
18	1 592.18	1 198.66	393.52	293 156.29
19	1 592.18	1 197.05	395.13	292 761.16
20	1 592.18	1 195.44	396.74	292 364.42
21	1 592.18	1 193.82	398.36	291 966.07
22	1 592.18	1 192.19	399.99	291 566.08
23	1 592.18	1 190.56	401.62	291 164.46
24	1 592.18	1 188.92	403.26	290 761.20

表 4-4　　　　　　　　　等额本金还款明细表　　　　　　　　　单位:元

期数	月还款额	应还利息	应还本金	贷款余额
0				300 000.00
1	2 058.33	1 225.00	833.33	299 166.67
2	2 054.93	1 221.60	833.33	298 333.33
3	2 051.53	1 218.19	833.33	297 500.00
4	2 048.13	1 214.79	833.33	296 666.67
5	2 044.72	1 211.39	833.33	295 833.33
6	2 041.32	1 207.99	833.33	295 000.00
7	2 037.92	1 204.58	833.33	294 166.67
8	2 034.51	1 201.18	833.33	293 333.33
9	2 031.11	1 197.78	833.33	292 500.00
10	2 027.71	1 194.38	833.33	291 666.67
11	2 024.31	1 190.97	833.33	290 833.33
12	2 020.90	1 187.57	833.33	290 000.00
13	2 017.50	1 184.17	833.33	289 166.67
14	2 014.10	1 180.76	833.33	288 333.33
15	2 010.69	1 177.36	833.33	287 500.00
16	2 007.29	1 173.96	833.33	286 666.67
17	2 003.89	1 170.56	833.33	285 833.33
18	2 000.49	1 167.15	833.33	285 000.00
19	1 997.08	1 163.75	833.33	284 166.67
20	1 993.68	1 160.35	833.33	283 333.33
21	1 990.28	1 156.94	833.33	282 500.00
22	1 986.88	1 153.54	833.33	281 666.67
23	1 983.47	1 150.14	833.33	280 833.33
24	1 980.07	1 146.74	833.33	280 000.00

由表 4-3 和表 4-4 可知,两年内,等额本息共还款 38 212.32 元,其中本金只还了 9 238.80 元,利息还了 28 973.53 元,大部分还的是利息,本金仅占还款额的 24.18%;而等额本金共还款 48 460.83 元,本金还了 20 000 元,利息还了 28 460.83 元,本金所占的比例达到 41.27%。

等额本息还款法每期还款额中的本金都不相同,在贷款初期每月还款额中,利息占的比重较大,本金占的比重较小。等额本金还款法在整个还款期内每期还款额中的本金都相同,偿还的利息逐月减少。在贷款时间相同的条件下,采用等额本息还款法所付出的利息要高于等额本金还款法。由此可见,等额本息还款法下,由于最初几年还款中付给银行的利息要远远多于本金,相对来说提前还贷并不合理。因此,如果买房时有提前还款的打算,最好选择等额本金还款法。

2. 固定利率贷款与浮动利率贷款

一般而言,当贷款基准利率发生变化时,如果个人的贷款期限不满1年,就以当时合同的利率为准,即使遇到了利率调整的情况,也不会分时间段计息;如果个人房贷期限在1年以上,遇到法定利率调整的话,就会在下一年初开始执行最新的贷款利率。

如果贷款者在签订贷款合同时选择固定利率贷款,也就是在贷款期限内,不论银行利率如何变动,上调或是下降,借款人都将按照合同签订的固定利率支付利息。这种贷款利率不随物价或其他因素的变化而调整。将利率固定,意味着一定期间内无论法定利率怎么调整,借款人的借款利率不变,因此还款额不变,这就便于借款人安排自己的资金。在利率上升阶段,若银行贷款利率在上调后高于固定利率,这样借款者可以减少利息支出;在降息阶段,借款人承担的就是利率降低的风险,即利率固定而不能享受到降息带来的优惠。

浮动利率贷款的利息会随着市场利率波动而波动,如果利率下降,借款人就可以减少利息支出;反之,利息支出就会随之增加。针对后一种情况,借款人要关注自己的账户金额是否充足,以免因账户金额不足而无法按时足额还款,影响自己的征信记录。

总的来说,在考虑是否选择固定利率贷款方式时,要充分考虑市场的变化趋势,了解货币政策的最新动态。

(四)贷款展期与提前还款

1. 个人银行贷款展期

贷款展期是指借款人因故不能按期偿还贷款时,借贷双方经协商同意,延长原借款合同约定的贷款期限的行为。只要银行同意,个人贷款就可以展期。1年以内的个人贷款,展期期限累计不得超过原贷款期限;1年以上的个人贷款,展期期限累计与原贷款期限相加之和,不得超过该贷款品种规定的最长贷款期限。贷款是否展期由银行决定。保证贷款、抵押贷款、质押贷款需要展期的,还应当由保证人、抵押人、出质人出具书面同意证明。

贷款展期的申请是有次数限制的。对于贷款展期,如果贷款合同中有约定的,按照约定执行;没有约定的,由借贷双方协商而定。银行一般规定每笔贷款只能申请一次贷款展期。

2. 个人银行贷款提前还款

提前还款是指借款方在贷款到期之前先行偿还贷款的行为。提前还款在某些情况下对借款人有利而对贷款人不利,所以应对是否允许提前还款以及提前还款的条件予以明确规定。提前还款包括提前全部还款、提前部分还款且贷款期限不变、提前部分还款的同时缩短贷款期限三种情况。决定提前还款时,首先应查看贷款合同中有关提前还贷的要求,注意提前还贷是否须交一定的违约金;其次向贷款银行电话咨询提前还贷的申请时间、最低还款额度以及需要准备的资料;最后按银行要求亲自到相关部门提交还款申请,借款人携相关证件到借款银行办理提前还款相关手续,提交提前还款申请表并在柜台存入提前偿还的款项即可。由于每家银行的办理流程、预约时间、收取违约金的情况以及扣款情况等均不同,提前还款前一定要事先咨询贷款银行。

无论出于何种目的,是否选择提前还款的决策原则仍然是成本效益原则,以下是几种常见的提前还款方式,需要注意的是,不同的银行可能会对还款方式有不同的规定,所以具体还要看银行的要求。

(1) 全部提前还款,剩余的贷款一次性还清。

(2) 部分提前还款,保持每月还款额不变,将还款期限缩短。

(3) 部分提前还款,每月还款额减少,保持还款期限不变。

(4) 部分提前还款,每月还款额减少,同时将还款期限缩短。

(5) 部分提前还款,每月还款额增加,还款期限缩短。

各家银行对提前还款并没有次数的限制,可以一次全部还清,也可以部分归还贷款。只是各家银行对每次还款的起点金额规定不一,有的规定是1万元或1万元的倍数,有的银行则规定千元以上就可以提前部分还款。

需要注意的是,提前还款申请表经借款银行确认后便不可撤销,并作为借款合同的补充条款,与借款合同具有同等法律效力。如贷款购房人不论任何原因未能按照其向借款银行出具的提前还款申请表中规定的日期与金额提前还款,都将被视为逾期还款,贷款购房人按借款合同承担相应的违约责任。

提前还款可以减少还款利息。但不能盲目提前还款,要考虑三个因素:第一,资金来源。不能用应急资金进行还款,经济能力有限的消费者不宜打乱原有的理财计划。第二,资金回报率。如果有富余资金存在银行而不是用于其他投资,那么这部分钱可以用来提前还款,但是如果有多种投资渠道,而且投资回报率高于贷款利率,那就可以把富余资金投在回报高的项目上。第三,贷款使用期限。如果是等额本息还款,前期已支付了大部分利息,那么到还款中后期提前还款的意义不大。如果消费者手头资金不是很充裕,不要急于还款,否则不利于资金的有效使用。

五、其他筹资方式

生活中我们难免会遇到短期资金周转不灵或者着急用钱的情况,除了上述筹资方式外,下述渠道也可快速满足个人的短期筹资需求。

(一) 信用卡

通过信用卡透支取现。该方式成本虽然高,但门槛很低。使用信用卡来满足筹资需求虽然快捷方便,但会有额度限制,而且使用期限比较短,一旦不能准时还款,将对个人信用产生很大影响。总的说来,利用信用卡进行短期筹资有以下几种方式。

(1) 在持卡消费之后全额还款,不会收取任何利息和费用,如果超过了银行规定的最后还款日,要收取日利率0.05%的利息。

(2) 正常消费,在还款日,如果没有足够的金额还款,可以选择最低还款,一般为全额的5%~10%,选择最低还款对信用没有任何损失,但是如果连最低还款都还不上,就会在很大程度上影响征信,给日后购房贷款或者办理其他银行的信用卡造成困难。

最低还款额的计算公式如下:

最低还款额 = 信用额度内消费的 10% + 预借现金交易款的 100% + 费用和利息的 100%
　　　　　+ 前期最低还款额未还部分的 100% + 超过信用额度消费款的 10%

信用卡最低还款额一经使用,持卡人就不再享受免息期的优惠,需要从消费日开始每天缴纳 0.5‰ 的利息。

(3) 透支取现。如果紧急需要现金,也可以通过信用卡透支取现,但是取现不享受免息待遇,要按取现金额的 1% 收取取现手续费,取现后按日利率 0.5‰ 计收利息,并按月收取复利。如果在最后还款日未全额还款,也未按最低还款额还款,银行就会收取滞纳金。

(4) 账单分期。信用卡账单分期是指持卡人在刷卡消费之后、到期还款日之前,通过电话或网络等方式向发卡银行提出将本期账单分期还款。虽然各家银行纷纷推出账单分期付款,但并不意味着每个持卡人都可以实现分期付款。银行一般要根据持卡人的信用额度、持卡消费的信用记录等对持卡人的资信状况进行评估。评估通过,持卡人才能顺利进行分期付款;如果评估结果不理想,银行就可能拒绝持卡人的分期付款申请,或者不能给予持卡人想要的分期付款额度。一般账单分期的手续费会高于贷款利息。

总之,信用卡的使用给我们的筹资带来极大的方便,不需要抵押担保物,同时快捷迅速,但是注意要在正常还款日全额还款,否则上述几种方式均会产生较高的费用。

(二) 存单质押

存单质押是借款人以贷款银行签发的未到期的个人本外币定期储蓄存单作为质押,从贷款银行取得一定金额贷款,并按期归还贷款本息的一种业务。存单质押的贷款期限最长不超过一年或不超过存单的到期日;额度起点一般为 5 000 元,每笔贷款不超过存单质押价值的 90%,最高可达质押价值的 95%;贷款利率按照中国人民银行规定的同期同档次贷款利率执行,可视借款人情况最多下浮 10%。质押存单存期内按正常存款利率计息。存本取息定期存款存单用于质押时,停止取息。贷款合同期满,借款人未按期归还贷款本金和利息的,贷款人可直接将存单兑现。存单到期日晚于借款到期日的,贷款人可继续保管质押存单,在存单到期日兑现以实现质权。

(三) 保单质押

保单质押是投保人把所持有的保单直接抵押给保险公司,按照保单现金价值的一定比例获得资金的一种筹资方式。不是任何保单都可以质押贷款,只有具有现金价值的保单才可以进行保单贷款。具有储蓄性质的长期人寿保险,如两全保险、终身寿险、养老保险、万能保险以及分红保险等,投保一年后,保单就开始具有现金价值。缴费时间越长,累积的现金价值越高。这些保单通常都可以用于保单贷款,但要根据保险合同中的具体条款而定。由于短期意外险和健康险没有现金价值,或者现金价值很低,所以这类保单不能用于保单贷款。

保单质押根据贷款人的不同可以分为银行保单质押和保险公司保单质押。相对而言,保险公司提供的贷款额度有限,时间较短,但利率低且手续便捷;而银行保单质押贷款利息高,手续相对繁琐,但贷款额度较高,时间相对灵活。

还款时客户可以选择一次性全部偿还或部分偿还。如果在贷款期满时客户未能偿还贷款及贷款利息,所欠保单贷款及累积贷款利息将构成新的保单贷款,按到期日次日的保单贷款利率计息。如果客户偿还部分贷款,其还款将首先用于偿还累积利息,其次用于偿还贷款本金。如果借款人到期不能履行债务,当贷款本息小于保单现金价值的一定比例时,保险合同终止。在保单有效的情况下,客户在保单贷款期间可以持续享受保单约定的保险保障。保单质押一般只适合短期资金周转,并不适合股票等高风险投资。

本章练习

一、简答题
1. 民间借贷的利率有无上限？在哪个限度内可受法律保护？
2. 民间借贷如果逾期，利息该如何计算？
3. 简述固定利率贷款与浮动利率贷款的优缺点。

二、计算题
1. 李某向银行贷款200 000元，年利率为8%，借款期限为5年，按每年等额本息还款方式偿还。

   要求：
   (1) 计算李某每年还款额。
   (2) 计算李某每年还款额中本金和利息分别是多少。

2. 徐某为买房向银行贷款30万，贷款年限20年，公积金贷款利率为3.25%，按月偿还房贷，徐某选择等额本金方式偿还。

   要求：
   (1) 计算徐某第1个月的还款额。
   (2) 计算徐某第12个月的还款额。

三、案例分析题
案例1

"爸、妈，我跳了，别给我收尸，太丢人。爸、妈，来世做牛做马报答你们。"这是大学生小郑（化名）发给父母的最后一条短信，在发完这条短信后他跳楼结束了自己的生命。由于迷上了网络赌球，小郑通过某借贷平台先后借款共计6万元，这笔钱采用复利计息，慢慢地小郑就无力还款了。虽然借贷平台宣传贷款"无利息"，但其实他们巧立名目，偷换概念，将利息换成了所谓的手续费、违约金、迟延履约金、保证金等，种种加在一起，高出国家规定的银行同期利率的10倍、20倍甚至更多。走投无路之下，小郑偷偷用同学的身份信息去贷款还债。他先后用28名同学的身份证借钱，然而，这并没有缓解小郑的还贷压力。同学们陆续收到催款电话时，他们才知道自己的身份信息被小郑用来贷款。最终，欠款像滚雪球一样越滚越大，变成了60多万元。小郑不仅要面临偿还巨额贷款的压力，还面临着来自家庭和同学的压力。重压下，他最终选择了自杀。

案例2

10G裸条事件曝光了多名受害女大学生，也曝光了校园贷背后的乌烟瘴气，更曝光了校园贷中裸持借贷这条灰色产业链。裸贷，改变了很多大学生的命运。合肥某职业学校一名大二女生，通过裸贷借钱用来支付和男友的花销。借来的本金不到5万元，一年不到，欠下的贷款本息合计达50多万元。因无法偿还贷款，其裸持身份证照片被传到网上曝光，家人电话也被催债电话打爆。家人在报警的同时，不得已将唯一住房变卖还款。

一些在校大学生，由于没有树立良好的消费观念，出于攀比心、好奇心、享乐主义等,在没有收入来源的情况下,选择裸贷方式获取非法校园贷用于超前消费,殊不知非法校园贷利率奇高,自己根本无法承受。一些非法校园贷平台为催收贷款本息不择手段,将学生裸照在网上公布,对学生的身心造成难以挽回的伤害。

案例3

广东某学院学生谢某被广州一家公司以提供就业培训服务为由,骗其签订9 920元的两年期贷款合同。经查,该公司通过联系高校社团组织负责人到学校内部举办免费职业指导讲座、招聘人员在校园周边派发调查问卷、各种朋友圈沙龙等方式,获取在校学生的电话、QQ、微信等联系方式。随后,该公司安排员工通过电话、邮件等方式,联系学生做免费的测评,再以讲解测评结果、提升就业创业能力为由邀约学生到该公司。该公司指定指导老师对学生开展"一对一"辅导,在明知学生没有经济能力支付培训教育费用的情况下,该公司以"蓝海计划"为官方支持项目(前6个月免费,后期每月只需700元)、公司介绍工作就业岗位(利用假期兼职可赚取还贷费用)、不满意培训可申请退费等口头承诺,诱骗学生在公司内签订蓝海计划项目协议书、教育分期贷款双方协议、教育分期还款计划等系列合同。

现如今,一些非法校园贷机构为逃避监管,不断变换花样,更换马甲,抓住学生思想单纯、社会经验不足、缺乏金融知识等弱点,打着就业培训、职业介绍等名义,诱骗学生贷款,使学生深陷校园贷陷阱。

思考:

1. 结合案例谈谈校园贷有哪些危害。
2. 作为大学生应该怎么预防校园贷,如何保护好自己的信贷记录?

第五章　金融投资规划

知识导航

金融投资规划
- 投资的基础知识
  - 投资及投资规划的概念
  - 投资规划流程
- 股票投资
  - 股票的概念
  - 股票的性质
  - 股票的种类
  - 证券交易的具体流程
  - 股票分析技术
  - 股票相关概念
  - 股票投资优势
  - 股票投资的风险
- 债券投资
  - 债券的概念
  - 债券的要素
  - 债券与股票的区别
  - 债券的种类
  - 债券投资技巧
  - 分析债券的投资价值
  - 债券投资策略
  - 债券投资的风险
- 基金投资
  - 基金投资的概念
  - 基金分类
  - 基金投资相关概念
  - 基金投资策略
  - 基金投资的风险
- 银行理财产品投资
  - 银行理财产品的概念
  - 银行理财产品的种类
  - 银行理财产品投资策略
  - 银行理财产品投资的风险
- 外汇投资
  - 外汇投资的相关概念
  - 外汇投资方式
  - 外汇投资策略
  - 外汇投资的风险
- 期货投资
  - 期货的概念
  - 期货的种类
  - 期货的功能
  - 期货投资的概念
  - 期货投资的特点
  - 期货投资的方式
- 黄金投资
  - 黄金及黄金投资的概念
  - 黄金投资的发展历程
  - 黄金投资渠道
  - 黄金投资的优点
  - 黄金投资的种类
  - 黄金投资策略
  - 影响黄金价格的主要因素

学习目标

1. 了解个人投资的基本含义。
2. 了解投资规划的具体流程。
3. 熟悉股票、债券、基金、银行理财产品、外汇、期货、黄金等各类投资工具的特点、风险及投资策略。

导入案例

"不要把所有的鸡蛋放进一个篮子里。"这是人们耳熟能详的投资理念。很多投资者往往也是这么做的,把资金分散到多只股票里面。但他们不知道,这个投资原则是有前提、有条件的,不能生搬硬套。

分散投资的确降低了因为某只股票而造成资金大幅度亏损的可能性(如2018年7月臭名昭著的长生疫苗造假事件),但撒网式的投资方式最后的结果往往是令投资者失望的。分散投资的前提是投资规模达到一定数量级,这时才需要考虑系统性风险。撒网式的投资是让自己处于一种更被动的状态。选择的股票越多,亏损或盈利就越接近于整个市场的平均值。这样的投资更像是一场赌博,完全由市场决定成败。或许在牛市中,这种方式的投资会使投资者错误地认为自己是个优秀的股票高手。然而在熊市中,因为多数股票亏损,实际上并没有降低了风险,反而更接近于整个熊市平均的亏损。

巴菲特之所以能有今日的成就,正是因为他坚持集中投资的原则。巴菲特将自己投资的股票限制在10只左右,要知道他的资金规模为数百亿美元,他也曾明确表明了自己的选股态度:"我不会同时投资50或70家企业,那是诺亚方舟式的传统投资法,最后你会像开了家动物园。我喜欢以适当的资金规模集中投资于少数几家企业。"

所以,"不要把所有的鸡蛋放在一个篮子里"后面应该加上一句:"把鸡蛋放在几个好篮子里,精心照顾。"

思考:
(1) 个人投资规划的流程包含哪几个步骤?
(2) 个人投资理财工具的选择有哪些?

第一节 投资的基础知识

一、投资及投资规划的概念

1. 投资的概念

投资是指投资主体在一定时期内,向一定领域投放足够数额的资金或实物的货币等价物,以获取未来期间不确定性的收益的过程。本章涉及的投资主体是指个人或家庭。

根据投资对象不同,投资可分为实物投资、资本投资和证券投资。实物投资是以有形财产投入企业,如土地、机器设备、厂房等投资,通过企业生产经营活动从而获取一定利润;资本投资和证券投资是以货币购买企业发行的股票和公司债券的方式,间接参与企业的利润分配。

2. 投资规划的概念

投资规划是个人或家庭根据想要达到的投资目标和风险承受能力,构建不同的投资产品组合,实现个人或家庭投资目标的过程。首先,建立个人或家庭的投资目标。其次,根据个人或家庭用于投资的资金数量和风险承受度构建投资组合和投资规划。

二、投资规划流程

投资规划流程主要包括确定投资策略、投资产品分析、构建投资组合、调整投资组合、评估投资组合的绩效五个步骤,如图 5-1 所示。

1. 确定投资策略

(1) 确定投资目标。投资目标是个人投资规划的起点,目标设定得是否准确、合理,直接影响着投资规划的其他方面。确立合理的投资目标就要对个人或家庭信息做深入细致的分析,即围绕个体或家庭风险偏好、风险承受度、投资资金性质、当前市场经济环境下资金的投资报酬水平以及个人或家庭的具体情况等各类因素进行综合分析。

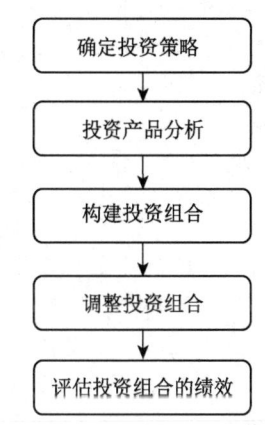

图 5-1 投资规划流程图

确定投资目标主要解决三个问题,即需要多少时间、达到多少收益和达成什么目标。例如,张某将利用 20 万元用于投资,通过 10 年时间,获得 10 万元收益,满足未来子女读大学的目标。因此,要求设定的投资规划的目标必须是直观的、可量化的、切实可行的。

(2) 风险偏好及风险承受度。风险偏好即投资者对于风险的态度,根据投资者对风险喜好程度分为风险厌恶型、风险中立型和风险偏好型。每位投资者和不同的家庭都有自身的风险偏好,这取决于个人的年龄、性格以及所处的生活环境等因素。风险承受度是个人或家庭能够承担风险的限度,指个人或家庭对于风险的承受能力和水平。对个人或家庭而言,影响风险承受度的因素也有很多,如年龄、工作性质、衣食住行消费比例、是否购买保险等。

风险偏好及风险承受度并不是可以简单识别的,而是需要各种量化指标、问卷调查来辅助判断。只有准确判断个人或家庭风险偏好,才能根据偏好制定出合理的投资方案。

【特别提示】

1. 风险偏好评估

对于投资者的风险偏好,可以依据投资者对本金可容忍的损失幅度及其心理估测出来,即可以从对投资亏损的容忍程度、投资目标、收益率情况、认赔行为、赔钱心理、投资工具选择关注重点、绝不涉及的投资工具等方面进行综合测评。

如表 5-1 所示,该表总分 100 分,最低 12 分。得分越低表示投资者风险态度越差。投资者的风险态度一般分成 5 个等级,即低风险态度(0~19 分)、中低风险态度(20~39 分)、中等风险态度(40~59 分)、中高风险态度(60~79 分)、高风险态度(80~100 分),容忍投资亏损程度是风险态度评价中最重要的考虑因素,在总分中占了一半。

表 5-1　　　　　　　　　　　　　险偏好评分表

分数	10 分	8 分	6 分	4 分	2 分
投资亏损的容忍程度	不能容忍任何亏损 0 分,每增加 1% 加 2 分,容忍程度大于 25% 得 50 分				
投资目标	赚短线差价	长期资本利得	每年现金收益	抗通胀保值	保本保息
收益率情况	25% 以上	20%~25%	15%~20%	10%~15%	5%~10%
认赔行为	默认停损点	事后停损	部分认赔	持有待回升	加码平摊
赔钱心理	学习经验	正常生活	影响情绪小	影响情绪大	难以入眠
重要特征	获利性	收益兼成长性	收益性	流动性	安全性
避免工具	无	期货	股票	外汇	不动产

2. 风险承受能力评估

对于投资者的风险承受能力,可以从年龄、工作性质、家庭负担、置产状况、投资经验、投资知识等方面进行估测。

如表 5-2 所示,该表总分 100 分,最低分 10 分,分数越低表示其风险承受能力越低。投资者的风险承受能力一般分成 5 个等级,即低风险承受能力(0~19 分)、中低风险承受能力(20~39 分)、中等风险承受能力(40~59 分)、中高风险承受能力(60~79 分)、高风险承受能力(80~100 分)。

表 5-2　　　　　　　　　　　　风险承受能力评分表

分数	10 分	8 分	6 分	4 分	2 分
年龄	总分 50 分,25 岁以下者 50 分,每多 1 岁少 1 分,75 岁以上者 0 分				
工作性质	公教人员	上班族	佣金收入者	自营事业者	失业者
家庭负担	未婚	双薪无子女	双薪有子女	单薪有子女	单薪养三代
置产状况	投资不动产	自住住宅无房贷	房贷<50%	房贷≥50%	无自住住宅
投资经验	10 年以上	6~10 年	2~5 年	1 年以内	无
投资知识	有专业证书	财经专业毕业	自学有经验	略懂一二	无

(3) 投资资金性质。资金性质是决定投资组合选择的关键因素。例如,家庭剩余资金在短期内有没有消费需求、是否可将其闲置资金用于长期投资,如果可以即可采取较高风险匹配较高收益的投资策略;又如家庭用投资的资金将用于子女高等教育支出,越临近支出日越应当采取保守的投资策略,以保证该部分资金的稳定。因此,应考虑资金安全性要求和期

限需求的不同,对资金做出安全等级和期限跨度的定性判断,以此作为设定投资目标的参考依据。

2. 投资产品分析

投资产品分析是在确定投资目标后,针对不同的投资产品,分析其投资金额、资金流动性、投资回报、交易手续费、交易灵活性、影响价值波动的因素以及风险程度,从中筛选出符合投资目标的投资产品。例如,外汇投资产品,投资金额可多可少,只需1%~3%的保证金;资金流动性强表现为周一到周五每日24小时均可交易;投资回报率稳定表现为汇率上升或是下降都能获得稳定的收益,市场透明度高;交易费用少;交易灵活性好表现为可买空、卖空、全日均可交易;影响因素表现为供求关系、经济、政治状况等因素;风险度高,但机制较为完善,且可以随时止损离场。

3. 构建投资组合

构建投资组合是指确定具体的投资产品及各种投资产品的投资比例。通过投资组合达到分散风险的效果,即"不能把鸡蛋放在一个篮子里"。投资组合的设定,可以借助统计的方法,如计算均值、方差、相关系数、协方差等实现投资组合的构建。也可以通过以下几个方面进行分析(此处以股票投资为例进行说明)。

(1) 仓位控制。股票仓位是指投资者实有投资和实际投资资金的比例。从投资组合理论出发,单个股票仓位通常建议不超过20%,投资资金量足够大,建议不超过10%。

(2) 行业配比。同一个行业的上市公司,通常会面临相同的行业风险。如果打算投资10只股票,其中8只股票是同行业的投资组合,不利于分散风险。同一个行业或概念上的总仓位,建议不超过30%。例如长生生物的疫苗造假事件发生以后,整个生物医药行业的股票都出现暴跌。

(3) 时机选择。时机选择是指购买股票的时机要错开,同一个交易日不做从满仓到空仓或者从空仓到满仓的投资,最好每个交易日的总仓位做适当调整,但不超过30%。

(4) 关注股票波动率。股票波动率是指投资者对股票投资有效期内,投资回报率的波动幅度的度量。对于股票的波动率,即使是同一个行业或概念板块,也会有很大差异。在投资组合的构建中,建议将高、中、低波动率不同的个股综合考虑,激进型的投资者,可以构建一个波动率相对较高的组合,因为高波动率的股票收益也会比较高;稳健型投资者,可以多考虑波动率较低的投资产品。需要说明的是,股票组合的构建,本身并不能让投资者的收益更好。其优势在于可以平滑投资者的市值波动,最终得以以更平和、更理性的心态来对待市场和收益波动,从而长期获取稳健的回报,这才是投资组合理论最根本的价值所在。

4. 调整投资组合

由于市场的不断变化和投资者投资目的的改变,可能需要对投资组合做出新的调整,如购买新的投资产品,以形成新的投资组合。调整投资组合的另一动因是原来不具吸引力的投资产品现在变得有吸引力了,而原来有吸引力的产品则变得无吸引力了。因此,投资者就会在原来投资产品组合的基础上加入一些新的投资产品和去掉一些旧的投资产品。决策依据主要取决于投资产品转换的交易成本以及调整后的投资组合所带来的收益。

5. 评估投资组合的绩效

评估投资组合的绩效要求定期评价投资组合的表现,其依据不仅是投资的回报率,还有投资者所承受的风险,需要有衡量收益和风险的相关指标来评估投资的业绩。投资收益包括利息、股息、红利等收益和资本利得收益,即资本增值或价差的收入,如投资者低买高卖所产生的收益。

第二节 股票投资

一、股票的概念

股票是一种有价证券,是股份有限公司在筹集资本时向出资人发行的股份凭证。根据《中华人民共和国公司法》的规定,股份有限公司的资本划分为股份,每股的金额相等,公司的股份采取股票的形式。股份的发行实行公平公正原则,同种类的每一股份具有同等权利。股票一经发行,购买股票的投资者即成为公司股东。股票实际上代表了股东对股份公司的所有权,股东凭借股票可以获得公司的股息和红利,参加股东大会并行使自己的权利,同时也承担相应的责任和风险。

股票的基本特征包括不可偿还性、参与性、收益性、流通性,价格波动性和风险性。

二、股票的性质

(1) 股票是有价证券。有价证券是财产价值和财产权利的统一表现形式。持有有价证券,一方面表明持有人拥有一定价值量的财产,另一方面也表明有价证券持有人可以行使该证券所代表的权利。

(2) 股票是要式证券。要式证券说明如果缺少规定的要件,股票就无法律效力。

(3) 股票是证权证券。证券分为设权证券和证权证券。设权证券是指证券所代表的权利本来不存在,而是随着证券的制作而产生,即权利的发生是以证券的制作和存在为条件的。证权证券是指证券是权利的一种物化的外在形式,是权利的载体,权利是已经存在的。股票代表的是股东权利,它的发行是以股份的存在为条件的,股票只是把已存在的股东权利表现为证券的形式,它的作用不是创造股东权利,而是证明股东权利。

(4) 股票是资本证券。发行股票是股份公司筹集资金的手段。股票是投入股份公司资本份额的证券化,属于资本证券。但是,股票不是现实资本,股份公司通过发行股票筹集的资金,是公司用于营运的真实资本。股票独立于真实资本之外,在股票市场上进行着独立价值运动,是一种虚拟资本。

(5) 股票是综合权利证券。股票持有者是公司的股东,享有独立的股东权利,股东权利是一种综合权利,股东依法享有资产收益、重大决策和选择管理者的权利。股东虽为财产的所有人,但对于公司的财产不能直接支配处理。

三、股票的种类

1. 根据股票规模、股价表现等情况划分

根据股票规模、股价表现、业绩、收益、分红等情况不同,股票可分划为独角兽股、蓝筹股、白马股、龙头股、黑马股、妖股。

（1）独角兽股。独角兽股指在特定的领域有垄断的优势，如腾讯、百度、小米、京东等企业发行的股票。

（2）蓝筹股。"蓝筹"一词源于西方赌场，在西方赌场中，有三种颜色的筹码，其中蓝色筹码最为值钱。所以投资者把那些在其所属行业内占有重要支配性地位、业绩优良、成交活跃、红利优厚的大公司股票称为蓝筹股。多数集中在传统工业、地产、金融板块。

（3）白马股。白马股指业绩稳定优良、回报率高、具有较高投资价值和成长性，但还没成为蓝筹股的股票。

（4）黑马股。黑马股指价格脱离过去的价位而在短期内大幅上涨的股票。

（5）龙头股。龙头股指某一时期在股票市场的炒作中对同行业板块的其他股票具有影响和号召力的股票，该类股票的涨跌往往对其他同行业板块股票的涨跌起引导和示范作用。

（6）妖股。妖股是指股价走势奇特、怪异的股票。该类股票走势与大盘或常理相悖，完全不符合基本的技术分析规律。其走势明显不合常理，让投资者难以琢磨，常出现暴涨暴跌的现象。

2. 根据上市地点和投资者划分

根据上市地点和投资者的不同，股票可划分为A股、B股、H股、N股、S股、L股等。

（1）A股。A股的正式名称为人民币普通股票，是由中国境内注册公司发行，在境内上市，以人民币标明面值，供境内机构、组织或个人（2013年4月1日起，境内港澳台居民可开立A股账户）以人民币认购和交易的普通股股票。

（2）B股。B股的正式名称为人民币特种股票，是以人民币标明面值，以外币认购和买卖，在境内（上海、深圳）证券交易所上市交易的股票。

（3）H股。H股是注册地在中国大陆，上市地在中国香港的外资股。中国香港的英文取其字首，在港上市外资股称为H股。

（4）N股。N股是指注册地在中国大陆，在纽约上市的外资股。例如，中国人寿股份有限公司在内地注册，在纽约证券交易所上市，称为N股。截至2023年4月，我国在纽约上市的N股上市公司共59家。

（5）S股。S股是指注册地在中国大陆，在新加坡上市的外资股。例如，广州越秀、中国航油、亚洲创建、中远投资等都是在内地注册，在新加坡上市，称为S股。

（6）L股。L股是指注册地在中国大陆，在伦敦上市的外资股。例如，中国石化在内地注册，在伦敦发行上市，称为L股。

3. 根据股东权利划分

根据股东权利的不同，股票可划分为普通股、优先股和混合股。

（1）普通股。普通股构成公司资本的基础，是股票的一种基本形式。普通股指在公司的经营管理和盈利及财产的分配上享有普通权利的股份，代表满足所有债权偿付要求及优先股东的收益权与求偿权要求后对公司盈利和剩余财产的索取权。在上海证券交易所和深圳证券交易所上进行交易的股票都是普通股。

（2）优先股。优先股是享有优先权的股票。优先股的股东对公司资产、利润分配等享有优先权，其风险较小。但是优先股股东对公司事务无表决权。优先股股东没有选举权及被选举权,对公司的经营没有参与权,优先股股东不能退股,只能通过优先股的赎回条款被公司赎回。相对于普通股,优先股在利润分红及剩余财产分配的权利方面优先于普通股。

(3) 混合股。混合股是指在股息分配方面优先和在剩余财产分配方面劣后的两种权利混合起来的股票。

4. 根据受经济周期影响划分

根据受经济周期影响的不同,股票可划分为周期型股票和防守型股票。

(1) 周期型股票。这类股票的回报率与经济周期具有很强的正相关关系。当经济繁荣时,这类股票的表现将超过市场平均水平;当经济处于萧条时期,这类股票的表现则逊于市场平均水平。典型的周期型股票如航空、港口、房地产行业等的股票。

(2) 防守型股票。这类股票与经济周期的相关性很弱。其风险要小于周期型股票,预期回报率也较低,容易受到稳健型投资者的青睐。典型的防守型股票如饮料、食品等生活必需品生产行业的股票。

除上述划分标准外,股票还有其他分类标准。如根据股票持股主体划分,股票可分为国家股、法人股、个人股;根据股票所属的行业性质划分,股票可分为概念股、板块股;根据上市公司流通股的数量划分,股票可分为大盘股、中盘股、小盘股。

四、证券交易的具体流程

个人投资者在证券交易所进行一次证券交易的完整流程一般包括开户、委托、竞价成交、清算交割、过户等步骤。

1. 开户

个人投资者在进行证券交易之前,要到证券经纪公司开户。只有在开户之后,投资者才有资格委托经纪人进行证券交易。

2. 委托

个人投资者想要进行证券交易,就必须通过证券公司进行证券交易。委托证券公司的方式有很多种,如投资者会到开户的证券营业部咨询或直接通过电脑自助委托。

3. 竞价与成交

证券公司在接受个人投资者的委托之后,会按照投资者的指令进行申报竞价,然后拍板成交。

4. 清算与交割

清算与交割统称为证券的结算,是投资者在达成一笔证券交易之后,进行价款的结算和证券的交收的过程。该过程关系到交易达成之后,交易双方权利和责任的了结。决定一次交易能否顺利进行,是证券市场能否持续进行交易的基础和保证。

5. 过户

过户是指证券所有者向新所有者转移有关证券全部权利的记录行为。现在我国的证券交易所已经实现无纸化交易,所有的过户手续都由证券交易所的自动过户系统一次完成。对于一次证券交易来说,完成了结算就意味着完成了过户,投资者不需要再额外办理过户手续。

五、股票分析技术

股票属于高风险、高收益的投资产品,想要获取高收益必须承担股票投资的高风险。因此,对于投资者来说,掌握股票投资的分析技术尤为重要,目前股票投资分析技术主要有:基本面分析和技术面分析,除此之外,股票估值技术也可以帮助投资者理性分析选择股票。

(一) 基本面分析

基本面分析包括对宏观经济运行态势的分析和上市公司基本情况的分析。宏观经济运行态势为上市公司未来发展的大环境,反映上市公司整体经营业绩,因此宏观经济与上市公司及其股票价格有密切的关系。上市公司的基本情况包括上市公司的财务状况、盈利状况、市场占有率、经营管理机制、人才构成等方面。基本面分析是做长线投资的投资者应采用的最主要也是最重要的分析方法。因为这种分析方法是从分析股票的内在价值入手,分析公司的内在潜力和长远发展前景,具有系统的理论基础,受到投资者的重视,是股票分析的主流方法。

1. 宏观分析

(1) 政治环境。政治环境是指影响证券市场价格变动的政治事件。一国的政局是否稳定对证券市场有着直接的影响。政局稳定则证券市场稳定运行;反之,政局不稳定会引起证券市场价格下跌。除此之外,国家首脑的更换、罢工等事件也会对证券市场产生重大影响。

(2) 国内生产总值。国内生产总值指标在宏观经济分析中占有重要地位。当国内生产总值持续、稳定地增长,社会总需求与总供给协调增长,企业盈利水平会持续上升,促使股票的价格上涨。相反,经济结构不合理,高通货膨胀下的国内生产总值增长是泡沫经济的表现,企业成本上升,居民实际收入下降,引发股票价格下跌。

(3) 财政政策。紧缩的财政政策将使得过热的经济受到抑制,股票市场也将走弱,因为紧缩的财政政策预示未来经济将减速增长或走向衰退;而扩张的财政政策刺激经济发展,股票市场则将走强,因为这预示着未来经济将加速增长或进入繁荣阶段。

(4) 货币政策。货币政策会影响到市场上的货币供应量,进而影响到就业、国际收支、经济发展等。货币政策对股票市场的影响非常大,宽松的货币政策对股票市场产生积极影响;相反,紧缩的货币政策不利于股票市场的活跃和发展。

(5) 利率。利率是对股票市场及股票价格产生影响的最敏感的金融因素。在金融因素中,利率的变动对股市行情的影响最为直接和迅速。利率的升降与股价的变化呈反向运动,即利率下降时,股票的价格就上涨;利率上升时,股票的价格就会下跌。投资者应密切关注利率的升降,并对利率的走向进行必要的预测,以便在利率变动之前,抢先一步对股票买卖进行决策。

(6) 通货膨胀。通货膨胀对股票市场趋势的影响较为复杂,既有刺激股票市场的作用,又有压制股票市场的作用。需要客观分析通货膨胀对企业商品价格和成本及企业利润的影响状况。当通货膨胀超过两位数,将会推动利率上涨,从而使股价下跌。总之,当通货膨胀刺激股票市场时,股票市场的趋势与通货膨胀的趋势一致;当压制时,股票市场的趋势与通货膨胀趋势相反。

2. 行业分析

行业分析是介于宏观分析和公司分析之间的中观层次分析,主要分析行业所属不同市场类型、所处不同生命周期以及行业业绩对于股票价格的影响。行业分析对投资者来说非常重要,一般来说,行业发展状况对该行业上市公司的影响是巨大的。从一定意义上讲,投资某上市公司,实际上是投资于该公司所属的行业。行业分析的主要任务是:解释行业本身所处的发展阶段及其在国民经济中的地位,分析影响行业发展的各种因素,预测行业发展趋势和前景,判断行业投资价值,揭示行业发展风险,从而为投资者提供决策依据或投资依据。

(1) 行业分类。依据《国民经济行业分类》,我国社会经济活动划分为门类、大类、中类和小类四级,并对应不同的层次编码。具体而言,国家标准认定的行业门类包括:农、林、牧、渔业,采矿业,制造业,电力、热力、燃气及水生产和供应业,建筑业,批发和零售业,交通运输、仓储和邮政业,住宿和餐饮业,信息传输、软件和信息技术服务业,金融业,房地产业,租赁和商务服务业,科学研究和技术服务业,水利、环境和公共设施管理业,居民服务、修理和其他服务业,教育,卫生和社会工作,文化、体育和娱乐业,公共管理、社会保障和社会组织,国际组织。

(2) 行业周期分析。每个行业都有自身的生命周期,都要经历初创期、成长期、成熟期以及衰退期这四个阶段。认清投资目标公司所处的行业在生命周期中所处的阶段以及该阶段的特征是作出股票投资决策时的重要参考依据。①在初创阶段,新行业初建不久,只有为数不多的创业公司投资于这个新兴行业,产品市场需求狭小,销售收入较低,所以这些创业公司财务上可能不但没有盈利反而会发生亏损,必然会使这些创业公司面临很大的投资风险,甚至还可能因财务困难而引发破产。在初创阶段后期,随着行业生产技术提高、生产成本降低和市场需求扩大,新行业便逐步由高风险低收益的初创期转向高风险高收益的成长期。②在成长阶段,新兴行业的产品经过广泛宣传和试用,逐渐赢得了消费者的认可,市场需求开始上升,投资于新兴行业的厂商也大量增加,出现了生产厂商和产品相互竞争的局面。这种状况的继续将导致生产厂商随着市场竞争的不断发展和产品产量的不断提高,市场需求日趋饱和。生产厂商不能单纯地依靠扩大生产量、提高市场份额来增加收入,而必须依靠追加投资、提高生产技术、降低成本,以及研制和开发新产品来获得竞争优势,战胜竞争对手和维持企业的生存。③行业的成熟阶段是一个相对较长的时期。这一时期,在竞争中生存下来的少数大厂商垄断了整个行业的市场,每个厂商都占有一定的市场份额。由于彼此势均力敌,市场份额发生变化的程度比较小。厂商之间的竞争逐渐从价格手段转向非价格手段,如提高产品质量、改善性能和加强售后服务等。行业利润达到了较高的水平,而风险却比较低,这是因为市场已经被原有大企业按比例分割,产品价格比较低,新企业往往由于创业投资无法很快得到补偿或产品销路不畅,资金周转困难而倒闭或转产。④衰退阶段出现于较长的稳定阶段之后,由于新产品和大量替代品的出现,原行业的市场需求开始逐渐减少,产品销售量开始下降,某些厂商开始向其他更有利可图的行业转移资金。因而原行业出现了厂商数目减少,利润下降的萧条景象。至此,整个行业便进入了生命周期的最后阶段。当正常利润无法维持或现有投资折旧完毕后,整个行业便逐渐解体。

根据行业所处生命周期阶段的不同,行业可以分为朝阳行业、平缓增长行业和夕阳行业三类。

(3) 产业政策对股市的影响。实施产业政策时,国家对需要重点支持的产业往往配合财政政策和货币政策给予重点扶持。受国家产业政策倾斜的产业,将会有长足的进步,这些企业会具有长久的生命力,其股价将会走向长期上升通道。国家限制发展的产业则相反,在长时期内其股价上涨会遇到巨大阻力。

3. 上市公司基本情况分析

上市公司基本情况分析是指分析公司的财务状况、市场占有率、盈利情况等。通过分析,投资者可以了解公司的业绩、运营及发展情况。具体分析可从以下方面入手:

(1) 了解公司的经营状况。投资者可通过公司网站、财经网站和股票经纪提供的公司年度报告、新闻报道等渠道,获取有关公司技术革新、发展潜力(新产品、拓展计划、新的利润增长点)、无形资产(知识版权、专利、知名品牌)、实物资产(房地产、设备、存货)和生产能力(先进技术提高生产效率的能力)等方面资料。

(2) 与同行业竞争对手进行比较。了解公司的经营策略、市场份额、资产的账面价值、销售增长率、净资产收益率。

(3) 观察公司股价走势图和行业专家的分析。公司股价走势图可以看出公司股价是起伏不定还是稳步上扬,是投资者做短期投资的有效工具;行业专家的分析报告可以帮助缺乏专业知识的投资者了解公司的行业地位和发展前景。

(二) 技术面分析

技术面分析是指分析反映股票变化的技术指标、走势形态以及K线组合等。技术分析有三个前提假设:①市场行为涵盖一切信息;②价格变化有一定的规律;③历史会重演。由于假设认为市场行为包含了所有信息,那么对于宏观面、政策面等因素都可以忽略;而认为价格变化具有规律和历史会重演,就使得以历史交易数据来判断未来趋势变得可行。

1. 技术面分析的市场假设

(1) 市场行为涵盖一切信息。该假设是进行技术分析的基础,它假设所有影响股票价格变动的因素,如宏观面、政策面、市场面、资金面、心理面等因素,都已经也必然体现在股票价格的变动上,可以在股票价格的涨跌中被直观地反映出来,没必要关注影响股票价格的具体因素。

(2) 价格变化有一定的规律。该假设是投资者进行技术分析最根本、最核心的因素。该假设认为股票价格的变动是按一定规律进行的,股票价格有保持原来方向的惯性。一段时间内股票价格一直是持续上涨或下跌,那么今后一段时间,如果不出意外,股票价格也会按这一方向继续上涨或下跌,没有理由改变这一既定的运动方向。

(3) 历史会重演。该假设是投资者进行技术分析的重要前提,股票价格变化会留下运行轨迹。技术分析的理论是投资者对过去证券价格的变动规律进行归纳总结的结果。

2. 技术分析具体方法

技术分析具体方法分为五类,即K线分析、形态分析、切线分析、技术指标分析、技术分析理论。

(1) K线分析。K线分析也称为K线图。K线图是进行各种技术分析的最重要的图,许多投资者进行技术分析时往往首先接触的就是K线图。K线分析的研究手法是根据若干天的K线组合情况,推测市场多空双方力量的对比,进而判断多空双方谁占优势,是暂时的还是决定性的。

(2) 形态分析。形态分析是根据价格图表中过去一段时间运行的轨迹形态来预测价格未来趋势的方法。其主要的形态有头部形态、底部形态、箱形、旗形等。从价格运行轨迹的形态中,投资者可以预测市场发展趋势。

(3) 切线分析。切线分析是按照一定方法和原则在由价格数据所绘制的图表中画出一些直线,然后根据直线的情况推测价格的未来趋势,这些直线就叫切线。切线主要是起支撑和压力的作用。画切线的方法主要有趋势线、通道线、黄金分割线等。

(4) 技术指标分析。技术指标分析是运用数学公式,利用过去的价格资料,计算出相关指标值进行分析。常用的指标有相对强弱指标、随机指标、指数平滑移动平均线、威廉指标。技术指标主要作为短线操作的参考依据,但是其缺点在于预测性较差。

(5) 技术分析理论。技术分析理论是投资者在投资实践中不断摸索、总结出的一套较为有效的投资理论。技术分析理论很多,主要有量价关系理论、信心理论、江恩理论、艾略特波浪理论、道琼斯理论、循环周期理论、相反理论、随机漫步理论等。

(三) 股票估值技术

股票估值技术是通过特定技术指标与数学模型,估算出股票在未来一段时期的相对价格的方法。股票估值技术方法包括相对估值法和绝对估值法两大类。

1. 相对估值法

相对估值法,是根据同价理论,通过参考同一行业中类似的企业(即可比公司),基于某些共同的价值驱动因素,进而估算目标公司价值的一种方法。该方法假设前提是,在成熟完备或有效的市场下,可比公司市场公允价值接近其内在价值,进而使估算的目标企业的价值接近其内在价值。因此,该方法只有在成熟完备的市场下才能够有效发挥相对估值法的作用。相对估值法中,可比公司和目标公司通过价格乘数关联起来,最常见的价格乘数是市盈率、市净率、市销率等。

相对估价法的一般步骤包括:①选择分析目标公司;②选择价格乘数和可比企业(可比企业的选择应当与目标公司处于同一行业的同一细分领域);③计算企业的价值。

(1) 市盈率模型(P/E)。市盈率是指普通股每股市价与每股收益的比率。

$$市盈率 = \frac{每股市价}{每股收益} \times 100\%$$

运用市盈率模型估测股票价值的模型如下:

$$目标企业每股价值 = 可比企业市盈率 \times 目标企业每股收益$$

该模型假设每股市价是每股收益的一定倍数。每股收益越大,则每股价值越大。同类企业有类似的市盈率,所以目标企业的每股价值可以用每股收益乘以可比企业市盈率计算。

【例 5-1】 李先生想要投资购买甲公司股票,预计甲公司明年每股收益是 1.06 元,目前股价是 20 元/股。选择乙公司作为可比企业,调查得知,乙公司每股收益是 0.5 元,分配股利 0.35 元/股,净利润和股利的增长率都是 6%,股权资本成本为 11.125%。

要求:(1) 计算乙公司的市盈率是多少?

(2) 根据市盈率模型,计算甲公司的股票价值,请替李先生判断该股票是否值得投资。

解:(1)

$$乙公司市盈率 = \frac{\frac{0.35}{0.5}}{11.125\% - 6\%} \times 100\% = 13.66$$

(2) 甲公司每股价值 = 13.66 × 1.06 = 14.48(元/股)

答：乙公司市盈率为 13.66,甲公司股票价值为 14.48 元/股,目前股价是 20 元/股,股票市价大于其内在价值,因此,李先生不应该投资该股票。

(2) 市净率模型(P/B)。市净率是指每股市价与每股净资产的比率。

$$市净率 = \frac{每股市价}{每股净资产} \times 100\%$$

运用市净率模型估测股票价值的模型如下：

$$目标企业每股价值 = 可比企业市净率 \times 目标企业每股净资产$$

这种方法假设股权价值是净资产的函数,类似企业有相同的市净率,净资产越大则股权价值越大。因此,股权价值是净资产的一定倍数,目标企业的每股价值可以用每股净资产乘以市净率计算。

(3) 市销率模型(P/S)。市销率是指每股市价与每股营业收入的比率。

$$市销率 = \frac{每股市价}{每股营业收入} \times 100\%$$

运用市销率模型估测股票价值的模型如下：

$$目标企业每股价值 = 可比企业市销率 \times 目标企业每股营业收入$$

许多刚设立的公司并没有盈利。因此,无法用市盈率估计这类公司的股票价格。市销率模型近年来成为评估这类股票价值的流行指标。由于销售收入不受折旧、存货和非经常性支出所采用的会计政策的影响,与利润和账面价值不同,销售收入不会被人为地扩大,同时也不像市盈率那样易变,因而对估价来说更加可靠。

(4) 市价/现金流比率(P/CF)。公司盈利水平容易被操纵,而现金流价值通常不易被操纵,因此,市价/现金流比率越来越多地被投资者所采用。同时,根据信用评价"现金为王"法则,现金流价值在基本估值中也很关键。用来计算的具体现金流通常是扣除利息、税款、折旧和摊销之前的收益,但具体会采用哪种现金流,则随公司和行业的性质不同以及哪种现金流对行业绩效的方便计量而变化,如营运现金流或自由现金流。

2. 绝对估值法

绝对估值法是通过对上市公司历史及当前的基本面的分析和对未来反映公司经营状况的财务数据的预测基础上,获得上市公司股票的内在价值的方法。绝对估值的方法包括现金流贴现定价模型、期权定价模型。现金流贴现定价模型中使用最多的是股利贴现模型和未来现金流贴现模型,而未来现金流贴现模型估值模型中,最广泛应用的就是股权自由现金流模型,即股票的内在价值等于未来可获得现金流的贴现值之和。

(1) 股票估价基本模型。如果股东永远持有股票,则其收益表现为每期获得的股利,而该股利是一个永续的现金流入。现金流入的现值和即股票的价值,股票价值计算公式如下：

$$V = \frac{D_1}{(1+i)^1} + \frac{D_2}{(1+i)^2} + \cdots + \frac{D_t}{(1+i)^t}$$

式中,V 为股票价值；D_t 为第 t 年的股利；i 为折现率,即必要的收益率；t 为折现期数。

(2) 零成长股票估价模型。零成长股票是指发行公司每年支付的每股股利额相等的股票,也就是假设每年每股股利增长率为零。每年股利额表现为永续年金形式。零成长股票价值计算公式如下:

$$V = \frac{D}{i}$$

式中,V 为股票价值;D 为股票股利;i 为折现率,即必要的收益率。

【例 5-2】 张先生计划投资股票,通过调查发现 A 公司股票预计每年每股股利为 1.8 元,张先生期望达到的必要报酬率为 10%。该类股票现行市价为每股 15 元。

要求:请替张先生判断该股票是否值得投资。

解:股票价值 $= \frac{1.8}{10\%} = 18$(元)

计算可知,该公司股票内在价值为每股 18 元,若购入价格为每股 15 元,在不考虑风险的前提下,投资该股票是可行的。

答:张先生可以投资该股票。

(3) 固定成长股票估价模型。固定成长股票估价模型假设投资者每年获得的股利以一个固定的增长率增长。该模型认为股价只与股利有关,与其他因素无关。模型假设股利永远增长下去,未来收到的现金流(股利)折现为现值,即股票价值。固定成长股票的股票价值计算公式如下:

$$V = \frac{D_0 \times (1+g)}{i-g} = \frac{D_1}{i-g}$$

式中,D_0 为目前的股利;D_1 为第一年年末的股利;i 为折现率,即必要的收益率;g 为股利年增长率。

【例 5-3】 张先生是 A 公司股东,他要求的必要报酬率为 16%,A 公司股利年增长率为 12%,目前每股股利为每股 2 元。

要求:计算 A 公司股票的内在价值。

解:第 1 年年末的股利 $D_1 = 2 \times (1+12\%) = 2 \times 1.12 = 2.24$(元)

股票内在价值 $V = 2.24 \div (16\% - 12\%) = 56$(元)

答:A 公司股票的内在价值为 56 元。

(4) 分段法。分段法针对非固定增长股票,该类股票的价值表现为公司股利是不固定的,表现为在一段时期高速增长,在另一时期正常固定增长或固定不变。在这种情况下,就要分段计算,才能确定股票的价值。非固定增长股票价值计算公式常见有如下两种:

一种,在一段时期(前 t 年)股利高速增长,在另一时期($t+1$ 年及以后)股利固定增长。

$$V = \frac{D_1}{(1+i)^1} + \frac{D_2}{(1+i)^2} + \cdots + \frac{D_t}{(1+i)^t} + \frac{D_{t+1}}{(i-g) \times (1+i)^t}$$

另一种,在一段时期(前 t 年)股利高速增长,在另一时期($t+1$ 年及以后)股利固定不变。

$$V = \frac{D_1}{(1+i)^1} + \frac{D_2}{(1+i)^2} + \cdots + \frac{D_t}{(1+i)^t} + \frac{D_{t+1}}{i(1+i)^t}$$

式中，D_1 为第一年年末的股利；D_t 为第 t 年年末的股利；D_{t+1} 为第 $t+1$ 年年末的股利；i 为折现率，即必要的收益率；g 为股利年增长率；t 为折现期数。

六、股票相关概念

1. 一级市场

一级市场也称"发行市场"或"初级市场"，是指资本需求者将证券首次出售给公众时形成的市场。

2. 二级市场

二级市场又称"次级市场"或"证券流通市场"，是指已发行的有价证券买卖流通的场所，是有价证券所有权转让的市场。

3. 股票价格指数

股票价格指数是度量和反映股票市场总体价格水平及其变动趋势而编制的股价统计相对数。

4. 牛市和熊市

牛市也称"多头市场"，是指市场行情普遍看涨，延续时间较长的大升市。熊市也称"空头市场"，是指行情看跌，延续时间相对较长的大跌市。

5. 除权

除权是由于公司股本增加，每股股票所代表的企业实际价值（每股净资产）有所减少，需要在发生该事实之后从股票市场价格中剔除该因素，而形成的剔除行为。

6. 贴权

贴权是指在除权除息后的一段时间里，如果多数投资者不看好该股票，交易市价低于除权基准价，即股价比除权除息前有所下降。

7. 配股

配股是上市公司根据公司发展的需要，依据有关规定和相应程序，旨在向原股东进一步发行新股、筹集资金的行为。

8. 转增股本

转增股本是指公司将资本公积转化为股本的行为。转增股本并没有改变公司的所有者权益，但却增加了股本规模，因而其客观结果与送红股相似。

9. 收盘价和开盘价

收盘价为当日该证券最后一笔交易前一分钟所有交易的成交量加权平均价（含最后一笔交易）。开盘价又称开市价，是指某种证券在证券交易所每个交易日开市后的第一笔每股买卖成交价格。

10. 成交量

成交量反映股票成交的数量，通常用成交股数和成交金额来衡量。

11. 最高价和最低价

股票最高价是指当日所成交的价格中的最高价位。有时最高价只有一笔，有时也不止一笔。股票最低价是指当日所成交的价格中的最低价位。

12. 涨跌幅

涨跌幅是对涨跌值的描述,涨跌幅等于涨跌值与昨收盘的比值,即当前交易日最新成交价(或收盘价)与前一交易日收盘价相比较所得的数值,这个数值一般用百分比表示。

13. 发行价和市价

当股票上市发行时,上市公司从公司自身利益以及确保股票上市成功等角度出发,对上市的股票不按面值发行,而制定一个较为合理的价格来发行,这个价格称为股票的发行价。股票的市价是指股票在交易过程中交易双方达成的成交价。股票的市价直接反映着股票市场的行情,是投资者购买股票的依据。由于受众多因素的影响,股票的市价经常处于变化之中。股价是股票市场价值的集中体现,因此这一价格又称为股票行市。

14. 交易手续费

股票交易手续费是进行股票交易时所支付的费用。投资者在买入股票时会产生交易手续费,主要包括印花税、过户费、券商佣金。印花税只在卖出股票的时候收取,收费方式为成交金额的千分之一,由国家进行征收。过户费在买卖股票的时候收取,且只有在买入上证A股时才会收取,收费方式为成交金额0.2‰,不足1元按1元收取。交易佣金与前两者不同,交易佣金在不同券商差别较大,有按3‰收取的,也有按1‰收取的,不足5元的按5元收取。因此,投资者选择正确的券商进行开户或者跟券商进行佣金的协商是非常必要的。

七、股票投资优势

任何一种投资产品都有其风险与收益。收益率越高,风险性越高。相比期货、房地产高报酬高风险的投资产品,保守的投资者会选择定存。定存每年的报酬率大约都在5%以下,风险较小。相比银行储蓄存款和投资债券,投资股票是一种高风险投资行为,同时它也能给投资者带来更高的收益。由于现在投资者投资股票的主要目的并非在于成为企业的股东,享有股东权利,更看重的是投资股票的其他优势,具体包括:①取得股利收入,每年都有可能获得股利收入,如分红利、送红股;②能够在股票市场上交易,获取买卖价差收益;③能够在上市公司业绩增长、经营规模扩大时享有股本扩张收益,如上市公司的送股、资本公积金转增股本、配股等;④投资金额具有较大弹性,相对于房地产与期货,股票投资并不需要太多资金。由于股票价位多样化,投资者可选择自身财力能够负担的股票;⑤变现快。若投资者急需用钱,可在当天卖出股票,在下一个交易日便可以收到股款。与房地产投资相比较,变现快。目前我国股票市场上市公司越来越多,出现若干流动性不佳的股票,投资者在选择股票的时候需格外注意。最后,在通货膨胀时期,投资优质股票能避免货币的贬值,起到保值的作用。

八、股票投资的风险

股票投资的风险可以分为系统性风险和非系统性风险两大类。

1. 系统性风险

系统性风险又称市场风险,是指由于多种因素的影响和变化,导致股票市场上绝大多数股票价格下跌,从而给股票投资者带来损失的可能性。这类风险是由公司外部因素引起的,如严重通胀、周期共振、能源危机、严重自然灾害、宏观政策失当、经济危机、战争、政权更替等。虽然不同的企业对系统性风险敏感程度不一样,但系统性风险是所有企业都无法控制的。系统性风险包括政策风险、利率风险、购买力风险、市场风险等。这种风险不能通过分散投资加以消除,因此又被称为不可分散风险。

(1) 政策风险。政府的经济政策和管理举措可能会造成股票收益的损失,这在新兴股市中表现得尤为突出。经济、产业政策的变化以及税率的改变,可以影响公司利润的变化;交易政策的变化,可以直接影响股票的价格。因此,每一项经济政策、法规的出台或调整,对股票市场都会有一定的影响,从而引起市场整体的波动。

(2) 利率风险。一方面,上市公司经营运作的资金也有资金成本,利率的变化意味着成本的变化,加息则代表着企业利润的削减,股票的价值反映了其内在价值,必然会伴随着下跌。另一方面,流入资本市场的资金在收益率方面往往有一定的标准和预期。当利率提升时,在股票市场中寻求回报的资金要求获得高过利率的收益率水平,如果难以达到,资金将会流出该市场转向收益率高的领域,这种反向变动的趋势在债券市场上表现得尤为突出。

(3) 购买力风险。现实生活中,由于物价上涨,同样金额的资金未必能买到过去同样的商品。这种物价的变化导致了资金实际购买力的不确定性,称为购买力风险或通货膨胀风险。同样,在股票市场上,其回报是以货币形式来支付的,在通货膨胀时期,货币购买力下降,也就是投资的实际收益下降,将给投资者带来损失。

(4) 市场风险。市场风险是股票投资活动中最普遍、最常见的风险。当整个股票市场连续过度上涨,股价远离合理价值区域后,股价上涨主要依靠资金简单流入堆砌,即所谓的"投机博傻",趋势投机代替了价值投资。但当后继投资者不再认同没有价值支撑的股价时,市场价格必会回落,给投资者带来巨大损失。

2. 非系统性风险

非系统性风险又称特有风险、非市场风险或可分散风险,是由个别公司特有事件引起的风险,如企业经营管理环节出现问题、竞争落败等,会引起股价变化从而造成个股收益率的不确定性。这种事件是随机的,只会影响个别或少数公司,不会对整个市场产生太大影响。该风险可以通过多样化投资构建投资组合来分散掉,即发生于个别或少数公司的不利事件,可以被其他公司的有利事件所抵消。由于这类风险可以被分散掉,市场会倾向于认为承担这类风险没有任何价值,也没有任何风险补偿,换言之,承担额外的非系统性风险将不会给投资者带来收益。

(1) 经营风险。市场股票交易的价格,从根本上说是反映上市公司内在价值的,其价值的大小由上市公司的经营业绩决定。然而,上市公司经营是有风险的,存在经营上潜在不景气,甚至失败、倒闭的风险,从而造成投资者收益及成本的增加或损失。

(2) 财务风险。财务风险是指因筹集资金而产生的风险,即公司可能丧失偿债能力的风险。公司财务结构不合理,往往会造成财务风险。形成财务风险的因素主要有资产负债率、资产与负债期限、债务结构等。因此,投资者在进行股票投资时,应注意对公司财务报表的分析。

(3) 信用风险。信用风险也称违约风险,是指不能按时还本付息对股票持有人造成损失的可能性,主要针对债券投资品种,对于股票,只有在公司破产的情况下才会出现。

(4) 道德风险。道德风险主要是指上市公司管理者的道德风险。上市公司的股东和管理者是一种委托—代理关系。由于管理者和股东追求的目标不同,尤其在双方信息不对称的情况下,管理者的行为可能会对股东利益造成损害。

(5) 其他交易过程风险。股票市场投资运作的复杂性,使投资者面临交易过程中的各种风险,包括由于自己不慎或券商失责而导致股票被盗卖、资金被冒提、保证金被挪用,以及信用交易不受法律保护、买卖操作失误、接受不合规证券咨询导致损失等风险。投资者应注意交易过程中的有关事项,学会自我保护,尽可能地减少交易过程风险。①操作性风险。操作性风险是指因结算运作过程中的电脑或人为的操作处理不当而导致的风险。例如,由于电脑自身软件、硬件故障在市场火爆时可能导致行情数据、委托交易延误,从而使投资者错过时机,造成投资损失。这类风险分为不可抗力风险和可以向券商追索赔偿的风险两种,投资者可以根据是否由不可抗力造成,通过法律途径申请自己的正当主张,以降低风险损害程度;从自身的知识层面去寻找问题所在。目前市场中金融创新不断增多,不同交易品种的交易方式存在不同,比如新股上市及股改实施后首日复牌价格涨跌幅限制等,投资者要积极主动地去学习相应的知识。②不合规的证券咨询风险。随着参与股市的投资者增加,对咨询及资讯的需求也在上升,证券投资咨询业务受到了空前重视。证券咨询机构鱼龙混杂,既有正规券商研究机构对相应开户投资者的日常咨询,也存在非法证券咨询机构利用投资者急于找到"牛股"的心态,以加入会员、缴纳会费、推荐个股的方式吸引投资者。由于法律责任不明确,投资者可能在其误导下进行了错误操作,从而导致不必要的损失和难以明确责任的纠纷。

第三节 债券投资

一、债券的概念

债券是一种有价证券,是发行者为筹集资金而发行的,在约定时间支付给债券持有人一定比例的利息、到期偿还本金的有价证券。债券的本质是债的证明书,具有法律效力。用来证明债券购买者与发行者之间的债权债务关系,债券发行者即债务人,购买者也叫债券持有人,即债权人。

二、债券的要素

1. 面值

债券面值即为债券的票面金额,发行人承诺在将来某一特定日期偿还给债券持有人的金额。

2. 票面利率

债券发行人预计一年内向债券持有人支付的利息占票面金额的比率。由于计息方式不同,票面利率可能不等于有效年利率。

3. 债券到期日

债券到期日也称债券的还本期限,是指债券发行到归还本金之间的时间,即预计偿还债券本金的时间。

4. 债券价格

债券价格是在债券交易中买卖双方以货币的形式对其价值达成的共识,该价格取决于债券的票面利率及债券到期日、市场供求以及其他因素,债券价格处于不断变化中。即使在发行时,债券价格也不一定等于债券面值,有时可高于面值价格发行,称其为溢价发行;有时又低于面值发行,称其为折价发行,当发行价格与面值相等为平价发行。而当债券进入二级流通市场之后,债券的市场价格就要随行就市了。

三、债券与股票的区别

债券和股票都属于有价证券,均在一级市场上发行,在二级市场上流通转让。对发行方来说,两者都是可以通过资本市场募集资金的手段。从动态上看,股票的收益率和价格与债券的利率和价格互相影响,表现在证券市场上发生同向运动,即一个上升另一个也上升,反之亦然,但升降幅度可能不一致。虽然二者都是有价证券,都可以作为筹资的手段和投资工具,但两者有明显的区别。

1. 发行主体不同

作为筹资手段,无论是国家、地方公共团体还是企业,都可以发行债券,而股票则只有股份制企业才可以发行。

2. 收益稳定性不同

从收益方面看,债券在购买之前已约定好利率,到期就可以获得固定利息,而不管发行债券的公司经营盈利与否。而股票在购买之前不确定股息率,股息收入随股份公司的盈利情况变动而变动,盈利多公司发放股利就多,盈利少公司发放股利就少,无盈利则不发放股利。

3. 保本能力不同

从本金方面看,债券到期可连本带息收回,本金有保障。股票则无到期日之说,股票本金一旦交给公司,就不能再收回,只要公司存在,就永远由公司支配。债券和股票实质上是两种性质不同的有价证券,两者反映着不同的经济利益关系。债券所表示的是对公司的一种债权,而股票表示的则是对公司的所有权。权属关系不同,就决定了债券持有者无权过问公司的经营管理,而股票持有者则有权直接或间接地参与公司的经营管理。

4. 风险不同

从风险方面看,债券是一般的投资产品,其交易转让的频率比股票低。股票是金融市场上的主要投资产品,其交易转让的频率高,市场价格变动幅度大,可能出现暴涨暴跌,稳定性差,风险高,但能获得很高的收益,因而能够吸引不少投资者。

四、债券的种类

1. 按发行主体分类

根据发行主体的不同,债券可分为政府债券、金融债券和公司债券。

(1) 政府债券。政府债券是由政府发行的债券,其利息享受免税待遇,其中由中央政府发行的债券也称国债,其发行债券的目的是弥补财政赤字或投资于大型建设项目;而由各级地方政府机构如市、县、镇等发行的债券称为地方政府债券,其发行主要是为地方建设筹集资金,因此都是一些期限较长的债券。在政府债券中还有一类称为政府保证债券,它主要是为筹集一些市政项目及公共设施的建设资金而由一些与政府有直接关系的企业或金融机构发行的债券。这些债券的发行均由政府担保,但不享受中央和地方政府债券的利息免税待遇。

(2) 金融债券。金融债券是由银行或非银行金融机构发行的债券。金融债券发行的目的是筹集长期资金,其利率一般要高于同期银行存款利率,而且债券的持有人需要资金时可以随时转让。该类债券违约风险相对较小,具有较高的安全性。

(3) 公司债券。公司债券是由非金融性质的企业发行的债券,如股份有限公司或有限责任公司发行的债券,其发行目的是筹集长期建设资金,一般都有特定用途。按有关规定,企业要发行债券必须先参加信用评级,级别达到一定标准才可发行。因为企业的资信水平劣于金融机构和政府,所以公司债券的风险相对较大,其利率一般也较高。

2. 按利息支付方式分类

根据利息支付方式的不同,债券可分为附息债券、贴现债券和普通债券。

(1) 附息债券。附息债券是指在债券面上附有息票的中长期债券,息票的持有者可按其标明的时间期限到指定的地点按标明的利息额领取利息。息票通常以 6 个月为一期,由于在到期时可获取利息收入,息票也是一种有价证券,可以流通、转让。

(2) 贴现债券。贴现债券是在发行时按规定的折扣率将债券以低于面值的价格发行,在到期时债券持有人仍按面值领取本息的债券,其票面金额与发行价格之差即为利息。

(3) 普通债券。普通债券是指按不低于面值的价格发行的债券,债券持有人可按规定分期分批领取利息或到期后一次领取本息。

3. 按发行方式分类

根据发行方式的不同,债券可分为公募债券和私募债券。

(1) 公募债券。公募债券是指按法定手续,经证券主管机构批准在市场上公开发行的债券,其发行对象是不限定的。这种债券的发行对象是广大的投资者,因而要求发行主体必须遵守信息公开制度,向投资者提供财务报表等资料,以保护投资者利益,防止欺诈行为的发生。

(2) 私募债券。私募债券是发行者以与其有特定关系的少数投资者为募集对象而发行的债券。该债券的发行范围很小,其投资者大多数为银行或保险公司等金融机构,其发行不采用公开呈报方式,债券的转让也受到一定程度的限制,流动性较差,但其利率一般高于公募债券。

五、债券投资技巧

债券作为投资产品其特征表现为安全性高、流动性较强。由于债券在发行时就约定了到期后应支付的本金和利息,故其收益稳定。尤其国债,其本金及利息的给付是由政府做担保,几乎没有什么风险,是较高安全性的一种投资产品。但作为投资产品,债券仍具有一定的风险,进行债券投资时,可以利用以下投资分析技巧降低投资风险。

1. 利用时间差提高资金利用率

债券发行都有一个发行期,投资在此期间内都可买进时,最好在最后一天购买;同样,在到期兑付时也有一个兑付期,最好在兑付的第一天去兑现。这样可减少资金占用的时间,提高债券投资的相对收益率。

2. 利用市场差和地域差赚取差价

通过上海证券交易所和深圳证券交易所进行交易的同品种国债,两者之间是有价差的。利用两个市场之间的市场差,有可能赚取差价。同时,可利用各地区之间的地域差,进行贩卖,也可能赚取差价。

3. 卖旧换新技巧

在新国债发行时,投资者提前卖出旧国债,再连本带利买入新国债,所得收益可能比旧国债到期才兑付的收益高。采用该方式的前提是必须比较卖出前后的利率高低,估算该投资行为是否可获益。

4. 选择高收益债券

债券的收益是介于储蓄和股票、基金之间的一种投资产品,安全性相对比较高。所以,在债券投资的选择上,可选购一些收益较高的债券,如企业债券、可转让债券等。特别是风险承受力比较高的个人或家庭,更不要只投资国债。

5. 注意选择债券投资时机

上市流通的债券,价格受多重因素的影响,不断波动。对于投资者来说,就面临着投资时机的选择问题。时机选择得当,就能提高投资收益率;反之,投资收益率低。

六、分析债券的投资价值

投资者在选择债券时,应考虑债券的信用等级、收益率(包括票面利率、到期收益率等)、持有期限、信用质量和担保、对利率变动的敏感程度(用久期值来衡量)以及交易的活跃程度等因素。

(一) 信用等级

债券投资最主要的风险是信用风险,由于受到时间、知识和信息等限制,投资者尤其是中小投资者无法对众多债券进行分析和选择,于是就有专业机构对发行的债券的还本付息的可靠程度,进行客观、公正、权威的评定,以方便投资者决策。投资者在购买债券时,必须了解债券的信用等级。债券等级越高,信用越好,投资的风险也越小。目前,通用的信用等级由高到低依次是 AAA、AA、A、BB、BB、B、CCC、CC、C。

(二) 收益率

收益率即债券投资回报率,是指债券投资收益(税后)占投资成本的比率。收益率一般以年度百分比表示,根据当时债券的市场价格、面值、票面利率以及距离到期日时间计算。对于债券投资者来说,收益率指标包括以下几种:

(1) 名义收益率。名义收益率即票面利率。

(2) 直接收益率。直接收益率又称即期收益率,是投资者购买债券后的当期收益水平,其计算公式为:

$$直接收益率 = \frac{年利息}{购买价格} \times 100\%$$

【例 5-4】 李先生在年初以 120 元购入面值为 100 元的 A 公司债券,债券票面利率为 5%。

要求:请计算李先生持有 A 公司债券当年的直接收益率。

解:李先生当年可获得利息 = $100 \times 5\% = 5$(元)

$$李先生当年的直接收益率 = \frac{5}{120} \times 100\% = 4.17\%$$

答:李先生持有 A 公司债券当年的直接收益率为 4.17%。

(3) 到期收益率。到期收益率是指到期时债券的票面收益及资本损益与购买价格的比率。

$$r = \frac{\frac{M_n - P_0}{T} + C}{P_0}$$

式中,r 为到期收益率;C 为票面收益(年利息);M_n 为债券的偿还价格;T 为买入债券到期的时间;P_0 为债券的购买价格。

(三) 持有期限

持有期限影响投资者对债券的选择。投资者会选择债券的期限与其资金支付的时间相吻合,经验丰富的投资者会利用期限来增加收益和规避风险。债券期限越长,风险越大。

(四) 信用质量和担保

信用质量关系到债券本金和利息的安全程度。从理论上讲,债券的信用风险与发行人本身的状况直接相关。从我国目前的实际情况来看,证交所上市的都是 AAA 级的中央企业债,其信誉与国债及银行存款相差无几。此外,如果债券具有可靠的担保,可以提高其信用质量。

(五) 对利率变动的敏感程度

对利率变动的敏感程度可以衡量债券利率风险的大小,通常用久期值来衡量。久期值越大,其受利率变动的影响就越大。

(六) 交易的活跃程度

交易活跃程度高的债券便于很快地买进卖出,价差损失小。交易不活跃的债券则面临较高的流动性风险,要在收益率上有所补偿。我国目前发行上市的企业债券普遍具有流动性不足的问题,但随着企业债券市场规模的扩大、交易费用的降低以及回购交易的开放,相信未来企业债券市场的流动性会有很大程度的提高。

七、债券投资策略

债券投资策略可以分为消极型投资策略和积极型投资策略,投资者可以根据自己的资金来源和风险偏好选择适合的投资策略。

(一) 消极型投资策略

消极型投资策略是一种不依赖于市场变化而保持固定收益的投资方法,其目的在于获取稳定的债券利息收入并在债券到期日安全收回本金。因此,消极型投资策略也被称为保守型投资策略,具体包括购买持有法、梯形投资法和三角投资法等。

1. 购买持有法

购买持有法是最简单的债券投资策略。首先对债券市场上所有的债券进行分析,然后根据投资者的风险偏好和需求,买进能够满足要求的债券,并一直持有至到期日。在持有期间,不进行任何买卖活动。

购买持有法投资策略的优势表现为:

(1) 收益固定。投资者在投资决策前就准确知道债券的收益且不受市场行情变化的影响,可以完全规避价格风险,保证获得固定的收益。如果持有的债券收益率较高,同时市场利率没有很大的变动或逐渐降低,这种投资策略就可以取得满意的投资效果。

(2) 交易成本低。债券持有期间没有任何买进卖出行为,因而手续费很低,有利于间接提高投资收益率。购买持有的投资策略适用于市场规模较小、流动性差的债券,并且更适用于不熟悉市场或不善于使用各种投资技巧的投资者。

同时购买持有法投资策略的劣势表现为:

(1) 忽视更好的投资机会。从本质上看,这种投资策略是一种比较消极的投资策略。投资者购进债券后,可以毫不关心市场行情的变化,忽略市场上出现的投资机会,丧失更好的投资机会。

(2) 受通货膨胀影响大。虽然投资者可以获得固定的收益率,但是这种被锁定的收益率只是名义收益率,如果发生通货膨胀,那么投资者的实际投资收益率就会下降,从而使该投资策略的价值下降。特别是在通货膨胀比较严重的时候,这种投资策略可能会带来比较大的损失。

(3) 受利率波动的影响大。投资者采用购买持有法投资策略,由于不能及时卖出低收益率的债券,转而购买高收益率的债券,在市场利率上升时,该投资策略的收益率相对下降,甚至会给投资者带来损失。

2. 梯形投资法

梯形投资法又称等期投资法,是指投资者每隔一段时间,在债券发行市场认购一批相同期限的债券,循环滚动,投资者在每段时间都可以稳定地获得一笔本息收入的一种投资策略。梯形投资法的优势在于,采用此种投资方法的投资者能够在每年得到本金和利息,保持资金较好的流动性,不会因维持资金流动性而急于卖出尚未到期的债券,以致不能取得债券到期的收益。同时,在市场利率发生变化时,梯形投资法下的投资组合的市场价值不会发生很大的变化,因此债券组合的投资收益率也不会发生很大的变化。同时,该投资方法每年只进行一次交易,因而交易成本比较低。

3. 三角投资法

三角投资法是指利用债券投资期限不同所获本息和不同的原理,使得在连续时段内进行投资的债券具有相同的到期日,从而保证在到期时收到预定的本息和的一种投资策略。该本息和可能已被投资者计划用于某种特定的消费。

三角投资法和梯形投资法的区别在于,虽然投资者都是在连续时期内进行债券投资,但是,三角投资法是投资者在不同时期投资的债券的到期日是相同的,而债券的发行期限不同。

(二) 积极型投资策略

积极型投资策略是指投资者主动预测市场利率的变化,采用抛售一种债券并购买另一种债券的方式来获得差价收益的投资方法。该投资策略着眼于债券市场价格变化所带来的资本损益,其关键在于能够准确预测市场利率的变化方向及幅度,从而能准确预测出债券价格的变化方向和幅度,并充分利用市场价格变化来取得差价收益。因此,积极型投资策略也被称作利率预测法。该方法要求投资者具备丰富的债券投资知识及市场操作经验,并且要支付较多的交易成本。

利率预测法的具体操作步骤是:第一步,投资者通过对利率的研究预测未来一段时间利率的走势;第二步,利用预测利率来调整持有的债券,以期在利率按其预期变动时能够获得高于市场平均水平的收益率。正确预测利率变化的方向及幅度是利率预测法的前提,有效地调整所持有的债券是利率预测法的主要手段。当预测市场利率将下跌时,应尽量持有能使价格上升幅度较大的债券,即选择投资期限较长、票面利率较低的债券。这时,投资者应尽量把手中的短期、高票面利率债券转换成长期、低票面利率的债券,因为在利率下降相同幅度的情况下,此类债券的价格上升幅度较大;反之,当预测市场利率将上升,则应尽量减少低票面利率、长期限的债券,转而投资高票面利率、短期限的债券,因为此类债券的利息收入高、期限短、变现快,再购买高利率的新发行债券,同时,此类债券的价格下降幅度也相对较小。需要指出的是,利率预测法作为一种积极的债券投资方法,虽然能够获得比较高的收益率,但是这种投资方法具有很大的风险。即一旦市场利率与预测利率方向相反,投资者就可能遭受较大的损失,因此,该策略适用于熟悉市场行情、具有丰富操作经验的投资者。初级投资者不适宜采用此种投资方法。积极型投资策略主要包括等级投资计划法、逐次等额买进摊平法和金字塔式操作法等。

1. 等级投资计划法

等级投资计划法是指投资者事先按照一个固定的计算方法或公式计算出买入和卖出债券的价位,然后根据计算结果进行操作的方法。只要债券价格处于不断波动中,投资者就必须严格按照事先拟定好的计划来进行债券买卖。当投资者选定一种债券作为投资对象后,就要划定债券变动的一定幅度作为等级,这个幅度可以是一个确定的百分比,也可以是一个确定的常数。每当债券价格下降一个等级时,就买入一定数量的债券;每当债券价格上升一个等级时,就卖出一定数量的债券。其操作要领是"低买高卖",即在低价时买入、高价时卖出。

等级投资计划法适用于债券价格不断波动的时期。由于债券最终要还本付息,因此,其价格呈缓慢上升趋势。在运用等级投资法时,投资者需要关注债券价格的总体走势,并且,要恰当设定债券价格升降幅度即买卖等级的间隔。债券市场行情波动较大,买卖等级的间隔可以大一些;债券市场行情波动较小,买卖等级间隔就要小一些。如果买卖等级间隔过大,会使投资者丧失买进和卖出的良好时机,而买卖等级过小又会使买卖差价太小,在考虑手续费等因素后,投资者获利空间不大。同时,投资者还要根据自身资金实力和风险的承受能力来确定买卖的批量。

2. 逐次等额买进摊平法

逐次等额买进摊平法是在确定投资于某种债券后,选择一个合适的投资时期,在这一段时期中定量定期地购买债券,不论这一时期该债券价格如何波动都持续地进行买入的方法。

运用这种投资方法,要严格控制每次投入资金的数量,保证投资计划逐次等额进行。如果投资者投资的债券价格具有较大的波动性,并且无法准确地预期其波动的各个转折点,就可以运用逐次等额买进摊平法。

3. 金字塔式操作法

与逐次等额买进摊平法不同,金字塔式操作法实际是一种倍数买进摊平法。金字塔式操作法是指当投资者首次买进债券后,发现价格下跌时可加倍买进,以后在债券价格下跌过程中,每一次购买数量比前一次增加一定比例,这样就成倍地加大了低价购入的债券占购入债券总数的比重,降低了平均总成本。由于这种买入方法呈正三角形趋势,形如金字塔形,所以称为金字塔式操作法。运用金字塔式操作法买入债券,必须对资金做好安排,以避免最初投入资金过多,后续的投资无法实现加倍。

八、债券投资的风险

债券投资的风险是指投资者投资债券面临债券投资未能达到预期收益率的可能性。债券风险主要包括违约风险、赎回风险、利率风险、流动性风险、通货膨胀风险以及事件风险。

(一) 违约风险

违约风险是指债券发行人即债务人不能按照约定支付利息或偿还本金的风险。如果债券发行人或债务人无法履行合同义务,即违约,投资者将面临损失,可能无法收回全部或部分投资本金和利息。违约风险的程度取决于债券发行人的偿债能力和市场环境等因素。当经济衰退、行业竞争加剧、政策变化等因素导致债务人面临困境时,违约风险将增加。此外,不同类型的债券也存在不同程度的违约风险。例如,公司债券的违约风险通常比政府债券高,次级债券的违约风险则比高级债券高。为了评估违约风险,投资者可以参考信用评级、债券发行人的财务报表、盈利能力、偿债能力等信息,并关注债券市场的变化和债券发行人的动态。

(二) 赎回风险

赎回风险是指可赎回债券赋予发行人提前偿还的选择权所带来的风险。这种选择权对发行人是有利的,但可赎回条款增加了债券投资未来现金流的不确定性,增加了投资者的风险。投资者不仅要承担市场利率上升的所有风险,而且在利率降低、债券价格上升时也无法得到价格升高的潜在资本利得收益。在选择购买可赎回债券时,投资者应尽量减少投资赎回可能性较大的债券。若已持有了可赎回债券,投资者应时刻关注发行人的经营状况、现金流情况以及市场利率的变动趋势,及时调整债券投资组合。

(三) 利率风险

利率风险包括价格风险和再投资风险两个方面。价格风险是指利率的可能变化给投资者带来收益或损失的可能性。市场利率升高时,债券价格下降,如果投资者提前卖出债券就会造成资本损失。利率变动导致的价格风险是债券投资者面临的最主要的风险。再投资风险是指投资者以定期收到的利息或到期偿还的本金进行再投资时,由于市场利率的变化而导致再投资利率低于初始投资利率的风险。简单来说,再投资风险就是指由于利率下降,使购买短期债券的投资者于债券到期时,找不到获利较高的投资机会而发生的风险。债券的持有期限越长,利率变动的可能性越大,其利率风险也相对较大。对于再投资风险,防范措施应该是债券期限多样化,长短期相结合。如果利率上升,短期投资可以快速找到高收益的投资机会;如果利率下降,长期债券可以保持高收益。因此,投资者可以采取分散债券的期限、长短期配合、增加并调整浮动利率债券的投资比例等措施来防范债券投资的利率风险。

(四) 流动性风险

流动性风险是指购买的债券在二级市场上卖出时可能面临的困难或者价格下跌的风险。当市场流动性不足或投资者之间缺乏交易意愿时,可能会导致债券的买入和卖出价格差异较大。债券的流动性通常可以通过该债券的买卖差价来衡量,差价越大,说明债券的流动性越小。因此,投资者应尽量选择交易活跃的债券,比如国债,而规避垃圾债券等流动性差的债券。

(五) 通货膨胀风险

通货膨胀风险是指受到通货膨胀的影响,债券投资的实际收益降低造成投资者损失的风险,又称购买力风险。投资者可以选择浮动利率债券来替换固定利率债券,也可以通过将资金分散投资于基金、股票等不同类型的投资工具来规避债券的通货膨胀风险。

(六) 事件风险

事件风险是指某些突发事件的发生对债券价值的影响,如灾难、公司重组、市场规则变化、政府政策变动等。

第四节 基金投资

一、基金投资的概念

基金投资是指一种利益共享、风险共担的集合证券投资方式,即通过发行基金,集中投资者的资金,由基金托管人委托职业经理人员管理,专门从事投资活动。本节所讲的基金主要是指证券投资基金。证券投资基金的本质是"代客理财,集合投资"。

二、基金分类

1. 按基金份额是否可以增加或赎回

证券投资基金按基金份额是否可以增加或赎回,可分为封闭式基金和开放式基金。

(1) 封闭式基金。封闭式基金是指基金份额总额在基金合同期限内固定不变,基金份额持有人不得申请赎回的基金。

(2) 开放式基金。开放式基金是指基金份额总额不固定,基金份额可以在基金合同约定的时间和场所申购或者赎回的基金。目前,我国的开放式基金数量较多,已成为证券投资基金的主流。

2. 按投资对象的不同

证券投资基金按投资对象的不同,可分为股票型基金、债券型基金、黄金基金、货币市场基金和保本基金等。

(1) 股票型基金。股票型基金是指把60%以上的基金资产投资于股票的基金,股票型投资基金又可细分为主动管理型股票基金和指数基金。

(2) 债券型基金。债券型基金是指专门投资于债券的基金,通过集中众多投资者的资金,对债券进行组合投资,寻求较为稳定的收益。

(3) 黄金基金。黄金基金是指以黄金或黄金类衍生交易品种作为投资媒体的一种共同基金。

(4) 货币市场基金。货币市场基金是指投资于货币市场上短期(一年以内,平均期限120天)有价证券的一种投资基金。

(5) 保本基金。保本基金是指在一定期间(一般3～5年,有些国家达到7～12年)内,对所投资的本金提供一定比例的保证保本基金。

三、基金投资相关概念

1. 基金费用

基金费用包括两大类:①在基金管理过程中发生的费用,主要包括基金管理费、基金托管费、信息披露费等,这些费用由基金资产承担。基金净值是基金资产的市价扣减全部费用后的金额,投资者对于这部分费用的支出并不敏感。②在基金销售过程中发生的费用,由基金投资者自己承担,主要包括认购费、申购费、赎回费和基金转换费。投资者更关心在购买基金时发生的需要自己承担的费用。

(1) 基金认购费。基金认购费是指投资者在基金发行募集期内购买基金单位时所交纳的手续费。目前,我国通行的基金认购费计算方法为:

$$认购费用 = 认购金额 \times 认购费率$$
$$净认购金额 = 认购金额 - 认购费用$$

(2) 基金申购费。基金申购费是指投资者在基金成立后的存续期内,基金处于申购开放状态期内,向基金管理人购买基金份额时所支付的手续费。

(3) 基金赎回费。基金赎回费是指在开放式基金的存续期内,已持有基金单位的投资者向基金管理人卖出基金单位时需支付的手续费。

(4) 基金转换费。基金转换是基金管理人向基金持有人提供的一种服务,是指投资者在持有一家基金管理公司发行的任一开放式基金后,可直接自由转换到该公司管理的其他开放式基金,而不需要先赎回已持有的基金单位,再申购目标基金的一种业务模式,该种转换下缴纳的费用为基金转换费。该种业务模式相对于先赎回再申购的业务模式,可降低投资者的交易成本。

2. 基金收益

基金收益是指基金资产在运作过程中所产生的超过自身价值部分的收益。由于基金类型不同,投资者采取的投资策略不同,取得收益的来源和方式也不同,基金收益主要有利息收入、股利收入和资本利得三类。

(1) 利息收入。利息收入是指基金资产的银行存款利息收入以及投资于不同种类的债券而定期取得的利息。基金必须随时准备支付基金持有人的赎回申请,所以必须保留一部分现金存入银行,以备投资者赎回基金股份时付现。这部分收益占基金收益比重小。

(2) 股利收入。股利收入是指基金通过在一级市场或二级市场购入并持有各公司发行的股票,而从公司取得的一种收益。公司股票股利收入的高低是基金管理人选择投资组合的重要标准。

(3) 资本利得。资本利得是指投资者可以根据"低买高卖"的操作原则,在最有利的时机将手中的可卖资产(包括股票、债券和其他有价证券)出售,赚取利润。资本利得在基金收益中占有很大比重,要取得较高的资本利得收入,就需要基金管理人具备丰富经验和全面的证券知识,能对证券价格的走向做出准确的预判。

3. 基金的配置

基金的配置即如何构建基金组合。基金投资的关键在于选择可靠的基金公司,并选择适合的产品。投资者要客观地了解自身的投资需求、投资目标、投资时间以及风险承受能力,正确选择适合的投资产品。建议应根据资金的用途进行不同类型基金的配置。短期资金可以采用货币市场基金和信用卡配合使用,满足日常生活需求;中期资金可选择债券型基金和保本基金构建中期资金池。长期资金可匹配股票型基金构建长期资金池,股票型基金属于高风险投资,不同年份收益率波动大,为了避免波动带来的损失,投资者应尽量把此类投资期限延长。

4. 基金投资方式

基金投资方式有单笔投资和定期定额。

(1) 单笔投资。基金单笔投资即一次性购买基金。

(2) 定期定额。基金定期定额投资是指约定每月某日投入固定金额购买某只基金。采用基金定期定额投资方式,不论市场行情如何波动,每个月固定一天定额投资基金,由银行基金定投自动扣款,自动根据基金净值计算可买到的基金份额数。投资者购买基金的资金是按期投入的,投资的成本比较平均。基金定投的周期,可以以月、周、季为周期,这需要根据投资者的资金收入间隔来确定。

基金定期定额投资最大的特点就是分散风险和强制投资。与股票投资或基金单笔投资相比,定期定额投资方式规避了投资者对进场时机主观判断的影响,降低投资风险。定期定额的对象适合于价格波动比较大的基金,采用该投资策略通过时间熨平市场风险,充分享受"复利"效应。

5. 基金持有人

基金持有人即基金的投资者,是指证券投资基金资产最终所有人,也是证券投资基金收益的受益人和承担基金投资风险的责任人。基金持有人可以是自然人,也可以是法人。基金持有人的权利包括:分享基金财产收益,参与分配清算后的剩余基金财产,依法转让或者申请赎回其持有的基金份额,按照规定要求召开基金份额持有人大会,对基金份额持有人大会审议事项行使表决权,查阅或者复制公开披露的基金信息资料,对基金管理人、基金托管人、基金份额发售机构损害其合法权益的行为依法提起诉讼等。

6. 基金管理人

基金管理人是为适应基金的投资运作而产生的基金经营机构,是投资基金的资产管理者和基金投资运作的决策者。在我国,基金管理人必须由经批准设立的从事基金管理的基金管理公司担任。在不同的基金市场上,基金管理人的名称有所不同,如美国的"投资顾问公司"或"资产管理公司",日本的"证券投资信托委托公司""投资信托公司""投资顾问公司"

和我国台湾的"证券投资信托公司",我国大陆则将其称作"基金管理公司"。

7. 基金托管人

基金托管人是指依据"管理与保管分开"的原则对基金管理人进行监督和保管基金资产的机构。基金托管人是投资者权益的代表,受其委托负责保管基金的全部资产,是投资基金资产的名义持有人或管理人。基金托管人负责保障投资者的合法权益,防止基金资产被挪作他用,确保基金资产规范运营和安全完整,它是投资者、基金公司和其他当事人之间的联系中介。在我国,基金托管人必须是由符合特定条件的商业银行担任。

8. 基金承销机构

基金承销机构负责募集资金并向认购的投资者发行受益凭证(股票)、投资利润、基金本金、利益支付等。许多金融机构都参与投资基金的承销或代销,如银行、证券公司、保险公司、信托管理公司等。

9. 基金投资顾问

基金投资顾问是基金管理公司聘请的第三方投资顾问,为投资决策提供建议或参与管理,包括基金经理人、专业的投资机构、金融财团、证券分析师、会计师、律师等机构或人员。

四、基金投资策略

投资者在购买基金时,可以根据自身的收入状况、投资经验以及对证券市场的熟悉程度等因素,综合考虑选择适合的投资策略。若投资者对证券市场比较陌生,且没有太多时间来关心投资情况,则可以采取被动的投资策略,如定期定额购入投资策略、固定比例投资策略;反之,则可采用主动性较强的投资策略,如顺势操作投资策略和适时进出投资策略。

(一)定期定额购入投资策略

定期定额购入投资策略又称基金定投,如果投资者做好长期投资基金的准备,同时收入来源比较稳定,可以采用定期定额购入基金的策略。该投资方式是不论行情如何改变,每月定期投资固定的金额于固定的基金上,当市场上涨,基金的净值高,买到的基金单位数较少;当市场下跌,基金的净值低,买到的基金单位数较多,一段时期后,投资者购买基金单位的平均成本将低于平均市价。这种方式投资基金的优势在于:①不必担心进场时机;②小钱就可以投资;③长期投资收益远比定期存款高;④种类多,可以自由选择。

(二)固定比例投资策略

固定比例投资策略是将闲置资金按固定的比例分散投资于不同类型的基金,当某类基金因净值变动而使投资比例发生变化时,就卖出或买进这种基金,从而保证投资比例能够维持原有的固定比例,以此分散投资成本,降低投资风险。例如,投资者将资金按照50%、35%和15%的比例分别买入股票基金、债券基金和货币市场基金,当股市大涨时,若股票增值后股票基金投资比例上升了20%,投资者即可卖出20%的股票基金,使股票基金的投资比例仍维持50%,或者追加投资买入债券基金和货币市场基金,使其投资比例也各自上升20%,从而保持固定的投资比例。如果股票基金下跌,投资者购入一定比例的股票基金或卖出等比例的债券基金和货币市场基金,从而恢复固定的投资比例。当然,这种投资策略并不是经常性地一有变化就调整,投资者应每隔3个月或半年调整一次投资组合的比例。

(三)顺势操作投资策略

顺势操作投资策略又称"更换操作"策略,该策略基于一个假定即每类基金价格均受市场变化而波动。投资者在市场上应顺势购入强势基金,出售业绩表现不佳的弱势基金。

(四) 适时进出投资策略

适时进出投资策略是指投资者完全依据市场行情的变化来买卖基金。采用该策略的投资者应具备一定投资经验,对市场行情变化比较敏感,且投资的风险承受能力较强。

五、基金投资的风险

对于中小投资者来说,基金投资虽是一种相对稳妥的投资方式,但并不能保证绝对的盈利,投资基金主要面临的风险有价格波动风险、流动性风险以及基金管理人运作风险等。

1. 价格波动风险

由于投资标的价格会有波动,基金的净值也会发生波动。如果基金价格低于买入成本,在不考虑分红因素影响的情况下,持有该基金份额的投资者就会亏损。货币基金一般价格稳定,股票型基金则价格波动较大。

2. 流动性风险

流动性风险是指投资者在需要卖出所投资的对象时面临的变现困难和不能以合适价格变现的风险。对于封闭式基金的投资者来说,当要卖出基金时,可能会遇到在一定的价格下卖不出去而需要降价卖出的风险;对开放式基金的投资者来说,如果遇到巨额赎回,基金管理人可能会延迟支付赎回款项,影响投资者的基金安排。有些基金有封闭运行期,在这期间基金不能赎回。

3. 基金管理人运作风险

基金管理人运作风险包括基金运作当事人的运行系统发生故障给投资者带来的风险;基金运作当事人的管理水平低给投资者带来的风险;基金运作当事人不能履行义务给投资者带来的风险。

【例5-5】 29岁的张先生,就职于烟台一国有企业,月薪税后5 000元。妻子是烟台市某高中语文老师,月薪税后4 000元。两人年终奖约合1万元。无外债无住房,活期存款20万元。2016年年初,在朋友的推荐下,开始尝试投资基金,先后购买了8 000元华夏成长、6 000元交银成长混合A、5 000元博时第三产业成长、5 000元信诚新兴产业混合、4 000元招商安泰混合、2 000元嘉实成长,此外在近期开通了基金定投,每月定投500元的博时平衡配置基金。张先生家庭每月生活开支约6 000元,双方父母身体健康,均有社保,以后养老不存在问题,能自给自足并每年有结余。张先生计划未来5年左右在烟台郊区购置一套房产,约合60万元。

要求:请结合案例,评价张先生家庭理财规划是否合理,并提出有效建议。

答:该家庭目前处于形成期,夫妻工作比较稳定,家庭收入预计在未来几年不会有较大变动,家庭的开支计划和预算能力较强,每年可积累的资产不多,家庭未来负担较重,需要寻求投资回报率较高的资产。从家庭资产负债情况来看,银行存款20万元,开放式基金3万元,说明活期存款较多,资产增值能力较差,投资资产比例不足。理财建议:从目前家庭投资情况来看,张先生比较倾向高风险的基金产品投资组合,建议根据家庭风险承受能力和风险偏好适当进行调整,制定合理的基金投资组合比例,分散投资风险,获得更大的收益。张先生3万元基金组合配置的基金类型达到6只,投资过于分散。投资的6只基金以股票型基金为主,风险过于集中。储蓄存款太多,收益偏低。建议张先生将70%的资金投资于2~3家基金公司旗下3~4只不同投资风格的基金产品(或者3~4只蓝筹股或成长股),30%左右的资金购买3年期或5年期的国债。

第五节 银行理财产品投资

一、银行理财产品的概念

银行理财产品是指商业银行在对潜在目标客户群分析研究的基础上,针对特定目标客户群开发设计并销售的资金投资和管理计划。在这种投资方式中,银行只是接受客户的授权管理资金,投资收益与风险由客户或客户与银行按照约定方式承担。

银监会出台的《商业银行个人理财业务管理暂行办法》对于"个人理财业务"的界定是,"商业银行为个人客户提供的财务分析、财务规划、投资顾问、资产管理等专业化服务活动"。商业银行个人理财业务按照管理运作方式的不同,分为"理财顾问服务"和"综合理财服务"。我们所说的"银行理财产品",即是其中的"综合理财服务",主要有保证收益理财产品、保本浮动收益理财产品和非保本浮动收益理财产品,最低投资额通常在5万元,收益率大概在2%~5%。

二、银行理财产品的种类

(一) 按标价货币分类

银行理财产品的标价货币是指允许用于购买相应银行理财产品或支付收益的货币类型,如外币理财产品只能用美元、港币等外币购买,人民币理财产品只能用人民币购买,而双币理财产品则同时涉及人民币和外币。

1. 外币理财产品

外币理财产品是指出现早于人民币理财产品,结构多样,创新能力强。外资银行凭借自身强大的海外投资能力,在这一领域表现极其活跃,并提供了多种投资主题,如新兴市场股票、奢侈品股票篮子、水资源篮子股票等,帮助投资者在风险相对较低的情况下,把握资本市场的投资热点。

2. 人民币理财产品

人民币理财产品是指银行以高信用等级人民币债券(含国债、金融债、央行票据、其他债券等)的投资收益为保障,面向个人客户发行,到期向客户支付本金和收益的低风险理财产品,其特点为收益率高、安全性强。银行推出的人民币理财产品可分为两类,①传统型产品,主要有基金、债券、金融证券等,此类产品风险低,收益一般确定在3%左右。②人民币结构性存款,该类产品与汇率挂钩,风险略高于传统型产品。人民币理财产品更像是定期储蓄的"替代品"。

3. 双币理财产品

双币理财产品是指投资本金由本币和外币两种货币组成的理财产品。具体分为:①以人民币理财产品和外币理财产品的模式运作,到期后分别以原币种支付本金及收益;②以人民币作为投资本金,将此本金产生的利息兑换成外币,以外币理财模式运作,以外币返还本外币理财的整体收益。

(二) 按收益类型划分

根据客户取得收益方式的不同,银行理财产品分为保证收益理财产品和非保证收益理财产品。

1. 保证收益理财产品

保证收益理财产品是指商业银行按照约定条件向客户承诺支付固定收益,银行承担由此产生的投资风险或者银行按照约定条件向客户承诺支付最低收益并承担相关风险,其他投资收益由银行和客户按照合同约定分配,并共同承担相关投资风险的理财产品。

保证收益的理财产品包括固定收益理财产品和有最低收益的浮动收益理财产品。前者的收益到期是固定的,而后者到期后有最低收益,其余部分视管理的最终收益和具体的约定条款而定。

2. 非保证收益理财产品

非保证收益理财产品又可细分为保本浮动收益理财产品和非保本浮动收益理财产品。

(1) 保本浮动收益理财产品。保本浮动收益理财产品是指商业银行按照约定条件向客户保证支付本金,本金以外的投资风险由客户承担,并依据实际投资收益情况确定客户收益的理财产品。

(2) 非保本浮动收益理财产品。非保本浮动收益理财产品是指商业银行根据约定条件和实际投资收益情况向客户支付收益,并不保证客户本金安全的理财产品。非保证收益的理财产品的发行机构不承诺理财产品一定会取得正收益,因为其收益可能为零,甚至有可能为负。

(三) 按投资领域划分

根据投资领域的不同,银行理财产品分为债券型理财产品、信托型理财产品、挂钩型理财产品及 QDII 型理财产品。

1. 债券型理财产品

债券型理财产品是以国债、金融债和中央银行票据为主要投资对象的银行理财产品。因为个人投资者无法直接投资中央银行票据与企业短期融资券,债券型理财产品实际上为投资者提供了分享货币市场投资收益的机会。在这类理财产品中,个人投资者与银行之间要签署一份到期还本付息的理财合同,并以存款的形式将资金交由银行经营,之后银行将募集的资金集中起来开展投资活动。投资的主要对象包括国债、金融债、中央银行票据以及协议存款等期限短、风险低的金融工具。对于投资者而言,购买债券型理财产品面临的最大风险来自利率风险、汇率风险和流动性风险。

2. 信托型理财产品

信托型理财产品是以商业银行或其他信用等级较高的金融机构担保或回购的信托产品,或商业银行优良信贷资产收益权信托产品为主要投资对象的理财产品。该类理财产品是通过信托公司与银行合作,由银行对外公开发行,募集资金后由信托公司负责投资。

3. 挂钩型理财产品

挂钩型理财产品又称结构性产品,以传统债券为主要投资对象,产品最终收益与相关市场或产品的表现挂钩。有的产品与利率区间挂钩,有的与美元或者其他可自由兑换货币汇率挂钩,有的与商品价格(主要是以国际商品价格)挂钩,还有的与股票指数挂钩。为了满足投资者的需要,这类产品大多为保本产品,适合风险承受能力强,对金融市场判断力比较强的投资者。

4. QDII 型理财产品

QDII 型理财产品是指投资者将手中的人民币资金委托给被监管部门认证的商业银行,由银行将人民币资金兑换成美元,直接在境外投资,到期后将美元收益及本金兑换成人民币再分配给投资者的理财产品。招商银行理财产品的具体情况,如表 5-3 所示。

表 5-3　　　　　　　　　　　招商银行理财产品的具体情况

项目	具体情况
名称	平安理财启元稳利封闭第 14 期固收类理财产品
销售代码	PA010204(招商银行)
产品管理人	平安理财有限责任公司
产品托管人	招商银行股份有限公司
理财币种	人民币
产品类型	固定收益类
募集方式	公开募集
运作方式	封闭式净值型理财产品,自产品成立日至到期日之间,投资者不得进行申购或赎回
产品风险评级	二级(中低)风险(本风险评级为管理人内部评级结果,该评级仅供参考)
目标客户	本理财产品向个人投资者和机构投资者销售
产品份额类别	本理财产品发行 A/B 类份额。其中,A 份额面向招商银行个人投资者销售,销售代码为 QWFG46M14A,销售名称为平安理财启元稳利封闭第 14 期 A;B 份额面向招商银行个人投资者销售,销售代码为 QWFG46M14B,销售名称为平安理财启元稳利封闭第 14 期 B
认购起点	本理财产品认购起点金额为 1 元,超过认购起点部分应以 0.01 元的整倍数递增
单笔认购上限	本理财产品单笔认购上限为 1 亿元
理财产品份额	本理财产品份额以人民币计价,单位为份
理财产品份额面值	认购期每份理财产品份额面值为人民币 1 元
业绩比较基准	本理财产品 A 份额业绩比较基准为 2.50%～3.30%(年化); B 份额业绩比较基准为 2.55%～3.35%(年化) 本理财产品为净值型产品,业绩表现将随市场波动,具有不确定性。业绩比较基准是本理财产品管理人基于产品性质、投资策略、过往经验等因素对产品设定的投资目标,不是预期收益率,不代表产品的未来表现和实际收益,不构成管理人对产品收益的承诺

(续表)

项目	具体情况
理财产品费用	1. 固定管理费：管理人收取本理财产品固定管理费，固定管理费率不超过 0.50%/年，当前具体执行费率为 0.12%/年 2. 托管费：托管人对本理财产品收取托管费，托管费率不超过 0.03%/年，当前具体执行费率为 0.02%/年 3. 销售服务费：销售服务机构收取本理财产品销售服务费，销售服务费率不超过 0.50%/年，当前 A 份额具体执行费率为 0.20%/年、B 份额具体执行费率为 0.15%/年 4. 浮动管理费（如有）：本理财产品不收取浮动管理费 5. 其他（如有）：此处略 6. 管理人有权根据国家政策和适用法律法规的规定并结合实际情况，对本理财产品收费项目、收费条件、计算方法、收取方式及费率等在约定范围内进行调整，具体以管理人公告为准。超出约定范围的调整，管理人将至少提前 5 个工作日进行公告，详细内容略 7. 本理财产品不收取认购费
认购期	2024 年 10 月 17 日 9：00（含）—2024 年 10 月 24 日 17：00（不含），管理人保留延长或提前终止产品认购期的权利。如有变动，本理财产品实际认购期以管理人公告为准
认购登记日	2024 年 10 月 25 日（如遇非交易日顺延到下一个交易日），即认购有效性的确认日
理财产品成立日	2024 年 10 月 25 日（如遇非交易日顺延到下一个交易日）
认购渠道	投资者可通过销售服务机构手机银行 App 或者管理人认可的其他方式认购本理财产品份额
申购、赎回	本产品为封闭式产品，产品存续期内不开放申购和赎回
工作日	除周六、周日和中国的法定节假日外的其他日
交易日	上海证券交易所、深圳证券交易所及全国银行间债券市场同时开放交易的工作日
估值日	本理财产品存续期间，管理人在每个交易日进行估值，经产品托管人复核无误后，由产品管理人在 2 个交易日内公告每周周五（如周五为非交易日，则顺延至下一个交易日）份额净值
预计到期日	2025 年 4 月 25 日（如遇非交易日顺延到下一个交易日）
产品期限	本理财产品运作期限 182 天
理财产品终止	在理财产品存续期间发生任一理财产品终止事件的，本理财产品有可能终止
理财产品终止日	管理人有权按照监管要求或产品实际投资情况提前终止本理财产品，并至少于终止日前进行信息披露。原则上终止后 5 个工作日内将投资者理财资金划入投资者指定资金账户（如有延期，将在本理财产品说明书约定渠道向理财产品投资者进行披露）。自终止日起资金不计付收益
税款	投资者从本理财产品取得的收益应缴纳的税款，由投资者自行申报及缴纳

三、银行理财产品投资策略

银行理财产品标明的收益率是预期最高收益率,该收益率的实现存在着不确定性。不同的理财产品有不同的投资对象,不同的金融市场也决定了产品本身风险的大小。所以,投资者在选择一款银行理财产品时,要对其进行全面了解,如产品的类型、收益情况及风险等,然后再作出投资决策。

(一)分析理财产品类型

目前,银行理财产品分为保证收益型、保本浮动收益型和非保本浮动收益型。保证收益型理财产品是银行按照约定条件向客户承诺支付最低固定收益,银行承担由此产生的投资风险,超出最低固定收益的其他收益由银行和客户按照合同约定分配。保本浮动收益型理财产品是指银行按照约定条件向客户保证本金,此外的投资风险由客户承担,并依据实际投资收益情况确定客户实际收益的理财产品。非保本浮动收益型理财产品是指银行根据约定条件和实际投资收益情况向客户支付收益,并不保证本金安全的理财产品。投资者要根据自身的风险承受能力选择适合的理财产品。

(二)认识投资收益率

根据银监会相关规定,银行不得无条件向客户承诺高于同期储蓄存款利率的保证收益率。不论固定收益理财产品还是浮动收益理财产品,投资者在购买时所看到的"收益率"其实是"预期收益率",甚至是"最高预期收益率"。只有当产品到期,银行根据整个理财期间产品实际达到的结果,按照事先在产品说明书上列明的收益率计算方法计算出来的收益率才是"实际收益率"。

(三)重视投资风险

"高收益必定伴随着高风险,但高风险未必最终能带来高收益",这是投资活动的规律。银行理财产品也遵循这一规律,即理财产品的风险高于储蓄存款,可获得高于存款利息的收益。具体而言,保证收益类产品的约定收益较低,风险也较低;非保证收益类产品的收益潜力较大,但风险也较高。保证收益类产品的收益一般都会有附加条件,如银行具有提前终止权或银行具有本金和利息支付的币种选择权等。而投资非保证收益类产品,要认识到任何市场的历史表现都不能代表未来的走势,银行标明的"预期收益率"或"最高收益率"可能与最终实际收益率出现偏差。

(四)明确投资需求

投资者要综合考虑自身的理财目标、资金量、理财期限和投资知识及经验等因素,选择适合的产品。不要盲目跟风,尽量选择相对熟悉的理财产品购买,即使不具备投资理财产品知识和经验,也应该在购买前详细咨询独立的理财师,或要求银行专业理财人员作出详细解释。

(五)分析金融机构

投资银行理财产品,首先,了解金融机构在售的银行理财产品,以及每个银行在理财产品和配套服务方面的特色和专长,从中选择值得信赖的金融机构。如外资银行擅长投资海外市场,中资银行擅长运作稳健型理财产品。其次,分析银行风险控制措施是否完备,选择浮动收益理财产品时这一点很重要,尤其是不保本的浮动收益理财产品。

除此之外,投资银行理财产品还应注意:第一,首次购买的投资者应亲自到柜台进行风险承受能力测试,测试的结果会显示投资者偏好的风险类型,由此可直接决定购买的产品类型,不同产品都有不同的风险评级。第二,投资者在柜台完成风险测试后,再次购买可在网上银行或手机银行上操作。第三,大部分理财产品在产品到期前是不能赎回的,如果投资者对资金流动性要求比较高,应选择可随时赎回的产品类型,产品的预期收益率与投资者持有时间长短成正比。由于不同银行理财产品收益率差别较大,且每期更新变化也较大,投资者可以固定选择两三家整体收益率较高的银行进行购买,因为频繁在多家银行办卡是有时间成本和资金成本的。第四,银行公示的预期收益率一般是指扣除银行收取的销售服务费、托管费之后的净收益率。

四、银行理财产品投资的风险

虽然投资于银行理财产品的风险较低,但仍然存在着一定的风险。投资银行理财产品可能面临的风险主要有市场风险、信用风险、流动性风险、操作风险以及法律风险等。

1. 市场风险

市场风险是指银行理财产品的价值受到市场利率变化、股票价格波动等因素的影响,可能导致投资者资金损失的可能性。

2. 信用风险

信用风险是指银行理财产品的债务人可能出现违约情况,导致投资者资金损失的可能性。

3. 流动性风险

流动性风险是指银行理财产品的到期日和赎回条件可能会影响投资者的资金流动性,导致投资者无法及时变现,从而造成资金损失的可能性。

4. 操作风险

操作风险是指银行理财产品的管理和运作过程中可能出现问题,导致投资者资金发生损失的可能性。

5. 法律风险

法律风险是指银行理财产品的合同文件可能存在法律漏洞或不合规,导致投资者权益受损的可能性。

投资者在购买银行理财产品时,需要充分了解产品的风险等级、风险偏好和自身投资经验等因素,谨慎选择产品,并根据自身情况进行投资分散和风险管理。同时,建议在投资银行理财产品前,咨询专业投资顾问的意见,以降低投资风险。

第六节 外汇投资

一、外汇投资的相关概念

1. 外汇的概念

外汇是"国际汇兑"的简称,有动态和静态两种含义。动态的外汇是指把一国货币兑换为另一国货币,借以清偿国际债权债务关系的一种专门的经营活动。静态的外汇是指可用于国际结算的外国货币及以外币表示的资产。通常所称的"外汇"指的是外汇的静态含义。

2. 外汇投资的概念

外汇投资是指投资者为了获取投资收益而进行的不同货币之间的兑换行为。投资者通过不同货币间的汇率波动来盈利。

3. 汇率的概念

汇率又称汇价或外汇牌价,即外汇的买卖价格。它是两国货币的相对比价,即用一国货币表示的另一国货币的价格。汇率在不同的货币制度下有不同的制定方法。在金本位制度下,由于不同国家的货币的含金量不同,两种货币含金量的对比是外汇汇率的基础。在不兑现的信用货币制度下,汇率变动受外汇供求关系的制约。当某种货币供不应求时,这种货币的汇率就会上升;当某种货币供过于求时,它的汇率就会下降。

二、外汇投资方式

常见的外汇投资方式包括即期外汇交易、远期外汇交易、外汇期货交易、外汇期权交易、套汇交易、掉期交易等,以上交易种类主要面向金融机构,适合个人和家庭的外汇投资方式主要有外币储蓄、外汇理财产品、外汇汇率投资等。

1. 外币储蓄

外币储蓄是将外币存入本国银行的外汇投资方式,是投资者进行外汇投资普遍选择的方式。该投资方式的特点是风险低,收益稳定,具有一定的流动性。与人民币储蓄不同,由于外汇之间可以自由兑换,不同的外币储蓄利率不一样,汇率又时刻在变化,投资者可以从中进行操作获利。

2. 外汇理财产品

投资者通过银行购买的外汇理财产品不需要其自身对投资决策作出判断,而完全由产品事先设计的条款以及银行专业投资人员来指导投资行为。由于该投资具有银行投资人员的专业优势,是个人和家庭外汇投资的新选择。外汇理财产品具有投资期限较短,收益率较高的特点,给投资者带来较为稳定的获利的同时还保持资金一定的流动性。

3. 外汇汇率投资

外汇汇率投资是指投资者通过汇率的波动进行投资获利的方式。目前,国内许多银行推出外汇汇率投资业务,如个人实盘外汇交易,它属于即期交易的方式,是指拥有外汇存款或外币现钞的私人客户,通过柜面服务人员或其他电子金融服务方式,在可自由兑换的外币之间进行不可透支的自由兑换。通过个人实盘外汇交易,可将自己手中的外币转换为更有升值潜力或利率更高的外币,以赚取汇率波动的差价或更高的利息收入。

三、外汇投资策略

1. 趋势跟随策略

外汇买卖不同于股票买卖,切勿着眼于价格高低而忽视汇价的上升和下跌的趋势。在外汇投资时,应根据市场走势进行买卖,当市场呈现上涨趋势时买入,呈现下跌趋势时卖出。投资者可以通过研究历史价格走势和交易量等信息,寻找市场规律并预测未来价格。这种策略需要投资者具备较强的技术分析能力。

2. 区间交易策略

区间交易策略是指在市场相对稳定的情况下,利用高抛低吸的方法赚取差价的策略。这种策略适合短期投资者,需要投资者对市场波动较为敏感。

3. 风险管理策略

风险管理策略是指合理分配资金,设定止损和止盈点,以降低交易风险的策略。这种策略适合所有投资者,是保证长期稳定盈利的关键。

四、外汇投资的风险

虽然外汇市场具有较高的流动性和潜在收益,但同时也存在一定的风险。

1. 市场风险

外汇市场波动性较大,汇率的变动受到多种因素的影响,如政治、经济、利率等。投资者需要密切关注市场动态,以降低市场风险。

2. 杠杆风险

外汇交易通常使用杠杆,这意味着投资者可以用较少的资金进行更大规模的交易。然而,这也意味着一旦市场不利,投资者可能会遭受更大的损失。

3. 流动性风险

虽然外汇市场具有很高的流动性,但在某些特定时期或市场状况下,流动性可能会受到影响,导致投资者难以平仓或调整头寸。

4. 交易成本风险

外汇交易涉及点差、佣金等费用。这些费用可能会影响投资者的实际收益,特别是在低波动的市场环境下。

5. 技术风险

外汇交易依赖于电子交易平台和互联网技术。技术故障、网络延迟等问题可能导致投资者无法及时执行交易,从而影响投资收益。

6. 监管风险

外汇市场在全球范围内受到不同国家和地区的监管。投资者需要了解所投资的国家和地区的外汇政策和法规,以避免因违规操作而导致的损失。

7. 信息不对称风险

外汇市场信息量庞大,投资者很难获取到所有相关信息。这可能导致投资者在作出交易决策时出现失误,从而影响投资收益。

第七节 期货投资

一、期货的概念

期货即期货合约,是指由期货交易所统一制定的、规定在将来某一特定的时间和地点交割一定数量标的物的标准化合约。该标的物又称基础资产,期货合约所对应的现货,可以是某种商品,如铜或原油,也可以是某种金融工具,如外汇、债券,还可以是某个金融指标,如3个月同业拆借利率或股票指数。期货合约的买方,如果将合约持有到期,那么有义务买入期货合约对应的标的物;而期货合约的卖方,如果将合约持有到期,那么有义务卖出期货合约对应的标的物(有些期货合约在到期时不是进行实物交割而是结算差价,如股指期货到期就是按照现货指数的某个平均值来对在手的期货合约进行最后结算)。当然期货合约的投资者还可以选择在合约到期前进行反向买卖来冲销这种义务。

二、期货的种类

(1) 商品期货。商品期货是指标的物为实物商品的期货合约。商品期货主要可以分为农产品期货、金属期货(包括基础金属与贵金属期货)、能源期货三大类。

(2) 金融期货。金融期货是指协议双方约定在将来某一特定时间按约定的价格、交割地点、交割方式等条件,买入或卖出一定标准数量的某种特定金融工具的标准化协议。金融期货中主要品种可以分为外汇期货、利率期货(包括中长期债券期货和短期利率期货)和股指期货。所谓股指期货,就是以股票指数为标的物的期货,双方交易的是一定期限后的股票指数,通过现金结算差价来进行交割。

三、期货的功能

(1) 价格发现功能。期货交易是公开进行的对远期交割商品的一种合约交易方式。在期货市场上,买方和卖方通过竞价来决定商品或金融资产的价格。这种价格发现机制能够综合反映供求双方对未来某个时间供求关系变化和价格走势的预期。

(2) 规避风险功能。期货交易的产生,为现货市场提供了一个规避价格风险的场所和手段,其主要原理是利用期现货两个市场进行套期保值交易。即在期货市场上买进或卖出与现货市场上数量相等但交易方向相反的期货合约,使期现货市场交易的损益相互抵补。这样,企业可以锁定生产成本或商品销售价格,保住既定利润,规避价格风险。

四、期货投资的概念

期货投资是指在期货市场上以获取价差为目的的期货交易业务,又称为投机业务。期货投资是相对于现货交易的一种交易方式,是在现货交易的基础上发展起来的,通过在期货交易所买卖标准化的期货合约而进行的一种有组织的交易方式。期货交易的对象并不是商品(标的物)本身,而是商品的标准化合约,即标准化的远期合同。

五、期货投资的特点

(1) 以小博大。期货投资只需要缴纳5%~15%的履约保证金就可以控制100%的资金。

(2) 交易便利。由于期货合约中主要因素如商品质量、交货地点等都已经标准化,合约的互换性和流通性较高。

(3) 信息公开,交易效率高。期货交易通过公开竞价的方式使投资者在平等的条件下公平竞争。同时,期货交易有固定的场所、程序和规则,运作高效。

(4) 双向操作,简便灵活。缴纳保证金后可以买进或者卖出期货合约,价格上涨时可以低买高卖,价格下跌时可以高卖低补。

(5) 随时交易,随时平仓。期货交易是"T+0"的交易,把握趋势后,可以随时交易,随时平仓。

(6) 履约有保证。期货交易达成后,须通过结算部门结算、确认,无需担心交易的履约问题。

六、期货投资的方式

从个人投资者到银行、基金机构、企业都可成为期货投资参与者。根据投资者交易目的的不同,期货交易行为分为套期保值、投机、套利。

1. 套期保值

套期保值是指买入(卖出)与现货市场数量相当,但交易方向相反的期货合约,以期在未来某一时间通过卖出(买入)期货合约来补偿现货市场价格变动所带来的风险。

保值又可分为买入套期保值和卖出套期保值。买入套期保值是指通过期货市场买入期货合约以防止因现货价格上涨而遭受损失的行为;卖出套期保值则是指通过期货市场卖出期货合约以防止因现货价格下跌而造成损失的行为。

2. 投机

投机是指依据对市场的判断,利用市场出现的价差进行买卖从中获得收益的交易行为。投机者可以"买空",也可以"卖空"。投机的目的就是获得价差利润。投机可分为三类:第一类是长线投机者,此类投资者在买入或卖出期货合约后,通常持有几天、几周甚至几月,待价格对其有利时才将合约对冲;第二类是短线投资者,一般进行当日或某一交易节的期货合约买卖,其持仓不过夜;第三类是逐小利投资者,投资技巧是利用价格的微小变动进行交易获取微利,一天之内做多个回合的买卖交易。

3. 套利

套利是指同时买进和卖出两张不同种类的期货合约。投资者买进其认为"便宜的"合约,同时卖出"高价的"合约,从两种合约价格间的变动关系中获利。在进行套利时,投资者注意的是合约之间的相对价格关系,而不是绝对价格水平。套利一般可分为跨期套利、跨市套利和跨商品套利。

(1) 跨期套利是指利用同一商品但不同交割月份之间正常价格差距出现异常变化时进行对冲而获利的期货合约,又可分为牛市套利和熊市套利两种形式。

(2) 跨市套利是指在不同交易所之间的套利交易行为,当同一期货商品合约在两个或更多的交易所进行交易时,由于区域间的地理差别,各商品合约间存在一定的价差关系。

(3) 跨商品套利是指投资者利用两种不同的,但相互关联的商品之间的期货合约价格的差异进行套利交易,即买入某一商品的某一月份的合约,同时卖出另一商品同一月份的合约。值得强调的是,这两类商品有关联性,历史上价格变动有规律性可循,如玉米和小麦、铜和铝、大豆和豆油等。

第八节 黄金投资

黄金是一种全球性的资产,作为投资工具,它能双向操作,在市场上涨和下跌时都能盈利,同时,能较好地抵御通货膨胀,具有很好的保值能力。因此,在构建投资组合时,黄金是一种值得考虑的投资工具。

一、黄金及黄金投资的概念

黄金是人类较早发现并利用的金属,其罕有、特殊、尤为珍贵,素有"金属之王"之称。目前黄金在各国的国际储备中仍占有一席之地,是一种同时具有货币属性、商品属性和金融属性的特殊商品,在被赋予互联网的属性后,黄金产品交易体量更是快速增长。黄金市场是集中进行黄金买卖和金币兑换的市场。黄金产品是指除实物黄金买卖外,以黄金账户记录黄金持有人持有黄金重量、价值和权益变化的产品,以及以黄金为基础资产的资管产品和衍生品。2002年10月上海黄金交易所成立,标志着中国黄金"统购统配"制度彻底结束,中国黄金市场正式形成。根据《中国黄金年鉴2024》的数据,2023年中国黄金市场表现依旧强劲,总产量和消费量均居全球前列。2023年,中国黄金产量达到380吨,同比略有增长。这一数据的增长主要得益于国内矿山产能的提升和技术的进步。同时,黄金消费量也达到1 020吨,其中珠宝消费占据了绝大部分,投资金条和金币的需求也保持稳定。

黄金具有一般商品和货币商品的双重属性,是一种保值避险的投资工具。虽然目前黄金已失去国际清偿货币的计价结算功能,但仍具有价值储藏功能,其支付功能仍未完全消失,在国际市场上仍是一种硬通货。加之黄金是一种金融产品,所以具有投资功能。黄金投资,是一种全新的金融品种,以获取差价为最终目的。黄金投资既适合于长线投资也可以短线套利,投资者可将黄金作为投资组合中的一部分,以达到规避风险的目的。

二、黄金投资的发展历程

由于黄金具有自然稀少、优良的物理及化学特性,为各时期人们所普遍接受。在可考的人类五千年文明史中,没有任何一种物质像黄金一样,与社会演化和社会经济缔结成如此密切的关系,成为悠久的货币载体、财富和身份的象征。同时,由于可以对抗长期性的通货膨胀和货币贬值,几千年来,黄金一直是最佳的保值和避险工具。

从20世纪20年代末开始,全球范围内黄金投资经历过三次热潮。1929—1932年,黄金采掘企业股票平均上涨了650%,掀起了第一波黄金热。1974—1980年,黄金从每盎司100美元涨至850美元,采掘黄金的企业股票平均也上涨了1 000%,这是第二次黄金热潮。2002—2011年,黄金从每盎司300美元一度涨至超过1 900美元,这是第三次黄金热潮。

2002年10月,上海黄金交易所成立,个人开展黄金交易成为公众关注的焦点。2003年4月,中国人民银行取消了黄金市场向社会开放的限制,黄金正式作为投资工具进入市场,各大商业银行纷纷开办个人黄金买卖业务。

2006年12月31日,上海黄金交易所公布《个人实物黄金交易试行办法》,规定国内个人投资者可通过上海黄金交易所的金融类会员及中国人民银行核准的其他会员代理,参与上海黄金交易所的实物黄金投资。这标志着我国实物黄金投资的大门全面向个人投资者敞开。

2006年12月,上海黄金交易所出台《个人实物黄金交易试行办法》,规定个人可参与上海黄金交易所的Au99.99 g、Au100 g品种和其他经中国人民银行同意可向个人开放的交易品种或交易业务,个人投资者须在上海黄金交易所开立黄金交易账户。按照自主报价、撮合成交的交易方式,会员代理单位在交易所规定的开市时间内参与交易。个人投资者可向会员代理单位申请提取黄金实物,由会员集中提取。

三、黄金投资渠道

个人投资者可通过银行、首饰店、黄金交易所等进行黄金的买卖。首饰店中可购买各种黄金类的首饰,如金项链、金戒指等;商业银行可以直接向个人出售金条、金币、金块等黄金产品,并提供交易、清算、托管等服务。

四、黄金投资的优点

1. 产权转移便利

黄金转让没有任何登记制度上的限制,而诸如住宅、股票转让,都要办理过户手续。黄金交易的便利性极强,直接实物转移即可,其他资产在产权转移上的便利性都无法与黄金相比。

2. 可抵押性好

黄金是一种国际公认物品,市场买卖活跃,可交易性极强。因此,一般银行或典当行都会给予黄金较高的抵押率,甚至比住宅的抵押率更高。

3. 市场操纵性弱

任何区域性投资市场,都有可能存在市场操纵行为。但作为全球性市场的黄金市场却很难出现这种情况,现实中还没有哪一个单一机构或者国家具有全面操控黄金市场的能力。正因为黄金市场是一个透明的有效市场,黄金投资者的投资安全性相对可靠。

五、黄金投资的种类

黄金投资一般可分为实物黄金投资、纸黄金、黄金衍生品等。

1. 实物黄金投资

实物黄金投资是指个人通过银行柜台来购买的金块、金条和金饰品等实物黄金。实物黄金投资的特点是适合长期投资,主要适于投资者将信用货币转换为硬通货,以抵御通货膨胀所带来的资产贬值。作为一种财富储藏和资本保值的传统手段,银行的实物黄金产品具有品种丰富、实物交割、便于收藏等特点,但回购相对困难,因为银行或其他机构回收实物黄金时要经过非常复杂的检验程序。

(1) 金条。投资金条(块)时最好是购买公认的或当地知名度较高的黄金精炼公司制造的金条(块),比如银行和业内最知名的金店。一般金条都铸有编号、纯度标记、公司名称和标记等。从长期看,金条具有保值功能,对抵御通货膨胀有一定作用。但占用一部分现金,而且在保证黄金实物安全方面有一定的风险。

(2) 金币。金币有两种,即纯金币和纪念性金币。纯金币的价值基本与黄金含量一致,价格也基本随金价波动。纯金币主要为满足集币爱好者收藏需要。由于纯金币与黄金价格基本保持一致,其出售时溢价幅度(所含黄金价值与出售金币间的价格差异)不高,投资增值功能不大,但其具有美观、鉴赏、流通变现能力强和保值功能,所以仍对一些收藏者有吸引力。纪念性金币由于溢价幅度较大,具有比较大的增值潜力,其收藏投资价值要远大于纯金币。

纪念性金币的价格主要由三方面因素决定:一是数量越少价格越高;二是铸造年代越久远价值越高;三是目前的品相越完整越值钱。纪念性金币一般都是流通性货币,都标有面值,比纯金币流通性强,不需要按黄金含量换算兑现。由于纪念性金币发行数量比较少,具有鉴赏和历史意义,其职能已经远超越流通职能,投资者多为投资、增值、收藏、鉴赏用,投资意义比较大。投资纪念性金币虽有较大的增值潜力,但投资这类金币有一定的难度,投资者需要具备一定的专业知识,对品相鉴定和发行数量、纪念意义、市场走势都要了解,而且还要选择与信誉良好的机构进行交易。

(3)金饰品。金饰品的投资意义要比金条和金币小得多,原因是金饰品的价值和黄金价格有一定的差距,市场上常有黄金价格和饰金价格,两者有一定差距。虽然饰金的金含量也为99.9%或99%,但其加工工艺要比金条、金砖复杂,因此买卖的单位价格往往高于金条和金砖,而且在单位饰金价格外,还要加工费,这就使得饰金价格不断抬高,回收时折扣损失也大,其主要功能是美观和装饰用,并不建议作为投资工具选择。

2. 纸黄金

纸黄金是一种个人凭证式黄金,投资者按银行报价在账面上买卖"虚拟"的黄金,如中国银行的"黄金宝"、建设银行的"账户金"、工商银行的"金行家"即属纸黄金。纸黄金类似于国际市场上的黄金投资工具,在银行的平台上运作,安全性较高,但是由于交易模式不灵活(不具备做空机制)且交易成本过高,不适合投机群体。

纸黄金的特点是只能在账户中记录黄金,不能用来提取实物黄金,优势在于交易起点低、交易方便、可以根据国际/国内黄金的价格进行 T+0(即日交易)黄金买卖。这极大程度地令黄金投资变得更加灵活,由于不需要提取或持有实物,也不存在保管上的风险,也避免了实物黄金的加工、运输及仓储保险等相关费用。当然,目前国内部分银行已经推出可提取实物的纸黄金,以适应消费者的多元化需求。

各家银行的纸黄金业务入市门槛较低,适合初入市场或资金不足的投资者,同时,由于银行推出的纸黄金业务没有做空机制,只有金价上涨才能赚钱,比较适合在单边上涨行情时介入。

3. 黄金衍生品

(1)黄金期权。2019年11月22日,中国证监会批复上海期货交易所报送的《关于申请黄金期权上市的请示》,同意上海期货交易所开展黄金期权交易。2019年12月20日,黄金期权在上海期货交易所正式挂牌交易。黄金期权采取欧式期权的行权方式,合约标的物为黄金期货合约。作为黄金期货市场的有效补充,黄金期权的上市将进一步完善黄金期货市场产品链,吸引更多投资者参与,促进黄金期货市场价格发现功能的发挥,提升我国黄金期货市场的定价能力和影响力,对我国黄金市场体系建设具有重要意义。黄金期权合约要素如表5-4所示。

表 5-4　　　　　　　　　　　　　　黄金期权合约要素

要素	内容
合约标的物	黄金期货合约(1 000 克)
合约类型	看涨期权,看跌期权
交易单位	1 手黄金期货合约
报价单位	元(人民币)/克
最小变动单位	0.02 元/克
涨跌板幅度	与黄金期货合约涨跌停板幅度相同
合约月份	与上市标的期货合约相同
交易时间	9:00—11:30、13:30—15:00 及交易所规定的其他时间
最后交易日	标的期货合约交割月前第一个月的倒数第五个交易日,交易所可以根据国家法定节假日等调整最后交易日
到期日	同最后交易日
行权价格	行权价格覆盖黄金期货合约上一交易日结算价上下浮动 1.5 倍当日涨跌停板幅度对应的价格范围。行权价格≤200 元/克时,行权价格间距为 2 元/克;200 元/克<行权价格≤400 元/克时,行权价格间距为 4 元/克;行权价格>400 元/克时,行权价格间距为 8 元/克
行权方式	欧式。到期日买方可以在 15:30 之前提交行权申请、放弃申请
交易代码	看涨期权:AU-合约月份-C-行权价格 看跌期权:AU-合约月份-P-行权价格
上市交易所	上海期货交易所

(2) 黄金期货。随着国际黄金现货价格波动加剧,市场风险加大,中国产金用金企业、金融机构及广大投资者迫切需要通过黄金期货这一投资工具来规避风险。因此,黄金期货的推出,为中国黄金企业及其他投资者规避市场风险提供了充分、便捷的市场工具,有利于相关企业控制生产成本和锁定收益,保证生产经营的连续性,促进行业整体的健康发展。2008 年 1 月 9 日,黄金期货正式在上海期货交易所上市交易。

综上所述,黄金投资品种比较如表 5-5 所示。

表 5-5　　　　　　　　　　　　　　黄金投资品种比较

品种		特点
实物黄金	金条、金块	优点是变现性非常好,在全球任何地区都可以自由买卖,大多数地区不征收交易税。缺点是占用较多的现金,有一定的保管费用
	金币	投资金币与投资金条、金块的差别不大。通常情况下,有面额的纯金币要比没有面额的纯金币价值高。投资金币的优点是其大小和重量并不统一,所以投资者选择的余地比较大,小额的资金也可以用来投资,并且投资金币的变现性也非常好,不存在兑现难的问题

(续表)

品种		特点
实物黄金	纪念金币	具有一定的投资价值,但投资纪念金币的缺点是其在二级市场的溢价一般都很高,价格超过黄金材质本身的价值,另外我国钱币市场行情的总体运行特征是"牛短熊长",投资者应避免在高位买入,造成损失
	黄金饰品	从投资的角度看,投资黄金饰品的风险是较高的。投资黄金制品一般不要选择黄金首饰。其主要原因是,黄金首饰的价格在买入和卖出时差距较大,而且许多黄金首饰的价格与内在价值差异较大
纸黄金		纸黄金(黄金存折)是未来个人投资黄金的重要方式,也是国际上比较流行的投资方式,投资者既可规避储存黄金的风险,又可通过黄金账户买卖黄金,对投资者的资金要求比较灵活
黄金衍生产品		对一般投资者来说,投资要适度,期货或期权应注意与自身的风险承受能力基本一致。由于黄金期权买卖投资战术比较多并且复杂,不易掌握,目前世界上黄金期权市场不太多,价格变动导致的风险太大,不要轻易尝试卖出期权

六、黄金投资策略

1. 了解黄金特点

在进行黄金投资之前,投资者需要了解黄金市场的运行规律和特点,掌握相关的知识和技能。首先,在通常情况下,黄金与股票等投资工具是逆向运行的,即股市行情大幅上扬时,黄金的价格往往是下跌的;反之上涨。当然,黄金价格的涨跌与我国股市目前的行情并没有太多的关联,而是与国际主要股票市场有较强的关联。其次,黄金作为投资标的,不会像股票一样分红,如果是黄金实物交易,投资者还需要支付一定的保管费用。最后,投资者应该了解不同的黄金品种各自有哪些优缺点。

2. 注重时机选择

从国际市场上黄金的长期价格走势来看,黄金价格虽然也有波动,但是通常情况下每年的价格波动是不大的。如果以股市里短线投机的心态和手法来投资黄金,很可能难如人愿。所以对普通投资者而言,选择一个相对的低点介入然后较长时间拥有可能是一种既方便又省力的选择,毕竟投资黄金作为个人理财的一部分,选择黄金有与其他投资品种对冲风险的作用。

3. 关注品种选择

投资者在选择黄金品种进行投资时,黄金饰品一般情况下是不宜作为投资标的的,从投资角度出发,标金和纯金币才是投资黄金的主要标的。如果对纪念币市场行情比较熟悉,则也可以将纪念金币纳入投资范围,因为纪念金币的市场价格波动幅度和频率远比标金和纯金币大。

4. 掌握交易规则

个人投资者要选择一家银行进行委托代理黄金买卖,而银行的实力、信誉、服务以及交易方式和佣金的高低将成为个人投资者选择时的重要参考因素。在具体的交易中,既可以进行实物交割的实金买卖,也可以进行非实物交割的黄金凭证式买卖,两种方法各有优缺点,实物黄金的买卖由于要支付一定的保管费和检验费等,其成本要略高于黄金凭证式买卖。另外,黄金交易的时间、电话委托买卖、网上委托买卖等都会有相关的细则,投资者都应该在买卖前弄清楚,以免造成不必要的损失。

七、影响黄金价格的主要因素

影响黄金价格的因素有很多,诸如国际政治、经济、汇市、欧美主要国家的利率和货币政策、各国中央银行对黄金储备的增减、黄金开采成本升降、工业和饰品用金增减等都对其走势有影响。投资者可以根据以下因素,对金价走势进行判断和把握。

1. 黄金的供求关系

黄金价格与国际黄金现货市场的供求关系密切相关。地球上的黄金存量,年供求量,新的金矿开采成本,黄金生产国的政治、军事和经济的变动状况和中央银行的黄金抛售等供给因素变化,以及黄金实际需求量(首饰业、工业等)变化、保值需要和投机性需求等因素对黄金价格的变动起着非常关键的作用。

2. 美元汇率

美元汇率是影响金价波动的重要因素之一。一般来说,黄金市场上存在美元涨则金价跌、美元降则金价扬的规律。但在某些特殊时期,尤其是黄金走势非常强或非常弱的时期,黄金价格也会摆脱美元走势的影响。美元坚挺一般代表美国国内经济形势良好,其国内股票和债券将得到投资者的青睐,黄金作为价值贮藏手段的功能受到削弱;而美元汇率下降则往往与通货膨胀、股市低迷等有关,黄金的保值功能再次体现。这是因为,美元贬值往往与通货膨胀有关,而黄金价值含量较高,在美元贬值和通货膨胀加剧时往往会刺激对黄金保值的投机性需求上升。

3. 原油价格

原油价格也和黄金市场息息相关,其内在原因是黄金具有抵御通货膨胀的功能,而国际原油价格与通货膨胀水平密切相关。因此,黄金价格与国际原油价格具有正向运行的互动关系。对此,要从长期和短期来分析,并结合通货膨胀在短期内的程度而定。从长期来看,每年的通胀率若在正常范围内变化,那么其对金价的波动影响并不大;只有在短期内,物价大幅上升,引起人们恐慌,货币的单位购买力下降,金价才会明显上升。世界经济低通胀运行的时期里,作为货币稳定标志的黄金用武之地日益缩小,并且作为长期投资工具,黄金的收益率低于债券和股票等有价证券。但是,从资产配置的角度看,黄金仍不失为应对资产价格波动的重要手段。

4. 政治经济大事及其他因素

国际上重大的政治、战争事件都会影响金价。政府会为战争或为维持国内经济平稳运行而支付费用,大量投资者将转向黄金进行保值投资。这些行为都会扩大对黄金的需求,刺激金价上扬。因此,投资者要预测金价,需要关心国际上重大的政治经济事件。

本章练习

一、单项选择题

1. 下列四种理财产品中,对投资者而言投资风险最高的是( )。
   A. 非保本浮动收益理财产品　　　　B. 保证收益理财产品
   C. 保本浮动收益理财产品　　　　　D. 固定收益理财产品

2. 下列各项中,可以导致股票价格上涨的因素是( )。
   A. GDP增长率下降　　　　　　　　B. 央行提高法定存款准备金率
   C. 企业所得税税率上调　　　　　　D. 公司盈利增加

3. 证券交易遵循( )的原则。
   A. 时间优先,价格优先　　　　　　B. 交易金额优先
   C. 股票代码优先　　　　　　　　　D. 成本优先

4. 通常所说的股市行情即股票价格是指( )。
   A. 股票的账面价值　　　　　　　　B. 股票的市场价值
   C. 股票的票面价值　　　　　　　　D. 股票的内在价值

5. 关于债券的特征,下列说法错误的是( )。
   A. 债券是比较稳定的投资理财产品
   B. 公司债券低于金融债券风险
   C. 债券投资风险低,收益相对固定
   D. 相对于现金存款,债券的收益更高

6. 基金定投的最大优势是( )。
   A. 每次投入的金额小,这样长期以来可以购买多种基金
   B. 每次都购买相同份数的基金,这样便于日后计算
   C. 每次投入金额相同,所以每次购买的份数与价格成反比,长期可以平摊成本
   D. 把银行存款和投资账户连接起来,便于投资者操作

7. 下列各项中,不能作为债券发行主体的是( )。
   A. 中央政府和地方政府　　　　　　B. 企业组织
   C. 金融机构　　　　　　　　　　　D. 社会团体

8. 证券投资基金运作中的三方当事人一般是指基金的( )。
   A. 发起人、管理人和投资人　　　　B. 管理人、托管人和投资人
   C. 托管人、发起人和投资人　　　　D. 受益人、管理人和投资人

9. 下列投资方式中,由左到右风险依次降低的选项是( )。
   A. 股票型基金、政府债券、股票、储蓄　　B. 政府债券、股票、股票型基金、储蓄
   C. 股票、股票型基金、政府债券、储蓄　　D. 股票、政府债券、股票型基金、储蓄

10. 多元化投资的主要目的是( )。
    A. 拥有各类资产　　　　　　　　　B. 获得更高收益
    C. 充分分散风险　　　　　　　　　D. 消除投资风险

11. 技术分析认为价格是由供求关系所决定的,希望通过对投资产品价格的分析,解决(　　)的问题。
　　A. 购买什么　　　　　　　　　　B. 何时购买
　　C. 怎么购买　　　　　　　　　　D. 购买途径

12. 根据(　　)分类,债券可分为政府债券、金融债券和公司债券。
　　A. 发行区域　　　　　　　　　　B. 发行主体
　　C. 发行方式　　　　　　　　　　D. 发行期限

13. 我国股票交易以(　　)为基本交易单位。
　　A. 手　　　　B. 股　　　　C. 元　　　　D. 打

14. 开放式基金买卖的价格是以(　　)为基础计算的。
　　A. 基金单位净值　　　　　　　　B. 基金资产净值
　　C. 基金单位原值　　　　　　　　D. 基金资产现值

15. 下列各项中,不属于黄金投资的优点的是(　　)。
　　A. 产权转移便利　　　　　　　　B. 市场操纵性强
　　C. 交易性强　　　　　　　　　　D. 可抵押性好

16. (　　)是一种个人凭证式黄金,是投资者按银行报价在账面上买卖"虚拟"的黄金。
　　A. 纸黄金　　　　　　　　　　　B. 实物黄金投资
　　C. 黄金期权　　　　　　　　　　D. 黄金期货

17. 同样用10万元买股票,对于一个仅有10万元养老金的退休人员和一个有数百万资产的富翁来说,其情况是截然不同的,这是因为他们各自有不同的(　　)。
　　A. 风险偏好　　　　　　　　　　B. 实际风险承受能力
　　C. 风险分散　　　　　　　　　　D. 风险认知

18. 下列各项中,不属于期货投资方式的是(　　)。
　　A. 套期保值　　　　　　　　　　B. 实物投资
　　C. 投机　　　　　　　　　　　　D. 套利

19. 下列各项中,不属于商品期货的是(　　)。
　　A. 农产品期货　　　　　　　　　B. 金属期货
　　C. 能源期货　　　　　　　　　　D. 利率期货

20. 下列各项中,适合个人和家庭的外汇投资方式是(　　)。
　　A. 外币储蓄　　　　　　　　　　B. 远期外汇交易
　　C. 外汇期权交易　　　　　　　　D. 即期外汇交易

二、多项选择题

1. 证券投资收益包括(　　)。
　　A. 卖出价格　　　　　　　　　　B. 收入收益
　　C. 买入价格　　　　　　　　　　D. 资本利得

2. 证券投资基金的主要特征包括(　　)。
　　A. 专业投资　　　　　　　　　　B. 专业管理
　　C. 组合投资,分散风险　　　　　D. 投资起点低

3. 下列选项中,体现股票性质的有( )。
   A. 有价证券　　　B. 要式证券　　　C. 资本证券　　　D. 综合权利证券
4. 下列金融交易中,属于资本市场交易的项目有( )。
   A. 投资者获得了一笔收入,买入15 000元证券投资基金
   B. 投资者在银行购买了9 800元的短期国库券
   C. 普通股价格上涨,为此投资者买入100股该公司的股票
   D. 投资者从银行获得半年期贷款购买一辆小汽车
5. 与其他债券相比,国债具有( )等特点。
   A. 流动性强　　　B. 风险低　　　C. 收益率较高　　　D. 发行量较小
6. 下列各项中,属于实物黄金投资品种的有( )。
   A. 黄金饰品　　　　　　　　　B. 金条
   C. 纪念金币　　　　　　　　　D. 黄金存折
7. 影响黄金价格的主要因素有( )。
   A. 黄金的供求关系　　　　　　B. 美元汇率
   C. 原油价格　　　　　　　　　D. 政治经济大事
8. 下列各项中,属于金融投资工具的有( )。
   A. 外汇　　　　　　　　　　　B. 房地产
   C. 债券　　　　　　　　　　　D. 优先股
9. 在进行投资决策时,需要考虑的因素有( )。
   A. 预期回报　　　　　　　　　B. 个人偏好和目标
   C. 风险水平　　　　　　　　　D. 近期投资热点
10. 对个人进行风险偏好评估时,需要考虑的因素有( )。
    A. 投资亏损的容忍程度　　　　B. 认赔行为
    C. 投资目标　　　　　　　　　D. 赔钱心理

三、判断题

1. 股票本身有价值,所以有价格。( )
2. 市场利率上升,股价水平随之上升。( )
3. 投资者应避免投资处于生命周期初创期的行业。( )
4. 公司债券收益较为稳定、市场价格波动较平稳、风险相对较小,适合于稳健的投资者。( )
5. 债券的发行价格与票面价格比较接近,股票的发行价格通常与票面价格相差较大。( )
6. 债券投资的风险比股票投资的风险要低。( )
7. "不要把所有的鸡蛋装在一个篮子里",这句话是对投资组合多样化的描述。( )
8. 证券投资基金通过集合资金充分分散资产组合,使得基金的风险降低到无风险程度。( )
9. 期限长的债券票面利率高于期限短的债券,信用级别低的债券票面利率高于信用级别高的债券。( )

10. 资产组合的收益率应该高于组合中任何资产的收益率,资产组合的风险也应该低于组合中任何资产的风险。( )
11. 购买持有法投资策略要求市场具有较强的流动性。( )
12. 投资者的风险偏好是影响其风险承受能力的重要因素。( )

四、简答题

1. 个人投资规划的基本流程是什么？
2. 如何构建投资组合？
3. 股票分析技术有哪几种？
4. 债券的种类有哪些？
5. 基金的种类有哪些？如何选择基金品种？
6. 银行理财产品有哪些？如何选择银行理财产品？
7. 股票与债券的联系和区别是什么？
8. 简述开放式基金和封闭式基金的主要区别。
9. 简述外汇投资策略。
10. 简述期货投资的方式。
11. 简述黄金投资的种类以及投资风险。

五、案例分析

1. 债券市场上有面值为100元的10年期债券,债券8年后到期(即还可取得8次利息收入),票面利率为6%。债券的市场价格为98元,则该债券的持有期收益率(必要收益率)是多少？(计算结果保留两位小数)

2. 2020年年初某投资者以每股25元的价格购买100股某公司股票,持有期间得到每股0.2元的红利,年底时以每股30元的价格卖出股票。

要求：
(1) 计算投资者的资本利得。
(2) 计算红利收益。
(3) 计算持有期收益率。

第六章 房地产投资规划

知识导航

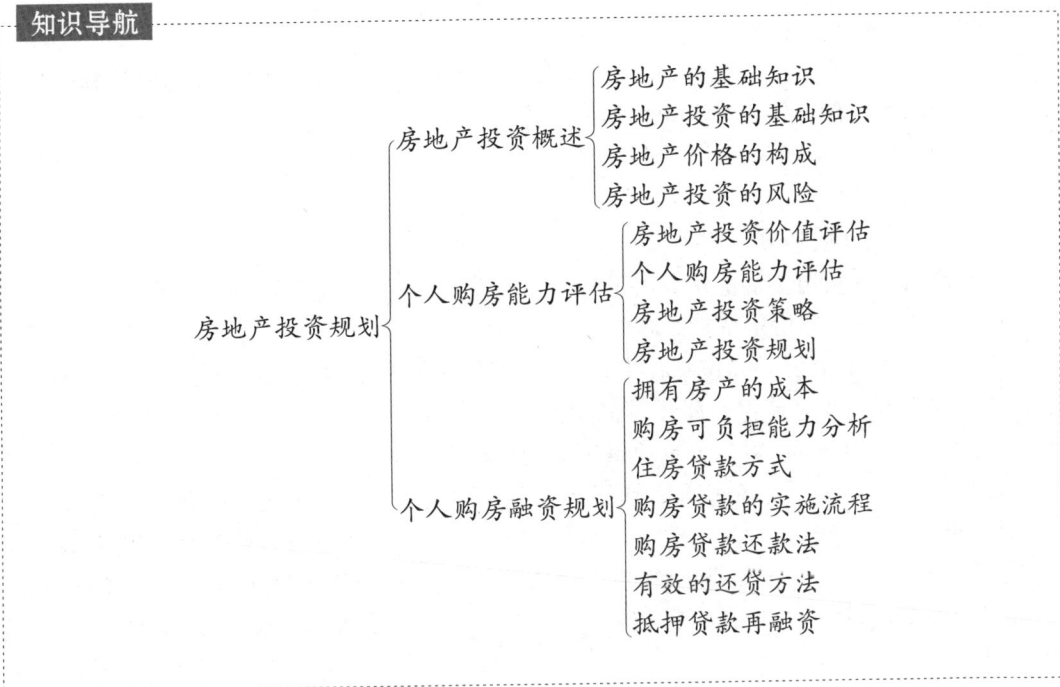

学习目标

1. 了解房地产的概念、分类和特征。
2. 了解房地产投资的概念、方式、特点、影响因素以及房地产投资所带来的风险。
3. 掌握个人购房能力评估的方法,熟悉房地产投资规划的内容。
4. 熟悉住房贷款的方式及购房贷款的还款方法。

导入案例

刘女士大学毕业后被聘任到青岛市一所中学当教师,其所在地区无住房。为方便上下班,刘女士计划在 4 年后购买一套离该中学较近的学区房。当地学区房均价为每平方米 23 000 元。通过向理财规划师咨询,刘女士了解到贷款后的月供与月税后收入的比值最多不应超过 30%,房贷利率为 8.55%,贷款期限为 20 年,采用等额本息还款法。刘女士计划将她定期存款的 21 888 元用来支付首付款,预期投资收益率为 6.7%。

思考:

(1) 分析刘女士的购房需求,确定购房总价。
(2) 计算每月月供金额。

第一节 房地产投资概述

一、房地产的基础知识

（一）房地产的概念

房地产是房产和地产的总称，具体指土地和地上的房屋等建筑物及构筑物及其附带的所有权、管理权、使用权等各种财产权利的总称。房地产由于其特点即位置的固定性和不可移动性，又被称为不动产。

（二）房地产的分类

1. 房地产按性质划分

房地产按性质可分为商品房、经济适用房、房改房、共有产权房、公共租赁住房等。

（1）商品房。商品房是特指经政府有关部门批准，由房地产开发经营公司开发的，建成后用于市场出售出租的房屋，包括住宅、商业用房以及其他建筑物，而自建、参建、委托建造的自用的住宅或其他建筑物不属于商品房范围。商品房是开发商开发建设的供销售的房屋，能办产权证和国土证，可以自定价格出售的产权房。

（2）经济适用房。经济适用房是指根据国家经济适用住房建设计划安排建设的住宅，是具有社会保障性质的商品住宅，由国家统一下达计划，用地一般实行行政划拨的方式，免收土地出让金，对各种经批准的收费实行减半征收，出售价格实行政府指导价，按保本微利的原则确定。经济适用房相对于商品房具有经济性、保障性、实用性三个显著特征。

（3）房改房。房改房是指中国城镇住房由从前的单位分配转化为市场经济的一项过渡政策，也称已购公有住房，指城镇职工根据国家和县级以上地方人民政府有关城镇住房制度改革政策规定，按照成本价或者标准价购买的已建公有住房。

（4）共有产权房。共有产权房是指地方政府让渡部分土地出让收益，然后低价配售给符合条件的保障对象家庭所建的房屋。保障对象与地方政府签订合同，约定双方的产权份额以及保障房将来上市交易的条件和所得价款的分配份额，即中低收入住房困难家庭购房时，可按个人与政府的出资比例，共同拥有房屋产权。房屋产权可由政府和个人平分，个人可向政府"赎回"产权。

（5）公共租赁住房。公共租赁住房是指由国家提供政策支持、限定建设标准和租金水平，面向符合规定条件的城镇中等偏下收入的住房困难家庭、新进就业无房职工和在城镇稳定就业的外来务工人员出租的保障性住房。公共租赁住房不归个人所有，而是由政府或公共机构所有，以低于市场价或者承租者承受起的价格出租。

2. 房地产按用途划分

房地产按用途可分为居住房地产（普通商品住宅、高档住宅、别墅等）、商业房地产（商务办公楼、旅馆、酒店、商业铺面等）、办公房地产（事业机关办公用房）、旅馆房地产（公园、风景名胜、历史古迹、沙滩等休闲场所等）、餐饮房地产（餐馆等）、工业房地产（厂房、仓库等）、农业房地产(农场、林场、牧场、果园等)、特殊用途房地产(政府机关办公楼、学校、教堂、寺庙、墓地等)、综合用途房地产等。

3. 房地产按投资品种划分

房地产按投资品种分可分为普通商品住宅、高档住宅和商业类房地产。

(1) 普通商品住宅。普通商品住宅是指为普通居民提供的、符合国家住宅标准的住宅。

(2) 高档住宅。高档住宅是指建筑造价平方米价格超过上年度商品住宅平均价格一倍以上的住宅,包括高级公寓、花园住宅和别墅等。

(3) 商业类房地产。商业类房地产是指能够出租经营、为投资者带来经常性租金收入的房地产又称经营性物业,包括商店、旅馆、写字楼、餐馆和游艺场馆等。

4. 房地产按是否产生收益划分

房地产按其是否产生收益可分为收益性房地产和非收益性房地产。

(1) 收益性房地产。收益性房地产是指能直接取得市场租金或其他经济收益的房地产。商业用途房地产、产生收益的办公房地产、服务房地产、工业及仓储房地产、农业房地产等大多属于收益性房地产。在市场上出租的房地产都是收益性房地产,如用于对外出租的居住房地产。

(2) 非收益性房地产。非收益性房地产是指不能直接取得经济收益的房地产,指除收益性房地产以外的所有其他房地产,如自用居住房地产、政府用办公房地产以及部队营房、学校、教堂等特殊用途房地产。对于公益性机构用房,如文化娱乐及休闲结构和学校等,这些机构收费是为了平衡自身收支,其收益并不包含房地产取得的收益,因此这些房地产是非收益性房地产。

【特别提示】
收益性房地产和非收益性房地产的划分,不是以是否正在直接产生收益为划分标准,而是判断该类型房地产在本质上是否具有直接产生经济收益的能力。

5. 房地产按交付时间划分

房地产按交付时间可分为期房和现房。

(1) 期房。期房是指正在建设的、尚未完成建设的、不能交付使用的房屋。即指开发商从取得商品房预售许可证开始至取得房地产权证(大产证)止,在这一期间的商品房称为期房,消费者在这一阶段购买商品房时应签订预售合同。

(2) 现房。现房是指消费者在购买时具备即买即可入住的商品房,即开发商已办妥所售房屋的房地产权证的商品房,与消费者签订商品房买卖合同后,立即可以办理入住并取得产权证。只有拥有房产证和土地使用证才能称之为现房。

(三) 房地产的特征

1. 长期使用性

房地产作为一种商品,具有长期使用性和较高的耐用性,并且房地产可以通过为投资者提供较长一段时间的服务来满足投资者对房屋的消费需求。但由于我国的现行土地使用制度对土地使用权期限的限制,我国房地产的长期使用性受到一定制约。

2. 附加收益性

房地产本身并不能产生收入,其收益是在使用过程中产生的。房地产投资者可以在合法的前提下调整房地产的使用功能,使之既适合房地产特征,又能增加房地产投资的收益。

3. 二重性

房地产对投资者既是一种消费品,又是一项重要资产。

4. 易受政策影响性

房地产易受政府政策的限制表现在两方面:①政府基于公共利益,可限制某些房地产的使用,如城市规划对土地用途、容积率和绿化率等的规定;②政府为满足社会公共利益的需要,可以对房地产实行强制征用或收买。

5. 异质性

由于建筑物外观、建筑物质量、建筑用途、建筑物坐落的位置、建筑物周围环境等因素的不同,每一宗房地产在房地产市场中的地位和价值是不可能完全相同的。正是由于房地产的异质性,房地产市场交易的空间和时间都受到限制。

6. 相互影响性

一宗房地产与其周围房地产是相互影响的,房地产的价值不仅与其本身的外观、质量、用途等因素相关,其周围其他房地产的状况对该房地产的价值也有很大影响。例如,一个居民小区周围若建有超市、餐馆、学校等房产,那么该小区住宅的价值上升;居民小区周围若建有工厂等房产,那么该小区住宅的价值下降。

7. 位置的固定性

房地产不仅受地域经济的限制,还受到其周围环境的影响,房地产的价值就在于其位置的好坏,房地产不能脱离周围环境而单独存在,即房地产具有不可移动性,因而房地产的位置对房地产的投资价值具有重要的意义。

二、房地产投资的基础知识

(一) 房地产投资的概念

房地产投资是以获取期望收益为目的,将货币资本投入房地产开发、经营、中介服务和房地产金融资产的经营活动。房地产投资同时涉及房地产与金融资产的组合安排,因此,房地产投资一方面表现为实物资产的投资活动,另一方面又表现为金融资产的投资活动。

(二) 房地产的投资方式

房地产的投资方式包括直接购买、以租代购、以租养贷、房地产信托、楼花、以房换房、房地产投资券、房地产证券等。

1. 直接购买

直接购买是指投资者利用自有资金或者银行贷款购买住房,用以居住或者转让获利。个人住房投资在个人资产的投资组合中占有重要的地位。

2. 以租代购

以租代购是指投资者通过分期付款方式获得住房,然后将房屋租赁出去以获得收益。

3. 以租养贷

以租养贷是指投资者购买住房,采用贷款方式偿还房款,支付首付后即将房屋出租,用租金偿还月贷,直至还清房贷。

4. 房地产信托

房地产信托是指房地产拥有者将该房地产委托给信托公司,由信托公司按照委托者的要求进行管理、处分和收益,信托公司再对该信托房地产进行租售或委托专业物业公司进行物业经营,帮助委托者获取溢价或管理收益。

5. 楼花

楼花是指投资者认购房地产时只需支付10%的房款,待到房屋建成一半时,再支付10%的房款,当房屋完全建成交付使用时,交足余款。从实质上来说,楼花属于购买期房的投资方式。

6. 以房换房

以房换房是指采取以房换房的方式获取投资者认为具备升值潜力的房产,待时机成熟再转售或出租并从中获利。以房换房通常是换进门面房或即将动迁的房产。

7. 房地产投资券

房地产投资券是一种投资收益凭证,发行人依照法定程序发行,持有人凭以获取特定房地产为标的的有价证券。投资者购买房地产投资券到期可取得本息,不通过房屋的租售来获利,类似于股票,流动性好,收益稳定。

8. 房地产证券

广义的房地产证券是指以房地产为对象而发行的证券,包括房地产股票、房地产债券、房地产基金等,是房地产企业利用资本市场直接融资的重要工具。狭义的房地产证券是指通过发行证券,将小额资金汇集后购买房地产或产权单位,所购房地产可统一通过管理机构出租,从租金中分得利润。房地产证券投资方式适合小额投资者。

(三)房地产投资的特点

1. 融资性较强

房地产投资的融资性较强,利于发挥融资杠杆的作用。由于房地产具有价值量大和不可移动性,并且房地产具有增值保值的优点。因此房地产可作为一个容易被金融机构所接受的抵押担保品,帮助投资者获得银行等金融机构的低息贷款,易于利用债务的形式进行筹资活动,有利于投资效率的提高。

2. 降低通货膨胀带来的投资风险

房地产价格具有与物价同步波动的趋势,易于增值保值,不受通货膨胀的影响,因此能充分降低因通货膨胀带来的投资风险。

3. 流动性差

由于房地产投资产品单位价值高,且具有位置的不可移动性,其流动性较弱,因而一旦投入便很难将资金撤出。当房地产市场不景气时,房地产的变现难度变大。此外,房地产投资金额巨大,对长期持有者来说,利润回收相对较慢。

4. 供需变化特殊性

房地产是一种特殊的商品,其供需变化的速度较一般商品缓慢。从供给的角度来看,由于房地产的不可移动性和投资周期较长,房地产从市场价格的变化到供给的变化需经过较长时间。从需求的角度讲,房地产是人们生产、生活的最基本的需求之一,因而房地产的需求价格弹性很低。

5. 投资区位的选择要求严格

房地产投资比其他任何投资都重视对投资区位的选择。区位是土地投资价值的最重要的因素,对于建筑物的价格也有一定的影响。另外房地产周边社会经济环境、房地产自身利用方式的变化也将在很大程度上改变该房地产的价值。此外,房地产投资对土地区位和使用类型的选择不但要考虑经济因素的影响,也要考虑政府政策、法规限制、社会文化演变等因素。

6. 专业管理依赖性较强

房地产投资要达到投资效益最大化,相应的专业管理必不可少,表现在如下方面:①投资者在房地产开发投资上需要具备获取土地使用权、规划设计、工程管理、市场营销、项目融资等方面的管理经验和能力;②置业投资上,投资者需要考虑租客、租约、维护维修、安全保障等问题,需要物业管理专业人员提供专业服务;③房地产投资还需要税务会计师、律师等提供专业服务。

除上述特征外,房地产投资的投资周期长、投资量大、受社会经济发展影响大和易受国家宏观经济调控的影响等特征也是值得投资者重视的。

(四) 房地产价值的影响因素

影响房地产价值的因素主要包括交通状况、周边环境、物业管理、配套设施、房地产质量等。

1. 交通状况

交通状况决定着地段的好坏,地段是影响房地产价格最显著的因素。有一条合格宽阔的道路,可以使不好的地段变成好的地段,相应的房地产价值自然也就直线上升。

2. 周边环境

周边环境主要包括生态环境、人文环境、经济环境,如房地产周边具备市场、商场、公园、医院、银行、健身场所等生活场所越多,为使用者生活上提供越多便利,其价值就越高。

3. 物业管理

投资者以投资为目的购买房地产,应慎重选择物业管理公司,因为物业管理公司的资质、信誉和服务水平会直接影响到房地产升值的空间。

4. 配套设施

"不出小区就能够解决所有的生活问题",是现代小区模式的最高标准。小区内的配套设施越是齐全,房地产升值的潜力越大,配套完善的过程,就是房地产的升值过程。

5. 房地产质量

房地产价值的高低,首先取决于房地产内在价值量的大小。房地产的设计标准和建造质量越高,其价格就越大,相应价值就越高。

除上述因素外,影响房地产价值的因素还有经济因素、社会因素、行政因素、自然因素等其他因素。其中,经济因素主要包括供求状况、物价水平、利率水平、居民收入和消费水平等;社会因素主要包括社会治安状况、居民法律意识、人口因素、风俗因素、投机状况和社会偏好等方面;行政因素指影响房地产价格的制度、政策、法规等方面的因素,包括土地制度、住房制度、城市规划、税收政策与市政管理等;自然因素主要指房地产所处的位置、地质、地势、气候条件和环境质量等。

(五)房地产投资的优缺点

1. 房地产投资的优点

(1)收益性多样性。房地产投资的收益主要有销售收益、租金收益、负债经营收益等。投资房地产的平均收益率要高于银行存款利率和债券投资收益率,并仅次于投资股票的收益率。其次,房地产投资还能间接减少投资者的纳税支出。

(2)耐用性。房地产是人们生活的必需消费品,但不同于一般的消费品,房地产长期且耐用。这种长期耐用性,为投资盈利提供了更多时间机会。

(3)较强的增值性。房地产具有不断增值的潜力。由于土地资源的稀缺性、不可再生性,以及人口上升、居民生活水平的提高,整个社会对房地产的需求长期处于上升趋势。人们总是要住房子的,而且有不断改变居住条件的需求。这些机会为房地产投资带来可预期的收益。

(4)良好的保值性。由于房地产是为人们生产、生活所必需的,科技进步、社会发展等因素对其影响相对一般消费品(如汽车、电脑、家用电器等)较小,因而房地产相对其他消费品,具有相对稳定的价值,即使在经济衰退时期,房地产的使用价值变化不大,因此房地产投资具有良好的保值性。

(5)易于获得金融机构的支持。由于房地产具有价值量大和位置不可移动性,并且房地产具有增值保值的优点,房地产可作为一种容易被金融机构所接受的抵押担保品,银行等金融机构更愿意提供低利息贷款来支持房地产投资。

(6)能提高投资者的资信等级。购房是当下衡量个人经济能力的一种方式,房地产可作为投资者资金实力的证明,对于提高投资者的资信等级,获得更多更好的投资交易机会具有重要意义。

2. 房地产投资的缺点

(1)资金占用量大。投资房地产需要足够资金,在房地产出售变现之前,需要支付成本,比如水电媒体、物业费用、税金费用及房屋维修费用等,其次,投资房地产可能会面临现金流短缺,货款无法及时归还等违约风险。

(2)资金周转较慢。房地产投资回收期长,如房地产开发投资回收期是从开发开始至结束,通常要3~5年;置业投资回收期更长,因此,并不是所有投资者都能承受这么长时间的资金压力和市场风险。

(3)投资风险较大。房地产价值量大、占用资金多,决定了房地产交易的完成需要一个相当长的过程。直接影响到房地产的流动性和变现性,即房地产投资者在急需现金时,无法将手中的房地产尽快出售,即使出售也难达到合理的价格,从而影响其投资收益,给房地产投资者带来变现收益上的风险。

(4)专门的知识和房产投资经验。房地产开发涉及的程序和领域相对复杂,因而需要投资者掌握的知识和经验是多方面的,既要求投资者具备有关房地产方面的专业知识,也要求投资者具备相应的房地产投资经验。

上述优缺点主要是针对房地产的直接投资者而言的,不是指通过购买房地产公司股票和债券的投资者。

三、房地产价格的构成

房地产价格是其价值的货币表现形式,即在土地开发、房屋建造和经营过程中,凝结在房地产商品中的活劳动与物化劳动价值量的货币表现。房地产价格的基本构成要素如下:

1. 土地成本

土地成本是指土地价格或使用费。在房地产开发过程中,开发商首先需要获得土地的使用权,然后才能开展房地产开发和经营。土地成本主要由土地出让金、土地拆迁整治费用、城市建设配套费、征地费、拆迁和安置费用等构成。土地成本约占房价的30%。由于房地产具有不可移动性,这一特性导致了房地产价格因土地资源相对稀缺程度的不同而存在很大差异。即使是建筑质量在同一档次的房地产,其价格也会因为房地产所处区位的不同而存在明显差异。

2. 建造成本

房屋的建造成本主要包括前期开发工程费(如征用土地的拆迁安置费、勘察设计费、项目论证费以及我国的"三通一平"基础设施建设费等)、建筑安装工程费(即房地产建筑的造价包括主体工程费、附属工程费、配套工程费以及室外工程费等)。建造成本是房地产价格的主要组成部分,约占房价总额的40%。由于建筑材料、劳动力价格的刚性,这部分成本相对比较透明,波动相对较小。

3. 开发管理费

开发管理费包括房地产开发企业发放给职工工资支出、广告费和办公费等。

4. 开发商的利润

对于由市场定价的商品房,房地产开发企业的利润率是不固定的,该利润率取决于企业的经营管理水平。而我国对于由政府定价的安居房、廉租房等,利润率则限定在某一范围以内(如经济适用房利润率控制在3%以内)。

5. 税金

税金包括增值税、所得税、房地产交易的契税、城市维护建设费、教育费附加、印花税等。税费支出部分占房价的15%~18%。

6. 其他支出

其他支出是指部分不可预见的费用及风险。例如,由于市场或政策变化带来的土地成本、建造成本、市场售价、开发周期、贷款利率等方面的变化。

四、房地产投资的风险

房地产投资风险是指由于投资房地产而造成损失的可能性。房地产投资过程中,投资者面临的风险主要有以下几种:

1. 流动性风险

流动性风险是指将房地产变现时存在潜在困难而造成的投资者收益的不确定性。由于房地产价值量大、占用资金多,并且具有位置上的不可移动性,因而投资于房地产项目中的资金流动性差,变现性也较差。

2. 购买力风险

购买力风险是指由于物价总水平的上升使得人们的购买力下降。在收入水平一定及购买力水平普遍下降的情况下,人们会降低对房地产商品的消费需求,从而导致房地产投资者的出售或出租收入减少,带来投资损失。

3. 社会风险

社会风险是指由于国家的政治、经济因素的变动,引起的房地产需求及价格的变动而造成的风险。当国家政治形势稳定经济发展处于高潮时期时,房地产价格上涨;当各种政治风波出现和经济处于衰退期时,房地产需求下降,房地产价格下跌。

4. 交易风险

目前房地产市场信息严重不对称。房地产的外形、风格、装修、位置等差异,导致房地产价格相差很大。进行房地产投资时,投资者应注意不同位置上同类房地产的价格差异。

5. 利率风险

利率风险是指利率的变化给房地产投资者带来损失的可能性。利率的变化对房地产投资者的影响主要有两方面:①对房地产实际价值的影响,利率上升,房地产实际价值下降;②对房地产债务资金成本的影响,贷款利率上升,会直接增加投资者的投资成本,加重其债务负担。

6. 财务风险

财务风险是指由于房地产投资主体财务状况恶化而使房地产投资者面临不能按期或无法收回其投资报酬的可能性。引发财务风险的主要原因有:①购房者未能在约定的期限内支付购房款;②投资者运用财务杠杆,过多利用贷款融资,增大投资的不确定性、收不抵支、抵债的可能性,既而引发财务风险。

7. 自然风险

自然风险是指由于人们对自然力失去控制或自然本身发生异常变化,如地震、火灾、滑坡等,给投资者带来损失的可能性。灾害因素又被称为不可抗拒的因素,其一旦发生,就必然会对房地产行业造成巨大破坏,从而给投资者带来很大的损失。

第二节 个人购房能力评估

一、房地产投资价值评估

一宗房地产价格是否合理,是否值得投资,需要投资者估算其价值来加以判断。国内外主要通过以下四个指标来测算。

1. 房价收入比

房价收入比是用房屋的平均价格与家庭年平均总收入之比来计算。其计算公式为:

$$房价收入比 = 每户住房总价 \div 每户家庭年总收入$$

房价收入比越高,表明房价相对于家庭收入水平偏高,购房者需积攒房款时间长,风险高。

> 【特别提示】
> 合理的房价收入比数值的确定,可参考国际常规数据,如世界银行和联合国人类住区规划署分别得出的"合理的住房价格"支出,应该为每个家庭3~6年和4~6年的收入。

2. 租金乘数

租金乘数又称房价租金比,是房价总额与每年租金收入的比值。国际上一般以12~15倍为宜。如果房地产的租金乘数超过15倍,很可能会给投资者带来负现金流。需要注意的是,此方法未考虑房屋空置与欠租损失及营业费用、融资和税收的影响。其计算公式为:

$$租金乘数 = 房价总额 \div 每年潜在的租金收入$$

3. 月收入的房贷最大可负担比率

月收入的三分之一是房贷按揭的一条警戒线,越过此警戒线,将出现较大的还贷风险,并可能影响生活质量。如果该比例超过50%,就会严重影响购房者的正常生活。

4. 租售比

租售比是反映房价对使用价值偏离程度的指标,是指每平方米使用面积月租金与每平方米建筑面积房价之间的比值,其计算公式为:

$$租售比 = 每平方米使用面积月租金 \div 每平方米建筑面积房价$$

国际上用来衡量一个区域房产运行状况的租售比的范围为1∶200到1∶300,如果租售比低于1∶300,表明该区域的房产投资潜力相对较小;如果高于1∶200,表明该区域的房产投资潜力相对较大。

二、个人购房能力评估

投资者进行房地产投资除了了解该房地产投资的价值外,衡量个人目前的购房能力也是必要的。若要决定购房,就要测算个人的购房支付能力,根据计划购房的时间、房屋坐落、房屋面积及购房者的经济能力等,测算个人可负担的房屋价格,决定购买住房的类型。个人购房能力评估具体方法包括年收入概算法和目标精算法。

1. 年收入概算法

年收入概算法用于测算可负担房价,即以储蓄及还贷能力估算负担得起的房屋总价。年收入概算法可以通过下列公式概算可负担的房屋总价。

$$可负担首付款 = 目前年收入 \times 负担首付的比率上限 \times 年金终值系 + 目前净资产 \times 复利终值系数$$

$$可负担房贷 = 目前年收入 \times 复利终值系数 \times 负担首付的比率上限 \times 年金现值系数$$

$$可负担房屋总价 = 可负担首付款 + 可负担房贷$$

$$可负担房屋单价 = 可负担房屋总价 \div 需求面积$$

【例 6-1】 王女士年收入 10 万元,预估收入成长率为 6%,负担首付款的比率上限为 30%。目前净资产为 15 万元,打算 5 年后购买面积为 100 m² 的房子,投资报酬率为 8%,贷款年限为 20 年,贷款利率为 7%。

要求:计算王女士可负担的房屋总价和房屋单价各是多少。

解:$FVIFA_{8\%,5}=5.667$,$FVIF_{8\%,5}=1.469$,$FVIFA_{6\%,5}=1.338$,$PVIFA_{7\%,20}=10.594$

可负担首付款=100 000×30%×5.667+150 000×1.469=170 010+220 350
=390 360(元)

可负担房贷=100 000×1.338×30%×10.594=425 243.16(元)

可负担房屋总价=390 360+425 243.16=815 603.16(元)

可负担房屋单价=815 603.16÷100=8 156.03(元)

答:王女士可负担的房屋总价为 815 603.16 元,可负担的房屋单价为 815 6.03 元。

2. 目标精算法

目标精算法按购房者想要购买的房屋总价计算每月需要负担的费用,计算公式如下:

欲购买房屋总价 = 房屋单价×需求面积

需要支付的首付款 = 欲购买房屋总价×(1－按揭贷款比率)

需要支付的房贷 = 欲购买房屋总价×按揭贷款比率

每月偿还的贷款本息 = 需要支付的房贷÷年金现值系数÷12

【例 6-2】 宋先生所在城市房屋均价为 8 000 元/平方米,宋先生计划购买 100 平方米的房子作为婚房,按现行政策,可三成首付、七成贷款,贷款年限 20 年,贷款利率为 7%。

要求:请计算宋先生购买房屋后每月需负担的费用。

解:欲购买的房屋总价=8 000×100=800 000(元)

需要支付的首付款=800 000×30%=240 000(元)

需要支付的房贷=800 000×70%=560 000(元)

每月偿还的贷款本息=560 000÷$PVIFA_{7\%,20}$÷12=560 000÷10.594÷12
=4 405(元)

答:宋先生购买房屋后每月需负担费用为 4 405 元。

【特别提示】

(1) 购房总支付价格除房款本身之外,还包括相关税费和装修费等,加总上述费用得出的结果就可以评价个人总的购房能力,也就是购房规划要实现的财务目标。购房总支付价格的计算公式为:

购房总支付价格=房屋总价格＋各项税费及装修

(2) 通常贷款年限不得超过 30 年,并且还要考虑收入及贷款利率的预期变动情况。一般来讲,首付款能力不低于房价的 20%,而家庭现有存款和向亲朋好友的筹资金额,决定了首付款能力和各项税费及装修费的支付。

三、房地产投资策略

投资者在进行房地产投资时,应当对前文提及的宏观和微观因素进行全面了解。特别应当注意的是,房地产投资面临较大的政策风险。当经济过热,政府采取紧缩的宏观经济政策时,房地产行业会步入下降周期,房地产价格降低,投资者面临资产损失的风险。

投资者要求的回报类型对其投资决策也有很大影响,如要求租金收入的投资者与要求增值收入的投资者会在不同的交易市场选择不同类型的房地产进行投资。投资者在进行房地产投资时应遵循以下策略。

(1) 选择熟悉的、有一定经验的房地产类型进行投资。初次投资房地产者,应选择一些简单的投资项目。投资者应在有关投资类型、方式、规模、地区、时机等方面,制定一个适合的投资规划。

(2) 充分估计财务状况和融资能力,要确保收益足以偿还贷款。

(3) 对拟投资项目做充分的投资可行性研究。

(4) 选择具有良好信誉及同类型房地产销售经验的代理人或代理机构。

(5) 聘请经济师、会计师、律师等专业人员,进行有关投资的税收、财务、合同等方面的咨询分析。

(6) 在价格与买卖合同的谈判方面,占据优势地位。

(7) 投资的目的是通过租售获取利润,因而在选择投资对象时,要通过调查分析,尽可能从项目的预期承租人和购买人的消费需求角度出发,考虑投资对象的特征和投资成本之间的关系即投资对象的效用价值。

四、房地产投资规划

(一) 全款买房和按揭贷款买房

房地产投资在资金支付方式方面主要有全款买房和按揭贷款买房两种,二者各有利弊。

1. 全款买房的优劣分析

1) 全款买房优势

(1) 支出较少。全款买房虽然需要一次支付的资金多,但从买房付款的总数来看比贷款买房节约资金,比如可以免除各种手续费、银行贷款利息等。而且,一次性付清房价,可与开发商在价格谈判上占据优势,获得更多的优惠,节省购房款。目前,针对一次性付款购买商品房给予购买者一定的折扣优惠,已成为开发商的优惠活动,只是折扣力度不同,如购买一套总价200万元的住宅,若一次性付款,开发商给予3%的优惠,仅这一项就可以节省6万元的购房支出。

(2) 流程较简单。全款买房可直接与开发商签订购房合同,省时方便。相比购置二套房产的购房者而言,除了省去了贷款利率上浮的支出,也节省与银行周旋的时间和精力。

(3) 没有贷款压力。全款买房没有还贷的压力,不用每个月为房贷担忧。此外,全款买房能够节省时间成本,不必进行任何资信认证。

(4) 容易转让。从投资的角度看,付全款购买的房子再出售比较方便,不必受银行贷款的约束,一旦房价上升,转手套现快,退出容易。即便不想出售,发生经济困难时,还可以向银行进行房屋抵押。

2) 全款买房劣势

(1) 资金压力大。一次性全款购房,对于经济基础较为薄弱的购房者来说,会成为负担。如果资金不是特别充裕,一次性购房的投入太大,会影响购房者的其他投资。

(2) 变数较大。房地产市场大多数在售房源为期房,购房者选择一次性付款会加大购房风险。选择一次性付款,开发商会要求购房者在预售阶段交纳所有房款。但是,在交易过程中,很多预售楼盘存在五证不全等问题,虽然销售人员承诺在一定时间段内会解决,但对购房者来说,却充满了未知的变数,风险太大。

(3) 风险较大。对于购买期房的购房者来说,如果开发商没有按期交房,或因工程资金不足等原因,无法完成交付使用甚至工程"烂尾",那么交付了全款的购房者就有可能损失部分或全部的资金。

2. 按揭贷款买房优劣分析

1) 按揭贷款买房优势

(1) 资金投入较少。按揭就是贷款,即通过向银行贷款支付房款,购房者不必支付全部房款即可买得房产,所以按揭贷款购房的优势就是帮助大多数购买者提前预支房款。

(2) 资金使用灵活。按揭贷款买房,首付占用资金少,贷款的还款期限较长,并且贷款购房者可以把资金分开投资,比如贷款买房出租,以租养贷,然后再投资其他项目,这样资金使用更灵活,可把有限的资金用于多项投资。

(3) 自然保险性高。按揭贷款是向银行筹集资金购房,除了购房者关心房产的优劣势,银行也会对其进行审查。银行除了审查购房者本身外,还会替购房者审查开发商,为购房者把关。购房的自然保险性就提高了,风险也就降低了。

2) 按揭贷款买房劣势

(1) 背负债务重。如果贷款买房,购房者需负担沉重的债务。以按揭贷款买房不适合保守型的购房者。

(2) 流程较为繁琐。贷款买房涉及手续繁琐。同时,由于现在银行贷款额度紧张,审批严格,等贷时间长则半年,贷款将整个购房时间拖长。

(3) 不易迅速变现。贷款买房是以房产本身抵押贷款,所以房产再出售困难,不利于购房者转让。

(二) 买新房和买二手房

购房者买新房还是买二手房也是房地产投资的重要选择之一。该项选择通常因不同人群、不同的生活方式和选择而不同。从选择住宅的角度分类,新房比较适合于有一定经济基础,注重追求生活品位和居住环境,有能力预支未来的人。二手房比较适合首次置业者、工薪阶层、中等收入群体等。但具体到实际,还要根据个人或家庭的实际情况和不同需求,再结合新房和二手房的优劣势来合理安排,选择最适合的方式。

1. 新房优劣分析

1) 新房优势

(1) 选择空间较大。买新房在房型、朝向、楼层等方面都有很大的选择空间,不同于二手房"受制于人"。

（2）户型设计好。优质的户型不仅会增加生活的便利性,也会提升整体居住的品质。首先,新房设计较好,房型缺陷较少,功能更齐全。开发商一般能够注重小区绿化、景观造型、物业管理及配套设施建设等;部分开发商为了尽快卖房,有可能采用先进的建材(如节能环保材料、高新科技建材)以及新颖的建筑设计。其次,一般来说新房销售是分批次进行的,它的户型也可根据当下市场最合理的设计来规划,因此相比之前的老房子来说,会更加地时尚和前卫,即使之前新房在户型设计上存在缺陷,这点也会克服之前在户型设计上的缺陷。

（3）首付较少。新房的首付一般最低为总房款的三成,这对于很多计划购房的家庭来说,首付款和贷款压力是可以承受的。而二手房的首付款一般是总房款五成,况且二手房还需要进行综合评估之后才能确定贷款额度,相比新房来说,不仅手续麻烦,购房的门槛也高。

（4）税费较少。无论购置新房还是二手房,都是需要缴纳一定的税费,但是相比购买二手房的税费,购买新房需要交的税费较少。购买二手房需要缴纳的有契税、个人所得税、增值税等,而购买新房,购房者只需缴纳契税以及维修基金。

（5）优惠活动较多。购买新房,房地产开发商可能大幅度让利,为购房者提供各种各样的优惠活动。

2）新房劣势

（1）购房风险大。新房大部分都是处于在建过程中,购房者只能通过沙盘、样板间来进行参考,因此很多规划和配套都是需要一定时间才能落实;交房期不确定,无法马上入住(一般在购房后一年左右才能居住,要多支付一年的利息和租金);新楼盘周边配套设施不方便,有待进一步提高;目前有些新盘地理位置相对比较差,生活成本较高,交通需要一段时间才能成熟。这些因素都会增大购买新房的风险。

（2）价格走高。如今随着生活成本的增加,房地产行业沙子、钢筋、人工等成本费用上涨迅速,间接导致房价的上涨,况且近几年来,从土地交易市场可知,拿地成本越来越高,房价必然受到影响。

2. 二手房优劣分析

1）二手房优势

（1）房源选择面广。购买二手房,选择空间大,所见即所得,购房者可以根据个人的喜好进行选择。如小区的交通配套,房屋自身的户型,小区环境及居住人群素质等。

（2）价格弹性大。价格是购房时首要考虑的因素,而二手房的价格是新房的竞争优势。通常,在相同的地区,新建的住房价格会比二手房的价格要高,而且新房的价格一般都是固定的,个人同开发商之间议价空间小,但二手房是可以和房主商量价格。

（3）房屋质量可控。房屋质量是影响购房决策的关键因素,二手房都是经过多年的使用,房屋质量一目了然,很多潜在的问题很容易被发现。同时,购房者还可通过走访周边的邻居,了解房屋质量状况和物业管理水平。

（4）同等价位下,地段与配置更佳。相比许多新房建在郊区,二手房所在的地段大多都位于市区。出行相对比较方便,周边的交通比较完善,而且二手房所在的小区经过多年的发展,各类生活配套都日趋完善,生活相对便利。因而在同等价位下,二手房相比新房的地段与配置更佳。

(5) 交易风险相对较低。二手房都是现楼交易,也不会出现"烂尾"的现象,降低了交易的风险。另外,二手房交易越来越趋向于公开透明,房屋有无房产证,是否可以交易,可到房屋管理部门查询相关信息。对于购房者而言,不容易上当受骗,而且办理产权和过户,也能做到心中有数。

2) 二手房劣势

(1) 流程较为复杂,易增加购房风险。新房的诸多事宜可由开发商代为办理,而二手房的流程需要自己亲力亲为。流程复杂增加购房者的时间成本,还会使交易过程中存在一些安全隐患,如:原房东若尚未还清贷款,那会使得交易越来越困难,并且二手房交易还可能遇到卖家违约的情况,这些都会增加购房风险。

(2) 二手房的房龄会影响银行贷款。目前银行对二手房的贷款要求比较严格。二手房的房龄是银行贷款审批的重要考量。商业贷款要求贷款年限和房龄年限之和不能大于50年。因此,如若房屋比较陈旧,那么会增加购房者从银行贷款的难度。

(3) 涉及的税费较多。二手房交易过程中涉及的税费较多,包括增值税、个人所得税、土地增值税、印花税、城市维护建设税、契税、教育费附加等,这些都会增加购房者的负担。

(4) 房屋或物业陈旧,增加购房成本。很多二手房外观上比较陈旧,内部结构不很合理。居住的品质不高,而且房屋陈旧相应地会增加房屋维修费用,增加物业的维护成本。并且,早年的小区物业都比较差,整体的管理能力落后,在小区卫生、绿化、门禁、安保、消防等方面都可能存在问题。这些都无形地增高了实际的购房成本。

(三) 租房与购房

1. 租房与购房的比较分析

虽然购房与租房的居住效用相近,但各有利弊,具体表现如下:

(1) 租房的优点:①能够应对家庭收入的变化;②资金较自由,可寻找更有利的运用渠道;③有能力使用更多的居住空间;④有较大的迁徙自由度;⑤不用考虑房价下跌风险;⑥瑕疵和毁损风险由房东负担。

(2) 租房的缺点:①非自愿搬离的风险;②无法按照个人的期望装修房屋;③房租可能增加;④无法追求房屋差价利益;⑤无法通过购房强迫储蓄。

(3) 购房的优点:①对抗通货膨胀及资本增值;②强迫储蓄累积实质财富;③提高居住质量;④信用增强效果;⑤满足拥有自有住宅的心理效用。

(4) 购房的缺点:①缺乏流动性;要换房或变现时,可能要被迫降价出售;②维持成本高。如投入装潢可提高居住品质,也代表较高的维持成本;③赔本损失的风险。房屋毁损,房屋市价下跌。

2. 购房或租房的决策方法

购房或租房的具体决策,受购房者对房产的心理效用与对未来房价的预期影响,并且与个人偏好、个人的财务状况等因素息息相关。购房者可期待房地产增值的利益,而租房者只能期待房租不要随时上涨。即使是同一宗可租可售的房地产,不同的人会在租房与购房之间做出不同的选择。购房与租房的决策方法主要包括年成本法、净现值法和租售比法。

1) 年成本法

年成本法是指通过比较购房与租房的年成本,选择成本较小的方式的一种决策方法。

(1) 购房。购房的成本主要是首付款与房屋贷款利息(不考虑诸如物业费等使用成本),计算公式为:

购房年成本＝利息支出＋首付款机会成本＋年维修费及税金＋折旧
　　　　＝首付款×机会成本率＋贷款余额×贷款利率＋年维修费及税金＋折旧

(2) 租房。租房的成本为房租和租房押金的机会成本。计算公式为:

租房年成本＝年租金＋押金机会成本＝年租金＋租房押金×机会成本率
　　　　＝月租金×12＋月租金×12×当年存款利率

购房后总价款固定,如果贷款利率不变,随着每年还款,贷款余额逐渐减少,因此,购房年成本逐渐降低,如果将来房租不断上涨,则租房年成本逐渐上升。

【例 6-3】 某地区一套 200 m² 的房子,平均价格为 6 000 元/m²。购房需要首付 30%,即为 360 000 元,另贷款 840 000 元,贷款利率为 6.6%,房屋每年折旧 2%。如果租房,每月租金为 3 000 元,押金 3 个月。假设购房首付款和租房押金的机会成本为 4.5%。

要求: 根据上述信息使用年成本法判断购房还是买房。

解: 购房年成本＝360 000×4.5%＋840 000×6.6%＋1 200 000×2%
　　　　　　　＝16 200＋55 440＋24 000＝95 640(元)
　　租房年成本＝3 000×12＋3 000×4.5%×3＝36 000＋405＝36 405(元)

由于租房年成本远低于购房年成本,因此选择租房。

答: 根据上述信息使用年成本法判断应选择租房。

【特别提示】

年成本法只能作为参考,人们在租房或购房时还要考虑房租上涨概率、房价波动和利率的变化等因素。

2) 净现值法

净现值法是指在一个固定的居住期间内,将租房及购房的净现金流量折现为现值,通过比较两者的现值大小的一种决策方法。房屋需求者在决策时选择两者中净现值低的。计算公式如下:

$$NPV = \sum_{t=0}^{n} \frac{CF_t}{(1+i)^t}$$

式中,NPV 为净现值;t 为年份数;CF_t 为各年的净现金流量;i 为折现率。

计算净现值时只考虑现金流量,在年成本法中计算涉及的租房押金利息与购房折旧成本由于并非实际现金支付,所以不作为现金流出;在年成本法下,房贷只计利息,在净现值法下,房贷计算的是本利平均摊还额。

> 【特别提示】
> （1）如果不考虑在同一个地方住3年以上，最好还是考虑租房。因为，这期间房租上涨的幅度一般会低于房贷利息的负担，若购房者装修后居住时间短于3年，折旧成本太高。
> （2）如果频繁更换住房，房屋的交易成本，如中介费用、契税、土地增值税等合计占房价的3%以上，再考虑购买的住宅会比租房装修费用高，除非房价3年间大幅上涨，否则计入中介及装修等费用后的净现值流出会比租房高。

3）租售比法

通过使用租售比法可以评估购房相对于租房的吸引力，其计算公式如下：

$$租售比 = 每平方米使用面积月租金 \div 每平方米建筑面积房价$$

3. 购房或租房决策的影响因素

影响投资者购房或租房决策的因素包括：

(1) 房租增长率。房租增长率越高，购房越划算。

(2) 房价增长率。房价增长率越高，购房越划算。

(3) 居住年数。居住时间越长，购房越划算。

(4) 利率水平。利率水平越高，租房越划算。

(5) 房屋的持有成本。房屋的持有成本越高，租房越划算。

(6) 租房押金。押金水平越高，购房越划算。

(7) 按揭贷款利率。按揭贷款利率越高，租房越划算。

4. 适宜租房的人群

(1) 刚步入社会的年轻人。刚工作的年轻人收入较低，日常生活开销高，甚至没有资金交首付和手续费。工作和家庭状况不稳定，如果在工作起步的同时买房，则不仅会动用父母的积蓄，而且得承担过重的还贷压力。因此，年轻人通常会选择租房，未来积累一定资金后再选择购房。

(2) 工作地点与生活范围不固定者。因为工作关系需要频繁轮换工作地点或者派遣到其他城市工作者，不适合购房，因为房屋是不动产，不会随着购房者的变动而发生变化。因此该类房屋需求者可以先租房，等到能够真正安定下来的时候再实施买房计划。

(3) 储蓄不多、收入不稳定的家庭。当家庭储蓄不多时，购房时，首付款占家庭总储蓄比重过大，此时购买房屋可能会使得家庭财务因缺乏弹性而无法应付生活中的危机事件和紧急开支。

第三节　个人购房融资规划

个人在购房之前首先要确定购房目标，包括购房时间、购房面积、购房单价等。在明确购房目标后，要确定购房资金的总需求，即购房的成本，包括首付款、手续费和相关税费等。

在明确购房资金总需求后,下一步是衡量购房者的购房负担能力,并根据购房负担能力进行购房融资规划,即在确定首付额度和贷款额度后,根据首付额度和贷款额度选择贷款方式及还款方法。

一、拥有房产的成本

个人在进行购房规划前,首先要考虑能否负担得起购房成本。评估购房负担能力时需考虑两个方面:①能够负担房屋的首付款和相关税费;②能够负担每月现金还款、扣点费及房屋的维护费用。

1. 首付款

首付款就是买房时按国家比例第一次支付的最低比例款项,当然支付也可以高于这个额度,但是不能低于它,余下的从银行贷款。首套房首付是总房款的20%,二套房的首付是总房款的30%。因为考虑到贷款的还款风险,相关的部门会要求购房者提供一部分首付,就是预先由个人支付一部分房款,以证明其还款能力。

2. 相关税费

房产相关税费包括契税、印花税及手续费等。其中,手续费是指在贷款完成后,借款人(购房者)使用资金购买房产时支付的所有费用。手续费和首付款一样,是买房时要提前准备的资金。手续费包括贷款申请费、贷款发放费、证书查验费、保险费、律师或公证费、评估费和其他各种费用等。

3. 扣点费

扣点费是指出借人(银行)在提供贷款时收取的费用。扣点费类似于利息一样,是借款的费用。与出借人可出借的资金及按揭贷款需求有关,需求超出供给越多,扣点费需支付的就越多。

4. 按揭贷款

按揭贷款是指以按揭方式进行的一种贷款业务。住房按揭贷款就是购房者以所购住房作抵押并由其所购买住房的房地产企业提供阶段性担保的个人住房贷款业务。所谓按揭是指按揭人将房产产权转让按揭,受益人作为还贷保证人在按揭人还清贷款后,受益人立即将所涉及的房屋产权转让按揭人,过程中按揭人享有使用权。

(1) 按揭贷款的构成。按揭贷款还款主要由本金、利息、房产税和房屋保险等组成。其中,房产税是以房屋为征税对象,按房屋的计税余值或租金收入为计税依据,向产权所有人征收的一种财产税;房屋保险属于家庭财产保险范畴,主要保障火灾、爆炸、雷击等自然灾害和意外事故造成的房屋损失。房屋保险一般由屋主或住户投保,保险费率为0.1%~0.2%,发生损失时,保险公司按房屋的实际价值计算赔偿,但以不超过保险金额为限。按揭贷款以房产为抵押物进行贷款,如果借款人(购房者)违约,出借人将有权出售房产以偿还借款人(购房者)的欠款。

(2) 按揭贷款的种类。按揭贷款的种类很多,其中最常见的是固定利率按揭贷款和浮动利率按揭贷款。购房者在使用按揭贷款融资时,可以在这两种贷款方式中进行选择。房屋贷款中的大部分是固定利率按揭贷款。固定利率按揭贷款的特点是在贷款期内,利率和贷款还款额都是固定的,即在按揭贷款有效期内利率水平始终保持不变。当购房者预测未来市场利率水平将要上升时,他们更倾向使用固定利率按揭贷款。因为固定利率按揭贷款的每月还款额将不会随利率水平的上升而增加。浮动利率按揭贷款也是一种普遍的购房贷款方式,在这种贷款方式下,利率和月还款额都随着市场利率的变化而变化。浮动利率按揭贷款的优势表现为当市场利率下降时,借款人(购房者)支付的贷款利率也将随之下降。这将减少借款人(购房者)每个月的贷款还款额。相比较固定利率按揭贷款而言,浮动利率按揭贷款的主要优势在于初始利率水平要更低一些。不过,如果将来利率水平上升,浮动利率按揭贷款的利率水平可能就要超过固定利率按揭贷款的利率水平,借款人(购房者)要支付更多的贷款利息。

5. 维护与运行费用

除了每月的按揭贷款还款,购房人还要支付定期的房屋维护与运行费用。维护费用主要包括房屋的涂漆、设施和管道维修及草坪保养等;房屋的运行费用主要包括电力、天然气、自来水和污水的成本等。房屋越大、房屋越陈旧其维护和运行费用越高。

二、购房可负担能力分析

可负担贷款还款能力的关键因素,即在预算范围内,购房者每月最多可承担多少还款。该金额决定了购房者想要为购房而贷款额度。在购房贷款之前要先衡量一下个人的购房负担能力,购房的负担能力的衡量指标主要有住房负担比和财务负担比。

(1) 住房负担比。

$$住房负担比 = 房屋月供款 \div 月税后收入$$

房屋月供款占月税后总收入的比例一般不超过25%～30%。

(2) 财务负担比。

$$财务负担比 = 年负债支出 \div 年税后收入$$

购房者房屋供款及其他贷款的供款总额占年税后收入的比例一般应控制在40%以内。

三、住房贷款方式

明确购房贷款额度后,下一步就是确定购房的贷款方式。我国商业银行目前开办的个人住房消费贷款主要有住房公积金贷款、住房商业贷款、住房组合贷款。

1. 住房公积金贷款

住房公积金贷款是政策性的住房公积金所发放的委托贷款,是指按时向住房公积金管理中心正常缴存住房公积金单位的在职职工,在本市购买、建造自住住房(包括二手住房)时,以其拥有的产权住房为抵押物,并由有担保能力的法人提供保证而向住房公积金管理中心申请的贷款,该贷款一般由住房公积金管理中心委托银行发放。

(1) 贷款类别。住房公积金贷款的类别主要有:新房贷款、二手房贷款、自建住房贷款、住房装修贷款、商业性住房贷款转公积金贷款等。

(2) 贷款对象。个人住房公积金贷款对象为按时在住房公积金管理中心系统正常缴存住房公积金单位的在职职工。

(3) 贷款期限。借款人(购房者)的贷款期限一般不得超过30年,如果是二手房,且不能超过所购买房产剩余的土地使用年限。各地住房公积金管理中心规定的个人住房公积金贷款最高限额不同。

(4) 贷款利率。自 2024 年 5 月 18 日起,我国现行个人住房公积金贷款利率标准为:5 年以下(含 5 年)和 5 年以上首套个人住房公积金贷款利率分别调整为 2.35% 和 2.85%,5 年以下(含 5 年)和 5 年以上第二套个人住房公积金贷款利率分别调整为不低于 2.775% 和 3.325%。

2. 住房商业贷款

住房商业贷款是中国公民因购买商品房而向银行申请的一种贷款,是银行用其信贷资金向购房者发放的自营性贷款,一般为抵押贷款,俗称"按揭贷款"。它是指具有完全民事行为能力的自然人,在购买本市城镇自住住房(包括二手房)时,以其所购买的产权住房为抵押,作为偿还贷款的保证而向银行申请的住房商业性贷款。

(1) 贷款对象。个人住房商业贷款的贷款对象为中国公民。

(2) 贷款期限。借款人(购房者)的贷款期限一般不得超过 30 年,如果是二手房,且不能超过所购买房产剩余的土地使用年限。

(3) 还款方式。个人住房商业贷款以购房者所购买的产权住房为抵押,作为偿还贷款的保证。

(4) 贷款利率。2019 年 8 月,央行发布中国人民银行〔2019〕第 16 号公告,明确房贷利率的新政策,住房商业贷款利率以最近一个月相应期限的贷款市场报价利率(LPR)为定价基准加点形成。因此,每月 20 日公布的最新一期 LPR,决定着个人住房商业贷款的基本利率。此外,商业贷款利率还与借款人资质等有关,各个商业银行有所不同。

3. 住房组合贷款

住房组合贷款是指住房公积金管理中心和银行对同一借款人(购房者)所购的同一住房发放的组合贷款。借款人(购房者)申请住房公积金贷款不足以支付购房所需资金时,其不足部分可向银行申请住房商业贷款。申请个人住房组合贷款,只要同时符合个人住房商业贷款和个人住房公积金贷款的贷款条件即可。

(1) 贷款额度。组合贷款额度是指根据本人住房公积金月缴存额核定出住房公积金贷款的可申请额度,剩余款项再申请个人住房商业贷款。

(2) 贷款期限。各地区住房公积金管理中心制定的贷款期限不同,贷款时可向当地住房公积金管理中心咨询。需要注意的是,组合贷款中公积金贷款部分与住房商业性贷款部分的贷款期限必须一致。

(3) 贷款利率。组合贷款的商业贷款部分按照商业银行个人住房商业贷款标准执行,组合贷款的住房公积金贷款部分按个人住房公积金贷款利率执行。

(4) 还款方式。借款期限在 1 年(含 1 年)以内的,采用到期一次还本付息方法。借款期限在 1 年以上的,可采用等额本息还款法、等额本金还款法和当地住房公积金管理部门认可的其他还款方式。

四、购房贷款的实施流程

1. 住房公积金贷款的实施流程

住房公积金贷款的实施流程,如图 6-1 所示。

(1) 提出申请。借款申请人需提出书面贷款申请,并提交有关资料,由银行负责受理后

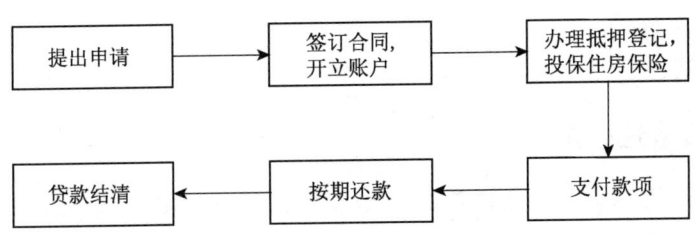

图 6-1 住房公积金贷款的实施流程

交住房公积金管理部门,等待住房公积金管理部门审批。

(2)签订合同,开立账户。借款申请经住房公积金管理部门审批通过后,由银行通知借款人签订借款合同和担保合同。选用委托扣款方式还款的借款人须在银行开立储蓄卡扣款账户。

(3)办理抵押登记,投保住房保险。签订合同后,应根据国家和当地法律法规办理抵押登记及其他必需的手续,抵押登记费用由借款人负担,抵押期间保险单正本由贷款银行保管。

(4)支付款项。借款人在银行填制贷款转存凭据,银行按借款合同约定,将贷款资金一次或分次划入售房人在银行开立的售房款账户内。

(5)按期还款。借款人按借款合同约定的还款计划和还款方式,委托银行分期扣款,按期归还个人公积金住房贷款本息。

(6)贷款结清。在贷款到期日前,借款人如提前结清贷款,须按借款合同约定,提前向银行或住房公积金管理部门提出申请,由住房公积金管理部门审批。贷款结清后,借款人从银行领取"贷款结清证明",取回抵押登记证明文件及保险单正本,并持银行出具的"贷款结清证明"到原抵押登记部门办理抵押登记注销手续。

2. 住房商业贷款的实施流程

住房商业贷款的实施流程,如图 6-2 所示。

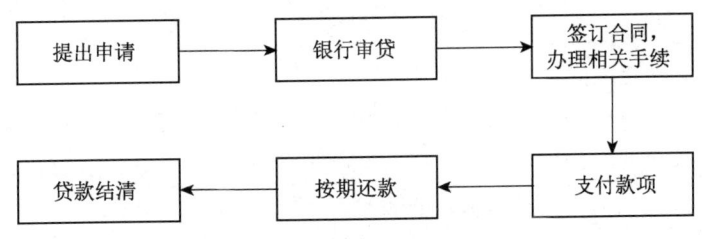

图 6-2 住房商业贷款的实施流程

(1)提出申请。借款人持银行规定的证明材料到贷款经办网点填写申请表。

(2)银行审贷。银行自收到贷款申请和符合要求的资料后,按规定对借款人担保、信用等情况进行调查,并按程序审批,在规定的时间内将审批结果通知借款人。

(3)签订合同,办理相关手续。借款人的申请获批后,与银行签订借款合同、担保合同,并办理公证、保险、抵押登记等手续。

(4) 支付款项。

(5) 按期还款。

(6) 贷款结清。

五、购房贷款还款法

购房贷款的还款法主要有等额本金还款法、等额本息还款法、组合还款法、等额递增还款法和等额递减还款法。

1. 等额本金还款法

等额本金还款法是指将本金分摊到每个月内,同时付清上一交易日至本次还款日之间的利息的方法。这种方式前期支付的本金和利息较多,还款负担逐月递减。等额本金还款法的月还款额计算公式为:

$$月还款金额 = 贷款总额 \div 贷款期月数 + 贷款余额 \times 月利率$$

$$贷款余额 = 本金 - 已归还本金累计额$$

此方法每月产生的利息要计入下月本金,进行利滚利。

2. 等额本息还款法

等额本息还款法是指每期向银行偿还等额的本金和利息的方法。该方法前期还款压力较小,支付总利息增加。此方法为当前普遍采用的房贷还款方式。等额本息还款法的月还款额计算公式为:

$$月还款额 = [贷款本金 \times 月利率 \times (1+月利率)^{还款月数}] \div [(1+月利率)^{还款月数} - 1]$$

【例 6-4】 小王购买了一套总价 120 万元的新房,首付为 36 万元,贷款 84 万元,期限为 20 年,贷款年利率为 6%。

要求:请分别采用等额本息还款法和等额本金还款法计算小王每月还款金额。

解:(1) 等额本息还款法:

每月还款额 $= [840\,000 \times 6\% \div 12 \times (1+6\% \div 12)^{240}] \div [(1+6\% \div 12)^{240} - 1]$

$= 6\,044.1(元)$

(2) 等额本金还款法:

第一个月还款额 $= 840\,000 \div 240 + (840\,000 - 0) \times 6\% \div 12 = 7\,700(元)$

第二个月还款额 $= 840\,000 \div 240 + (840\,000 - 3\,500) \times 6\% \div 12 = 7\,682.5(元)$

第三个月还款额 $= 840\,000 \div 240 + (840\,000 - 7\,000) \times 6\% \div 12 = 7\,665(元)$

……

最后一个月还款额 $= 840\,000 \div 240 + (840\,000 - 836\,500) \times 6\% \div 12 = 3\,517.5(元)$

答:采用等额本息还款法每月还款金额为 6 044.1 元,采用等额本金还款法每月还款金额为 7 700 元、7 682.5 元、7 665 元……3 517.5 元。

等额本金还款法和等额本息还款法的优缺点及适用范围:

等额本息还款法的优点在于借款人还款操作相对简单,相同的月供也有利于贷款人合理安排每月收支;缺点在于全期支付的总利息多。等额本息还款法适用于收入稳定的购房者,如公务员、教师等;等额本金还款法的优点在于月供逐月减少,所付总利息少;缺点在于每月还款额不同,不利于做收支安排。适用于经济能力较强,初期能够负担较多月供,想节省利息的贷款者,如面临退休的人。

等额本金还款法和等额本息还款法的比较:

(1) 计算方法不同。等额本息还款法,借款人每月以相等的金额偿还贷款本息。等额本金还款法,借款人每月等额偿还本金,贷款利息随本金逐月递减。

(2) 支付的利息总额不一样。在相同贷款金额、利率和贷款年限的条件下,等额本金还款法的利息总额要少于等额本息还款法。

(3) 还款前几年的利息、本金比例不一样。等额本息还款法前几年还款总额中利息占的比例较大(有时高达90％左右),等额本金还款法的本金平摊到每一期,利息借一天算一天,所以二者的比例最高时也就各占50％左右。

(4) 还款前后期的压力不一样。因为等额本息还款法每月的还款金额数是一样的,所以在收支和物价基本不变的情况下,每次的还款压力是一样的;等额本金还款法每次还款的本金一样,但利息是由多到少、依次递减,同等情况下,后期的压力要比前期轻得多。

(5) 考虑资金的时间价值。货币资金在不同的时间点上具有不同的价值。年初的1元钱价值要小于年底的1元钱,这是由于资金在周转使用后会产生增值。时间越长,资金实现的增值越大。不同时期的资金不能简单地比较大小,更不能相加。在比较不同时期的资金大小时,应根据资金的时间价值折算到同一时期才能进行比较。在比较两种还款法的偿还本息多少时,如果直接将各期应偿还的绝对值进行比较是不客观的。通过考虑时间价值,导致不同支付之间产生不同利息的因素,两种还款法在数量上是一致的。

(6) 两种还款方式适合不同人群。两种还款方式从本质上是一致的。中国人民银行之所以规定两种住房贷款的还款法主要是为了指导商业银行为按揭购房者提供不同程度的信贷支持。比较两种方法的还款金额,可以看出等额本金还款法的年还款额是逐年递减的,但前期的年支付金额要大于等额本息还款法,负担较重,适用于有一定积蓄或前期收入较丰厚,后期收入逐渐减少的借款人,如中老年人等。等额本息还款法每年的还款额相等,适用于预期收入稳定或递增的借款人,如青年人。计划贷款买房的购房者可以根据自身的经济状况和特点,包括各项收入、保险证券等其他融资渠道等综合情况,与银行协商确定采用还款方式,并订立合同。

3. 组合还款法

组合还款法指将贷款本金按比例分成若干偿还阶段,并确定每个阶段的还款期限,接着在每阶段里又按等额本息还款方式归还的方法。

4. 等额递增还款法

等额递增还款法是指把还款期限划分为若干时间段,每个时间段内月还款额相同,下一个时间段的还款额按一个固定金额递增的方法。适用于目前收入一般、还款能力较弱,但未来收入预期会逐渐增加的购房者,如刚工作的年轻人。

5. 等额递减还款法

等额递减还款法是指把还款期限划分为若干时间段,每个时间段内月还款额相同,下一个时间段的还款额按一个固定金额递减的方法。适用于目前还款能力较强,但预期收入将减少,或者目前经济很宽裕的购房者,如中年人或未婚的白领人士。

六、有效的还贷方法

1. 加速还贷

加速还贷指缩短还贷周期,增加还贷次数。

2. 提前还贷

提前还贷包括提前全部还款、提前部分还款且贷款期限不变、提前部分还款且缩短贷款期限 3 种情况。在等额本息贷款中,采用部分提前还款是节省贷款利息和缩短贷款时间的基本方法,也是最有效的方式。

3. 延长还贷

借款人在出现财务紧张或其他原因不能按时如数还贷时,可向银行申请延长贷款。延长贷款期限需要注意:① 借款人必须提前 20~30 个工作日向贷款银行提交"个人住房借款延长期限申请书"和相关证明;② 原借款期限与延长期限之和最长不超过 30 年,部分银行规定延期只限一次;③ 延期贷款需满足贷款期限尚未到期且延长期限前借款人必须偿清应付的贷款利息、本金及违约金这两个条件。

七、抵押贷款再融资

抵押贷款再融资是指按照更低的利率水平再申请一笔新的抵押贷款,用新贷款偿还之前借入的抵押贷款。当市场利率下降时,抵押贷款利率也随之下降,购房者可以通过抵押贷款再融资的方式获得一笔新的抵押贷款。

抵押贷款再融资的优点是每个月抵押贷款还款额的减少金额(甚至是考虑税收方面的影响)可能会大于新贷款的结算成本。当目前市场上的抵押贷款利率水平明显低于原有抵押贷款的利率水平时,抵押贷款再融资的价值会更高。若购房者预期会在该住宅居住的时间较长,抵押贷款再融资降低了每个月的贷款还款额,购房者便能从中获益,缺点是购房者还要再支付一次结算成本。

本章练习

一、单选题

1. 下列各项中,不属于房地产投资特点的是( )。
   A. 融资性较强　　　　　　　　　B. 对投资区位的选择要求严格
   C. 专业管理依赖性较强　　　　　D. 受经济社会发展影响大

2. 住房商业贷款的贷款期限一般不得超过( )年。
   A. 20　　　　B. 30　　　　C. 40　　　　D. 50

3. 5年以上个人住房公积金贷款年利率为( )。
   A. 3.1%　　　B. 2.75%　　　C. 4.75%　　　D. 4.9%

4. 李小姐所在城市房屋均价为8 000元/平方米,李小姐欲购买100平方米的房子作为婚房,按现行政策,可三成首付、七成贷款,贷款年限20年,贷款利率为7%,李小姐每月偿还的贷款本息为( )元。
   A. 4 650　　　B. 4 877　　　C. 4 405　　　D. 4 365

二、多选题

1. 下列各项中,属于房地产投资缺点的有( )。
   A. 资金周转较慢　　　　　　　　B. 不易获得金融机构的支持
   C. 投资风险较大　　　　　　　　D. 不利于提高投资者的资信等级

2. 下列各项中,属于房地产投资风险的有( )。
   A. 交易风险　　B. 利率风险　　C. 购买力风险　　D. 社会风险

3. 下列各项中,可以评估一宗房地产的价值的指标有( )。
   A. 房价收入比　　　　　　　　　B. 租金乘数
   C. 月收入的房贷最大可负担比率　D. 租售比

4. 购房贷款的还款法包括( )。
   A. 等额本金还款法　　　　　　　B. 等额本息还款法
   C. 等额递增还款法　　　　　　　D. 等额递减还款法

5. 按揭贷款买房的优势有( )。
   A. 资金投入较少　　　　　　　　B. 易迅速变现
   C. 资金使用灵活　　　　　　　　D. 自然保险性较高

三、简答题

1. 简述房地产的概念及房地产的特征。
2. 简述房地产投资的特点。
3. 房地产投资的影响因素有哪些?
4. 简述房地产投资的优缺点。
5. 简试述房地产价格的构成有哪些?
6. 房地产投资的风险有哪些?
7. 房地产投资中如何对个人购房能力进行评估?

8. 房地产投资的方式有哪些？各有哪些特点？

9. 简述等额本金还款法和等额本息还款法的不同之处。

10. 住房贷款的还款方式有哪几种？简述每种方式的实施流程。

四、计算题

1. H 市的房价均价为 10 000 元/平方米，王先生一家年收入 100 000 元，计划购买普通两居室 100m² 的房子。

   要求：请计算房价收入比，并据此评估该城市的房地产投资价值。

2. B 市房价均价为 7 000 元/平方米，120m² 的房屋月租金约为 4 000 元。

   要求：请计算租金乘数，并据此评估该城市的房地产投资价值。

3. 孙小姐 2020 年 8 月 17 日向某商业银行申请了商业贷款，借款额度为 150 万元，借款期限为 20 年，年利率为 7.65%。

   要求：分别计算等额本金还款法和等额本息还款法下的还款金额。

4. 王女士计划购买 120 平方米的房屋，若房屋价格是每平方米 7 000 元，则购买 120 平方米的房屋所需要的费用为 84 万元。假设按七成按揭，贷款期限 20 年，年贷款利率 7%，以等额本息方式进行还款。

   要求：采用目标精算法，计算王女士购买房屋后每月需负担的费用。

5. 某地区一套 100m² 的房屋，平均价格为 10 000 元/平方米。购房需要首付房款总额的 30%，贷款年利率为 7%，房屋每年折旧 2%。如果租房，每月租金为 4 000 元，押金 3 个月。购房首付款和租房押金的机会成本为 5%。

   要求：使用年成本法做出购房与租房决策。

6. 孙先生预估今年年收入为 10 万元，以后每年收入增加 3%，每年的储蓄比率为 40%。目前有存款 2 万元，计划 5 年后买房。王先生要求的投资报酬率为 10%，王先生买房时准备贷款 20 年，采用等额本息还款方式，假设房贷年利率为 6%。

   要求：

   (1) 计算孙先生可负担首付款为多少。

   (2) 计算孙先生可负担房贷款为多少。

   (3) 计算孙先生可负担房屋总价为多少。

第七章　个人保险规划

知识导航

个人保险规划
- 保险概述
  - 保险的概念
  - 保险的作用
  - 保险的基本职能
  - 保险的基本原则
  - 我国保险行业发展历史
- 保险公司及保险产品
  - 商业性保险公司
  - 政策性保险公司
- 个人保险规划实务
  - 保险规划在个人理财中的作用
  - 保险规划的原则
  - 个人保险需求分析
  - 个人保险规划的主要步骤

学习目标

1. 了解个人保险的基本概念。
2. 熟悉保险产品的分类,掌握个人保险规划实务知识。
3. 能够进行个人保险规划。

导入案例

保险是一种现代金融工具,作用是帮助人们规避风险。那么在设计保险规划之前,最重要的是明确整个家庭面临什么风险? 三口之家的风险大致主要有医疗风险、家庭责任风险、储蓄风险以及资产保全与传承等风险。例如医疗风险,住院了有没有报销渠道? 小病、门诊、社保额度是否足够? 得了大病怎么办? 想要二胎,孕产报销怎么办?

思考:

(1) 个人进行保险规划的作用有哪些?

(2) 面对三口之家存在的或者将会面临的风险如何进行保险规划?

第一节　保险概述

一、保险的概念

保险的本意是稳妥可靠保障,后延伸成一种保障机制。保险是市场经济条件下风险管理的基本手段,也是金融体系和社会保障体系的重要支柱。

保险是指投保人根据合同约定,向保险人支付保险费,保险人对于合同约定的可能发生的事故因其发生所造成的财产损失承担赔偿保险金责任,或者被保险人死亡、伤残、疾病或者达到合同约定的年龄、期限等条件时承担给付保险金责任的商业保险行为。

从经济角度看,保险是分摊意外事故损失的一种财务安排;从法律角度看,保险是一种合同行为,是一方同意补偿另一方损失的合同安排;从社会角度看,保险是社会经济保障制度的重要组成部分,是社会生产和社会生活的稳定器;从风险管理角度看,保险是风险管理的一种方法。

保险涉及的主要概念包括保险主体、保险客体、保险标的、保险费率、保险利益、保险价值、保险合同等。

(一)保险主体

保险主体就是保险合同的主体,只包括投保人与保险人。被保险人、受益人、保单所有人,除非是与投保人是同一人,否则,都不是保险主体。

(二)保险客体

保险客体即保险合同的客体,并非保险标的本身,而是投保人或被保险人对保险标的的可保利益。

可保利益是投保人或被保险人对保险标的所具有的法律上承认的利益。这主要是因为保险合同保障的不是保险标的本身的安全,而是保险标的的受损后投保人或被保险人、收益人的经济利益。保险标的只是可保利益的载体。

(三)保险标的

保险标的即保险对象,人身保险的标的是被保险人的身体和生命,而广义的财产保险是以财产及其有关经济利益和损害赔偿责任为保险标的的保险,其中,财产损失保险的标的是被保险的财产,责任保险的标的是被保险人所要承担的经济赔偿责任,信用保险的标的是被保险人的信用导致的经济损失。

(四)保险费率

保险费率是保险费与保险金额的比例,保险费率又被称为保险价格。通常以每百元或每千元保险金额应缴纳的保险费来表示。

保险人使用保险精算来量化风险。保险人通过数据的编制来估算未来损失(预定损失率),通常采用合理的近似。保险精算使用统计学和概率来拟合并分析风险分布状态,保险人运用这种科学原理并附加一定条件来厘定保险费率。

这些附加条件包括预定投资收益率、保险单预定利率、预定营业费用和税金,人寿保险公司的附加条件还包括预定死亡率。

保险公司所必须支付的预定利率与市场上的借款利率相比,根据比较,多数保险公司预定利率低于借款利率,以吸引投资者购买。

(五)保险利益

保险利益是指投保人对保险标的具有的法律上承认的利益。通常投保人会因为保险标的的损害或者丧失而遭受经济上的损失,因为保险标的的保全而获得收益。只有当保险利益是法律上认可的,经济上确定的,而不是预期的利益时,保险利益才能成立。财产保险的保险利益在保险事故发生时存在,这时才能补偿损失;人身保险的保险利益必须在订立保险合同时存在,用来防止道德风险。

以寿险为例,投保人对自身及其配偶具有无限的可保权益,在一些国家或地区,投保人与受保人如有血缘关系,也可构成可保权益。另外,债权人对未还清贷款的债务人也具有可保权益。保险利益成立条件是,保险利益必须是合法的利益,保险利益必须是经济上有价的利益,保险利益必须是确定的利益,保险利益必须是具有利害关系的利益。

(六) 保险价值

保险价值是保险标的物的实际价值。根据我国《保险法》规定,投保人和保险人约定保险标的保险价值并在合同中载明的,保险标的发生损失时,以约定的保险价值为赔偿计算标准。

投保人和保险人未约定保险标的的保险价值的,保险标的发生损失时,以保险事故发生时保险标的的实际价值为赔偿计算标准。

保险价值可由三种方法确定:

(1) 根据法律和合同法的规定,法律和合同法是确定保险价值的根本依据。

(2) 根据保险合同和双方当事人约定。有些保险标的物的保险价值难以衡量,如人寿保险、健康保险,人的身体和寿命无法用金钱来衡量,则其保险价值以双方当事人约定。

(3) 根据市价变动来确定保险价值。一些保险标的物的保险价值并非一直不变的。大多数标的物也会随着时间延长而折旧,其保险价值呈下降趋势。

(七) 保险合同

保险合同是投保人与保险人约定保险权利义务关系的协议。投保人是指与保险人订立保险合同,并按照合同约定负有支付保险费义务的人。保险人是指与投保人订立保险合同,并按照合同约定承担赔偿或者给付保险金责任的保险公司。

二、保险的作用

(一) 保险必须有风险存在

建立保险制度的目的是应对特定危险事故的发生,无风险则无保险。为了使用大数原则,有可能受益的风险不在可保范围内,因此商业保险机构一般不承保此类风险。

(二) 保险必须对危险事故造成的损失给予经济补偿

经济补偿不是恢复已毁灭的原物,也不是赔偿实物,而是进行货币补偿。因此,意外事故所造成的损失必须是在经济上能计算的价值。在人身保险中,人身本身是无法计算的价值,但人的劳动可以创造价值,人的死亡和伤残,会导致劳动力的丧失,从而使个人或者其家庭的收入减少而开支增加,所以人身保险是用经济补偿或给付的办法来弥补这种经济上增加的负担,并非保证个人恢复已失去的劳动力或生命。

(三) 保险必须有互助共济关系

保险制度是采取将损失分散到众多单位分担的办法,减少遭灾单位的损失。通过保险,投保人共同交纳保险费,建立保险补偿基金,共同取得保障。

(四) 保险的分担金必须合理

保险的补偿基金是由参加保险的人分担的,为使各人负担公平合理,就必须科学地计算分担金。

站在不同的角度,保险的功能也不尽相同。

从经济角度来看,保险是一种损失分摊方法。以多数单位和个人缴纳保费建立保险基金,使少数成员的损失由全体被保险人分担。保险是一种经济制度,主要表现在:①保险人与被保险人的商品交换关系;②保险人与被保险人之间的收入再分配关系。保险属于经济范畴,它所揭示的是保险的属性,是保险的本质性的东西。

从法律意义上说,保险是一种合同行为,即通过签订保险合同,明确双方当事人的权利与义务,被保险人以缴纳保费获取保险合同规定范围内的赔偿,保险人则有收受保费的权利和提供赔偿的义务,从法律意义上保险具有以下特征。

(1) 保险是一种合同法律关系。
(2) 保险合同对双方当事人均有约束力。
(3) 保险合同中所约定的事故或事件是否发生必须是不确定的,即具有偶然性。
(4) 事故的发生是保险合同的另一方当事人即被保险人无法控制的。
(5) 保险人在保险事故发生后承担给付金钱或其他类似的补偿。
(6) 保险应通过保险单的形式经营。

保险是一种经济制度,同时也是一种法律关系,是经济关系与法律关系的统一。

三、保险的基本职能

保险的本质决定了保险的职能,保险的基本职能包括分散风险的职能和补偿损失的职能。

(一) 分散风险的职能

在经济学中,风险就是损失的不确定性,是引起或者增加损失的可能性,是一种预计损失。对于个别投保人而言,灾害事故的发生是一种偶然和不确定,表现为一种风险,但对于全体投保人而言,灾害事故的发生就是必然和确定的,表现为明确的损失。从这个意义上来看,分散风险职能即分摊损失职能。保险的基本职能就是分散风险,分摊损失,起到"千家万户保一家"的互助共济的作用。这是保险业区别于其他金融业的根本标志。

(二) 补偿损失的职能

补偿损失职能是把全体投保人通过缴纳保险费建立起来的保险基金用于少数投保人因遭遇灾害事故所受损失的经济补偿。按照保险合同对遭受灾害事故的单位和个人进行经济补偿,以保障经济活动的顺利进行以及给予受难者经济帮助是保险的目的,通过收取保险费以分散造成经济损失的风险是保险进行经济补偿的一种经济手段。当然,补偿损失主要是针对财产保险和责任保险,人身保险存在非补偿部分,因为人的生命价值并不能够用货币资金进行衡量。许多人身保险品种具有储蓄性质,人身保险的补偿一般称为给付保险金。

保险的两大基本职能相辅相成,缺一不可。只有分散风险,分摊损失,才能进行经济补偿;没有经济补偿的需要也就无需通过分摊损失以分散风险。

四、保险的基本原则

保险的基本原则主要包括保险利益原则、最大诚信原则、损失补偿原则以及近因原则四个方面。

(一) 保险利益原则

保险利益原则规定，投保人或者被保险人要对保险标的具有法律上承认的利益，否则不能签订保险合同，即使签订保险合同也无效。事实上，各国保险法都对投保人对其投保的"保险标的应当具有保险利益"的作出规定。

保险利益原则的规定具有以下三方面意义：

(1) 与赌博从本质上划清了界限。如果没有保险利益的规定，保险行为就会扭曲为一种赌博行为。

【特别提示】
　　假设投保人为他人财产投保，只有他人财产发生损失时，投保人才能拿到保险赔偿金，这样投保人就会期望他人财产早日发生损失，从而获得额外的利益。而保险利益原则的规定使得被保险人不可能获取额外利益，同时保险基金通过大多数原则由广大投保人分担，不会造成过重的负担。这样从根本上避免了保险行为成为赌博或者类似赌博的行为。

(2) 防止道德风险的产生。保险中的道德风险是指投保人购买保险的目的不是获取经济保障，而是牟取保险赔款。这种投保人不是主动防止保险事故的发生，反而希望保险事故的发生，甚至促成或者制造保险事故。保险利益原则消除了道德风险产生的隐患，因为投保人对保险标的具有利害关系，保险标的受损，投保人也会蒙受经济损失。投保人制造保险事故使自己蒙受经济损失，这有违常理。

(3) 合理衡量保险补偿的程度。根据保险利益原则，投保人不仅要对保险标的具有保险利益，而且需要衡量投保人对保险标的利益有多少。投保人对超过其保险标的实际价值的部分没有保险利益。

【例7-1】 某房主将其价值100万元的房屋投保150万元的保险金额，保险事故发生后，该房主申请赔款。

要求：请问该房主可从保险公司获得多少赔款？

解：该房主只能获得最多100万元的保险赔款。

答：该房主可从保险公司获得100万元赔款。

【特别提示】
　　因为该房主对超过房屋实际价值部分并无保险利益，他这样做也只是多缴纳保费而已。由此可见，保险利益确定了被保险人获得赔偿的最高标准。

(二) 最大诚信原则

最大诚信原则即诚实信用原则。任何一项民事活动，各方当事人都必须遵循诚实信用原则，保险活动更是建立在最大诚信原则的基础上。在保险合同关系中，对当事人诚信要求程度远比一般民事活动要求严格，要求当事人具有"最大诚信"。

该原则要求保险活动的一方当事人对另一方当事人不得隐瞒任何重要的有关保险活动的事实，尤其是被保险人必须主动向保险人陈述有关保险标的风险情况的重要事实，不得以欺骗手段诱致保险人与之签订保险合同，否则所签合同无效。

【特别提示】
若某些事实足以影响保险人判断风险大小、保险费率的厘定、保险人是否承接该风险以及保险合同双方是否决定签订合同,那么这些事实就是重要事实。

最大诚信原则的内容主要包括告知与保证。

1. 告知

告知是指合同订立之前、合同订立时以及在合同有效期内,投保方对已知的或应知的与保险标的有关的实质性重要事实应据实向保险方作口头或者书面申报;保险方也应将与投保方利害相关的实质性重要事实据实通告投保方。

告知并非保险合同的组成部分,但对保险合同的签订和履行极为关键。我国《保险法》第十六条规定:"订立保险合同,保险人就保险标的或者被保险人的有关情况提出询问,投保人应当如实告知。"投保人故意不履行如实告知义务的保险人对于合同解除前发生的保险事故,不承担赔偿或者给付保险金的责任,并不退还保险费。

2. 保证

保证是指被保险人在保险合同有效期限内针对某种特定事项,作出做某事或者不做某事的承诺。例如,作为减少保险费的条件,一家百货商场要保证一天24小时有2名警卫值班。保证一般是明示保证,明示保证是在保险合同内以条款形式载明的保证。但在海上保险中也有若干默示保证,例如具有适航能力、不改变航道和航班合法性等。

(三)损失补偿原则

损失补偿原则是指在财产保险中投保人通过购买保险,将其自身原来承担的特定风险转移给保险人来承担,当保险事故发生时,保险人给予被保险人的经济赔偿恰好填补被保险人因遭受保险事故所造成的经济损失。该原则是保险活动中最重要的原则,这一原则的规定可以有效防止被保险人从保险中赢利,进而减少道德风险产生的因素。因为一旦不诚实的被保险人能从损失中获利,他们就会以骗取保险赔偿为目的故意制造保险事故,并给社会带来新的不稳定因素。

损失补偿的方法主要有现金、修理、重置、恢复原状四种。在四种方法所需费用一致时,可以由被保险人征得保险人同意后选择其中一种,在大多数的保险实务中,最后都通过货币补偿来解决。

损失补偿原则规定,保险事故发生后,保险补偿具有以下几个限制:

1. 以实际损失为限

以实际损失为限是最基本的限制条件。当被保险人遭受损失后其所能获得保费赔偿权限以其标的实际损失为限,而不以其保单约定的保险金额。

【例7-2】 某保单约定保险金额为50万元,遭灾或事故后实际损失仅为20万元。

要求:请问被保险人可获得多少保险赔偿?

解:被保险人可获得20万元的保险赔偿。

答:被保险人可获得20万元保险赔偿。

2. 以保险金额为限

保险金额是确定保险费的基础和依据,也是其履行赔偿责任的最高限额。

【例 7-3】 在某不足额投保案例中,某房屋价值 100 万元,而房主即投保人购买的保单所约定的保险金额仅为 80 万元,保险事故发生,被保险人实际损失 100 万元。

要求:请问被保险人可获得多少保险赔偿?

解:被保险人可获得 80 万元的保险赔偿。

答:被保险人可获得 80 万元保险赔偿。

3. 以保险利益为限

若发生保险事故时,被保险人对保险标的已经不具有保险利益则保险人不能赔付。

(四)近因原则

近因是指引发保险事故发生的主要原因,即在保险事故发生过程中起着主导或者支配作用的因素。这是从保险事故产生的因果关系上来讲的,而非字面意义上的时间先后关系。造成保险标的损失的原因各种各样,既有保险责任,也有除外责任,且有时有些原因互为因果,其中有些原因只是引发保险事故的次要原因。近因原则规定,只有当承保风险是损失发生的近因时,保险人才会承担赔偿责任。例如,某轮船投保火灾保险,轮船若遭受损失的起因是火灾,则保险人承担理赔责任,若是其他原因造成的损失,保险人可以拒绝赔偿。因此近因原则要求从保险事故中找出主要原因,从而确定造成损失的直接原因,进一步确定保险人的赔偿责任。

五、我国保险行业发展历史

1929 年 11 月 20 日,太平保险有限公司在上海成立,在国内各省、中国香港和东南亚地区设立了多家分支机构,成为当时我国保险市场上一家实力雄厚的本土保险公司。1949 年 10 月 20 日,中国人民保险公司在北京成立,宣告了新中国第一家全国性大型综合国有保险公司的诞生。

1958 年 12 月,全国财政会议正式决定全面停办国内保险业务。

1979 年 11 月 19 日,中国人民银行在北京召开了全国保险工作会议,停办 20 多年的国内保险业务开始复业。中国保险学会成立。

1981 年 12 月 31 日,我国颁布了《中华人民共和国经济合同法》其中对财产保险合同作了原则规定,成为制定相关法律的依据。1983 年 9 月,经国务院批准,中国人民保险公司升格为国务院直属局级经济实体,1984 年 1 月 1 日从中国人民银行分离出来,接受中国人民银行的领导管理、监督和稽核。1985 年 3 月 3 日,国务院颁布实施《保险企业管理暂行条例》是新中国成立之后第一部对保险企业管理的法律文件。

1988 年 5 月 28 日,中国平安保险公司(以下简称中国平安保险)成立,这是我国第一家股份制保险企业,当时的中国平安保险公司由招商局与中国工商银行共同出资设立,是新中国继中国人民保险公司在国内成立的第二家全国性商业保险公司,中国平安保险的成立与后来发展所创造的贡献对我国保险业的发展产生了巨大的影响。

1991 年 5 月 13 日中国太平洋保险公司成立,中国太平洋保险公司的成立形成了中国人民保险(中国人保、中国人寿及中国再保险前身)、中国平安保险、中国太平洋保险公司数家大型保险企业并存并延续至今的局面。

1995 年 6 月 30 日《中华人民共和国保险法》在第八届全国人民代表大会常务委员会第

十四次会议上审议通过。同年,10月1日起施行。《中华人民共和国保险法》公布实施,标志着我国保险业迈进了法治建设的新时期。

1997年9月9日,13家全国性、区域性中资保险公司共同签署我国第一个《全国保险行业公约》,并于10月1日起实施。

1998年11月18日,中国保险监督管理委员会正式成立。

2003年12月22日,经过重组改制,中国再保险(集团)公司成立。

2004年12月11日起,我国保险业已经全面对外开放。

2006年,慧择保险网成立,是经保监会(现银保监会)批准最早获得保险网销资格的互联网保险服务平台之一。

2006年6月,《国务院关于保险业改革发展的若干意见》(又称"国十条")正式发布。

2007年,中国人寿、中国平安、中国太保登陆A股市场。

2013年6月9日,保监会确定7月8日为"全国保险公众宣传日"加强社会大众保障意识。

2014年,国务院发布《关于加快发展现代保险服务业的若干意见》(即"新国十条")。从2006年的"国十条"到2014年的"新国十条",保险业再次被以"顶层设计"的形式明确了在社会经济中的重要地位。

2018年3月,根据国务院机构改革方案,中国保监会和2003年4月28日成立的银监会职责整合,组建中国银行保险监督管理委员会。2018年4月8日,中国银行保险监督管理委员会举行揭牌仪式,中国保险业开启新的监管历程。

2023年3月,党中央、国务院发布《党和国家机构改革方案》,在原银保监会基础上组建国家金融监管总局,统一监管银行保险等业务。

第二节 保险公司及保险产品

作为专门经营保险业务的非银行金融机构,保险合同的当事人,保险公司按照保险费率收取保险费,并按照保险合同规定负责赔偿灾害事故发生所致的经济损失或履行保险金给付义务。根据不同分类标准,保险公司可分为很多种类。本节将保险公司划分为两大类:商业性保险公司和政策性保险公司。

一、商业性保险公司

从整体上看,保险标的可以分为两种:①经济生活的主体即人的身体或者生命;②经济生活的客体即财产。因此,无论在理论还是在实践中,保险业务通常主要分为两大类:人身保险和财产保险。随着社会经济关系的不断复杂化以及保险经营技术的不断发展,责任保险和再保险业越来越重要,并逐渐从传统的业务经营种类中分离出来,成为独立的业务种类。于是,现代商业保险业务便由人身保险、财产保险、责任保险、再保险四大部分组成。

《中华人民共和国保险法》以法律的形式确立了产、寿险分业经营的原则,"保险人不得兼营人身保险业务和财产保险业务。但是经营财产保险业务的保险公司经国务院保险监督管理机构批准,可以经营短期健康保险业务和意外伤害保险业务。"因此寿险公司只能以人身保险为主要经营业务,财产保险公司只能以财产保险和责任保险为主要经营业务,再保险公司以再保险为主要业务。

(一) 人寿保险公司

人寿保险公司主要经营人身保险。人身保险是以人的身体或生命作为保险标的的一种保险。根据保障范围的不同,人身保险可以分为人寿保险、意外伤害保险和健康保险。

1. 人寿保险

人寿保险是人身保险中最基本的人身保险。人寿保险又称生命保险,以人的寿命为保险标的,当发生保险事故时,保险人对被保险人履行给付保险金的责任。因此,人寿保险是以人的生存或者死亡作为保险事故的人身保险业务。人寿保险分为死亡保险、生存保险、生死合险。

死亡保险是被保险人在合同有效期限内死亡,保险人给付保险金的一种保险,它又分为定期保险和终身保险。定期保险提供一个确定时期内的保险,比如5年、10年,或者被保险人达到某个年龄为止,比如70岁。如果被保险人在合同规定的期限内死亡,保险人要向受益人给付保险金。终身保险是一种不定期死亡保险,提供终身保障,一般以生命表的终极年龄100岁为止。若被保险人在100岁以前任何时候死亡,保险人都必须向受益人给付保险金。

生存保险是以被保险人在规定期限内生存作为保险人给付保险金条件的一种保险。分为年金保险和定期生存保险。年金保险即养老金保险,是指被保险人按照约定定期支付保险费后,保险人根据合同约定日期起开始在被保险人生存期间定期给付相同金额的年金,直至被保险人死亡为止。如果被保险人在保险期内死亡,保险合同终止,保险人的给付责任也终止。投保人购买年金保险的目的是保证长寿生活的稳定,防止因寿命过长可能导致的收入来源丧失或者储蓄耗尽。定期生存保险是被保险人在保险期满时仍生存,由保险人根据保险合同的规定向被保险人给付保险金的一种保险。如果被保险人在保险期内死亡,保险公司不再承担给付责任,也不退还保费,死亡的被保险人缴纳的保险费及其所生利息,由生存到约定年限的受益人享有。该险种可以为被保险人今后的工作、生活提供一笔基金,例如中国人寿保险公司推出的子女教育金是被保险人在上高中或者大学时领取教育金;婚嫁金保险是在被保险人到达法定结婚年龄时领取婚嫁金。

生死合险又称两全保险,是定期生存保险和定期死亡保险的混合险种。不仅在被保险人在保险期限内死亡时向其受益人给付保险金,而且在被保险人保险期满时仍生存向其本人给付保险金。生死合险的责任范围包括生存保险和死亡保险两者的责任范围,因此它的保险费要高于单纯的生存保险或者死亡保险。生死合险最能体现人寿保险中保险和储蓄的性质。

2. 意外伤害保险

意外伤害保险即人身意外伤害保险,是指在保险期限内因发生意外事故导致被保险死亡或者残废,由保险人按照保险合同的规定给付保险金的保险品种。人身意外伤害保险的保障项目包括被保险人因意外伤害导致的死亡给付、残疾给付、医疗给付和收入损失给付。一种意外伤害保险可以提供这四项保障,也可以提供其中任何一项或若干项。该险种可单独办理,也可以附加于其他人身险种作为一种附加险种。它可分为普通意外伤害保险和特种意外伤害保险两大类。前者作为独立险种,专门为被保险人因各种意外事故导致身体伤害而提供保障;后者保障范围仅限于特定原因或特定地点所造成的伤害,例如电梯乘客意外伤害保险、旅游意外伤害保险等。

3. 健康保险

健康保险是以人的身体为对象,当被保险人在保险有效期内因为疾病、分娩而造成的经济损失由保险人提供经济保障的一种保险。按照损失的种类,健康保险分为三类:①收入保险,即被保险人由于疾病所致的全部工作能力或者部分工作能力丧失,不能获取正常收入,由保险人分期给付保险金的一类健康保险;②医疗费用保险,即被保险人由于疾病或分娩所支出的医疗费用,由保险人基于经济保障的一类健康保险;③死亡或残疾保险,即被保险人由于疾病或分娩导致残疾或死亡,由保险人给付一次性的残疾保险金或者死亡保险金的一类健康保险。

(二)财产保险公司

财产保险公司主要经营财产保险业务。我国《保险法》第九十五条把财产保险业务的范围规定为"包括财产损失险、责任保险、信用保险、保证保险等保险业务"。这里的财产保险是广义上的财产保险基本上把除人身险以外的所有其他各种保险均纳入财产保险范畴。财产保险公司的经营业务范畴是一种广义的财产保险范畴。

1. 财产损失险

狭义的财产保险,主要是指对处在相对静止状态的有形财产的直接损失以及相关间接损失提供补偿的保险业务。该险种主要承保财产自身可能因为火灾、风暴、冰雹、地震、爆炸、航空器及其他运输工具坠落等原因引起的损失,以及财产损失引起的收入损失,例如出租的房子受损,租金就会丧失;工厂的制成品受损,利润就会丧失等。财产损失险的主要内容包括火灾保险、海上保险、汽车保险、航空保险、工程保险、利润损失保险、农业保险等。

(1) 火灾保险。火灾保险简称火险,早期是指保险人对于保险标的因火灾所导致的损失进行经济补偿的一种财产险,主要针对火灾对各种财产的损坏,后来随着保险技术的改进,火灾保险单承保的责任范围扩展到各种自然灾害和意外事故对于财产所造成的损失,但国际保险市场仍习惯将对一般的固定资产和流动资产的保险称为火灾保险。1951年中国人民保险公司制定新的火灾保险条款就是在最初火灾保险责任基础上有所扩大,以火灾保险单的名义承保显得名不符实,因此改为财产保险,包括企业财产保险、家庭财产保险和涉外财产保险。

(2) 利润损失保险。利润损失保险是对传统财产保险不承保的间接损失提供经济补偿,它承保因各种自然灾害或意外事故造成被保险人在一定时期内停产、停业所造成的间接经济损失,包括利润损失和各种必要的额外费用的支出。该险种是一种附加险,是依附在狭义财产保险单上的一种扩大责任的保险,只有在财产受到保险事故发生经济损失,而该损失获得经济赔偿的前提下,保险人才负责赔偿保险事故所造成的利润损失。

2. 责任保险

责任保险是以被保险人依法应负的民事损害赔偿责任或者经过特别合同约定的合同责任作为保险标的的一种保险。责任保险种类繁多,根据承保方式的不同分为两大类:①作为各种财产保险的附加险承保的责任保险,包括机动车辆保险第三者责任保险、船舶碰撞责任保险、旅客责任保险、飞机保险的第三者责任保险、建筑和安装工程保险的第三者责任保险等；②单独承保的责任保险，包括公众责任保险、产品责任保险、雇主责任保险、职业责任保险等。当前责任保险在全球范围内受到广泛重视，尤其在一些经济发达国家，责任保险已经成为保险公司主要业务种类。

3. 保证保险

保证保险是指被保证人根据权利人的要求，请求保险人担保自己信用的一种保险。保证保险的保险人代替被保证人向权利人提供担保，如果被保证人不履行合同或存在犯罪行为，导致权利人遭受经济损失，由保险人负责赔偿责任。例如，承包商为政府桥梁管理部门承建一座桥梁，如果不能按时完工，保证人要对项目按时完工或者雇佣另一个承包商额外费用负责。保证保险分为忠诚保证保险和确实保证保险两大类。前者承保雇主因雇员各种不法行为而受到的各种经济损失；后者承保工程所有人因承包人不能按时保质保量完成工程所遭受的经济损失。

（三）再保险公司

根据我国《保险法》第二十八条规定，再保险的定义为："保险人将其承担的保险业务，以分保形式部分转移给其他保险人的称为再保险。"再保险作为"保险的保险"，对于保障保险市场安全，为直接保险公司分散赔付风险、扩大承保能力和巨灾保障功能，辅助保险市场调控以及强化行业风险管理发挥了重要的作用。

在我国，中国再保险（集团）股份有限公司通过旗下中国财产再保险股份有限公司、中国人寿再保险股份有限公司及集团国际业务部经营再保险业务，经营范围主要包括财产再保险业务、人寿再保险业务等。

财产再保险公司的业务经营主要包括比例合同分保业务、非比例合同分保业务、临时分保业务、国际再保险业务；寿险再保险公司的业务经营主要包括寿险再保险业务、健康险再保险业务、意外伤害险再保险业务、年金再保险业务。比例再保险是以保险金额为基础来确定分出公司自留额和分入公司分得保额的再保险方式。分出公司和分入公司对于保险费的分配和赔款的分摊按照分配保险金额同一比例进行。非比例再保险是以赔款金额为基础确定分出公司自负责任和分入公司分保责任的再保险方式。当分出公司的赔款超过约定的额度或标准时，其超过部分由分入公司在一定额度内或标准内负责。临时再保险是分出公司根据承包业务的需要、将有关风险和责任进行临时分出的再保险安排。在做出临时再保险安排时，需要将分出业务的具体情况和分保条件逐笔告知对方，双方均具有自由选择权。

二、政策性保险公司

政策性保险公司主要从事政策性保险业务，即经营政策保险。所谓政策性保险是指政府为实现其政治、经济、社会、伦理等方面的政策目的，利用保险形式实施的措施。从保险目的来看，其表现为政府政策的贯彻实施；从保险范围来看，其具有全面性；从保险形式来看，其是强制性的。目前政策性保险主要包括出口信用保险和存款保险，分别由出口信用保险公司和存款保险公司经营。

（一）出口信用保险公司

出口信用保险是指由信用机构对企业投保的出口货物、服务、技术和资本的出口应收账款提供安全保障机制。出口信用保险公司的诞生与国际贸易市场上的激烈竞争有着密切关系。出口商为了扩大销售采取各种手段提高竞争力,其中一个重要手段就是向买方提供商业信用,允许买方以非银行信用证的方式付款,甚至延期付款。出口信用保险公司主要经营出口信用保险业务,包括短期出口信用保险和中长期出口信用保险以及其他与对外经济开放相关联的业务,如海外投资保险。

(二) 存款保险公司

存款保险公司主要经营存款保险业务。存款保险是指由商业银行等金融机构依法所吸收的存款作为保险标的,向存款保险公司投保并缴付保险费的一种政策性保险。如果商业银行等金融机构发生停业或无法清偿其所收受的存款等情形时,由存款保险公司在保险额度范围内赔付存款人的存款,以保障存款人权益并维护金融稳定。

存款保险承保对象一般是依法成立的各种金融机构,包括商业银行、信托投资公司、外国银行分行、信用合作社等,一般不与个人进行业务往来。

保险公司及保险产品分类如表7-1所示。

表 7-1　　　　　　　　　　保险公司及保险产品分类

性质	保险公司	保险产品分类		具体内容	产品特点
商业性保险公司	人寿保险公司	人寿保险	死亡保险	定期保险	确定保险期
				终身保险	不定期
			生存保险	年金保险	养老金保险 定期支付保险费
				定期生存保险	被保险人在保险期满后仍生存
			生死合险		兼具生存保险和死亡保险的责任范围
		意外伤害保险	普通意外伤害保险		可作为独立险种
			特种意外伤害保险		保障范围仅限于特殊原因及地点所造成的伤害
		健康保险	收入保险		疾病所致工作能力丧失
			医疗费用保险		疾病或分娩所支出的医疗费用
			死亡和残疾保险		疾病或分娩导致残疾和死亡
	财产保险公司	财产损失险	火灾保险		因火灾所致的财产险
			海上保险		因海上危险所致的财产险
			利润损失险		附加险
		责任保险	附加承保的责任保险		各种财产保险的附加险
			单独承保的责任保险		单独承担责任
		保证保险			担保被保险人信用
	再保险公司	再保险		财产再保险、寿险再保险、比例再保险、非比例再保险、临时再保险	保险人以分保形式转移给其他保险人

(续表)

性质	保险公司	保险产品分类	具体内容	产品特点
政策性保险公司	出口信用保险公司	出口信用保险	短期出口信用保险、中长期出口信用保险	向买方提供商业信用
		海外投资保险		鼓励境外投资而设的险种
	存款保险公司	经营存款保险		银行存款保险制度

第三节 个人保险规划实务

一、保险规划在个人理财中的作用

随着生活水平的不断提高，人们的平均寿命也在不断延长，这进一步促成了对人生保障的需求。不断寻求保障、规避风险是人的本能。风险的发生是不确定的，风险一旦发生，必然会带来损失。所以，风险的客观存在是保险产生的前提，风险的发展是保险发展的客观依据。保险是以小钱防范风险，以确定的支出防范不确定的风险，从而更稳定地规划和管理个人财务和家庭财务。

保险规划是个人理财的一部分，是针对人生中的风险，包括人寿保险及财产保险的各个险种，定量分析保险需求额度，并做出最适当的财务安排，避免危险发生给生活带来的冲击。

保险规划的目的在于通过对个人经济状况和保险需求的深入分析，帮助其选择合适的保险产品并确定合理的期限和金额。保险规划有两层意思：

第一，利用保险产品的保障功能，管理理财过程中的人身风险，保证理财规划的进行。该功能必要且有效，不认同保险的理财者，将大笔闲置资金，存入银行，视同给予自身的保障，若选择拿出部分闲置资金投保，也可得到同样的保障。同时，闲置的流动资金，可以投到其他金融产品中，创造更多的收益，整体上更有效率。

第二，保险本身附带理财功能。近年来，保险公司推出了很多新产品，可以在保障功能的基础上，实现保险资金的增值。相对于其他金融产品来说，其风险很低，虽然收益不及基金、股票，但是稳定性好。正因如此，保险特别适合那些对金融市场不熟悉或者工作繁忙、没时间管理资产的投资者。

二、保险规划的原则

投保人参加保险的目的是使生活安全稳定。从这个目的出发，投保人在投保时应主要掌握按需购买原则、量力而行原则、足额投保原则、重视高额损失原则以及综合投保的原则，其具体内容如表7-2所示。

表 7-2　　　　　　　　　　　　　　保险规划的原则

原则	内容
按需购买原则	投保是为了转移风险,在发生保险事故时可以获得经济补偿,从该目的出发,应首先明确个人和家庭的主要风险及如何合理转嫁风险,然后根据需要进行购买
量力而行原则	投保的险种越多,保障范围越大,保险金额越高,保险期越长,需要支付的保险费也就越多,因此应根据个人和家庭的经济实力量力而行
足额投保原则	在保险规划中,投保金额是一个设计重点,其代表所获得的保险保障的数量,只有足额投保,才能在事故发生时获得完全的经济补偿
重视高额损失原则	投保时应优先投保那些可以规避高额损失的险种
综合投保原则	尽量选择综合方式投保以避免各个单独保单之间的重复性从而节省保费,获得较大的费率优惠

三、个人保险需求分析

保险规划是从个人的实际情况出发,通过分析个人的经济状况,根据实际的风险保障需要来制定保险计划。因此,了解个人的保险需求是保险规划的前提条件。人生不同阶段的保险需求是不一样的,具体内容如表 7-3 所示。

表 7-3　　　　　　　　　　　人生不同阶段的保险需求

人生阶段	特点	保险需求分析
单身期(参加工作至结婚)	经济收入低且花销大	保险需求不高;保费低;保障高
家庭形成期(新婚)	夫妻年纪较轻;收入迅速增长;身体健康;保险意识和需求增强	家庭、事业新起点;强烈的事业心;渴望迅速积累财富;投资倾向于激进;可选缴费少的定期险、意外保险、健康保险等
家庭成长期(子女出生)	家庭成员增加;最大开销是医疗保健及教育费用;工作能力增强,生活压力增大	未来面临子女接受教育的经济压力;偏重于教育基金、父母自身保障
家庭成熟期(子女工作)	子女完全独立;债务减轻;理财重点转为扩大投资;夫妻年纪较大导致健康状况下降	人到中年,身体机能明显下降;对养老、健康、重大疾病的需求较大
退休期	以安度晚年为目的;身体第一,理财第二;家庭负担减轻;健康状况较差	在 65 岁之前通过合理规划,通过自己所拥有的人寿保险并加以调整

在制定保险规划时,首先明确:① 是否需要保险;② 选择何种保险产品;③ 投入多少保险资金。保险是每个人都需要的,在明确是否需要保险时,要先从对实际问题的分析入手。在制订保险计划时要先有资金,个人的资金要先满足一些必需的用途后才能考虑保险的需求;同时,由于个人面对实际情况不同,对保险的需求也不同。例如,在干燥季节会比在潮湿季节更需要火灾保险;在江边的人会比在高山上的人更需要洪水保险;在恶劣条件下生活的人会比在优越条件下生活的人更需要医疗保险。综合考虑个人的情况后,即可明确是否需要保险。

在明确是否需要保险后,就要确定需要的保险产品。需要多少保险保障对于财产保险而言比较容易计算。依据损失补偿原则,将保险金额等于保险标的的价值就可以很好地对损失进行补偿了。投保人可以根据自己的需求选择保险金额,而不一定要全额保险。所以,在财产保险上,只要保险金额不超过保险标的的实际价值,投保人可以任意选择需要的保险金额。

四、个人保险规划的主要步骤

个人保险规划的具体步骤包括确定保险需求、选择保险产品、确定保险额度、确定保险期限、选择保险公司五步。

(一) 确定保险需求

1. 明确和分析潜在风险

保险是风险处理技术的一种方法,只有在对潜在的风险成功识别的前提下,才能够有的放矢地确定投保人的保险需求。

2. 明确保险需求

明确保险需求包括3个方面的内容:①明确可利用的保障方式,即对于面临的潜在风险,要分析其相应的处理方法有无多种选择;②明确要投保的风险,即在前述分析后,决定将要通过保险方式来处理的风险;③要估算可用来投保的资金,应当考虑在维持现实生活与获得风险保障之间取得适当的平衡。

3. 明确投保对象

明确投保对象即确定保险标的和保险利益。只有确定了保险标的,才能有针对性地选择相应的保险产品进行投保。保险标的和保险利益互为表里、互相依存。保险标的是保险利益的有形载体,保险利益是保险标的的经济内涵,是投保人转嫁风险的经济额度,也是保险人确定其承担最高责任限额的重要依据。

(二) 选择保险产品

在生活中面临的风险主要可以归纳为人身风险、财产风险和责任风险。而同一个保险标的,会面临多种风险。所以,在确定保险需求和保险标的之后,要从众多保险产品中选择在功能和价格上都满足需要的保险产品,前面已经对市场上的保险产品进行了详细介绍,如对人身保险的被保险人而言,既面临意外伤害风险,又面临疾病风险,还有死亡风险等。所以,投保人可以相应地选择意外伤害保险、健康保险或人寿保险等。而对于财产保险而言,同一家庭财产也会面临不同方面的风险,如汽车面临着意外损毁或者失窃的风险,这时投保人可以相应地选择车辆损失保险、全车盗抢保险,或者是二者的组合险。

投保人只有在专业人员的帮助下,准确判断自己准备投保的保险标的的具体情况(比如保险标的所面临的风险的种类、各类风险发生的概率、风险发生后可能造成损失的大小,以及自身的经济承受能力),进行综合判断与分析,才能选择对自己合适的保险产品,较好地规避各种风险。

明确要购买的保险产品以后,还应该注意合理搭配险种。投保人身保险可以在保险项目上进行组合,如购买1~2个主险附加意外伤害保险、重大疾病保险,使人得到全面保障。但是,在全面考虑所有需要投保的项目时,还要进行综合安排,以免重复投保,从而使用于投保的资金得到最有效的运用。如果投保人准备购买多项保险,应当尽量以综合的方式投保,因为这样可以避免各个单独保单之间可能出现的重复,从而节省保险费,得到较大的费率优惠。

(三)确定保险额度

保险额度是指当保险事故发生时,保险公司所赔付的最高金额。保险额度的确定应该以财产的实际价值和人身的评估价值为依据。

财产的价值比较容易计算。对于一般财产(如家用电器、自行车等),其保险额度由投保人根据可保财产的实际价值自行确定,也可以按照重置价值即重新购买同样财产所需的价值确定。对于特殊财产(如古董、珍藏品等),其保险额度则需要请专家评估。购买财产保险时,可以选择足额投保,也可以选择不足额投保,由于保险公司的赔偿是按实际损失程度进行的,因此一般不会出现超额投保或者重复投保的现象。

投保人会选择足额投保,因为只有选择足额投保,投保人在发生意外灾难时才能获得足额的赔偿。如果选择不足额投保,一旦发生损失,保险公司只会按照比例赔偿损失。

【例7-4】 张某拥有价值20万元的财产,但是由于某种原因他只投保了10万元,假设发生财产损失,保险公司只会赔偿实际损失的50%。

要求: 发生财产损失,请计算张某最高可以获赔多少钱?

解: $10 \times 5\% = 5$(万元)

答: 张某最高可以获赔5万元。

如果发生财产损失,保险公司会按照实际损失的50%,也就是说,即使损失达到15万元,但是由于张某只投保10万元,所以实际财产损失的最大数额只有10万元,张某所获得的最高赔偿额只能是5万元,这样会使自己得不到充分的补偿,从而不能从购买保险产品中得到足够的保障。

理论上,人的价值是无法估量的,因为人是一种社会性生物,其精神的内涵超过了其物质的内涵。但是,仅从保险的角度来说,我们可以根据诸如性别、年龄、配偶的年龄、月收入、月消费、需抚养子女的年龄、需赡养父母的年龄、银行存款或其他投资项目、银行的年利率、通货膨胀率、贷款等,计算虚拟的"人的价值"。在保险行业,对"人的价值"存在着一些常用的评估方法,如生命价值法、财务需求法、资产保存法等。需要注意的是,这些方法都需要每年重新计算一次,以便调整保额。因为人的年龄每年都在增长,如果其他因素不变,那么其生命价值和家庭的财务需求每年都在变小,其保险就会从足额投保变成超额投保。如果个人的收入和消费逐年增长,那么其价值就会逐渐增大,原有保险就会变成不足额投保。

(四)确定保险期限

投保人可以根据自己的实际情况选择适合的保险期限和交纳保费的时间。根据保险合同,保险公司在约定的时间内对约定的保险事故负保险责任,这一约定的时间就是保险期限。

1. 选择合适的保险期限

财产保险期限通常为1年,期满可以续订;人身保险期限分为短期、长期、终身无定期等。保险期限以日历年月日计算,其开始时间与合同成立时间相同,但经当事人的特别约定,也可以在合同成立之前开始,称为追溯保险,或在合同成立之后开始,称为附期限、附条件的保险。保险期限通常以约定起保日的零时开始,到约定期满日的 24 时为止。保险期限也可以按事项的始末存续期间计算,如运输险按航程计算,建筑安装工程险从工程施工之日始至预约验收之日止。投保人应根据自己的需求选择。

2. 选择合适的缴费时间

保费的缴付方式较为灵活,可以采取一次性缴清(即趸缴),也可以用逐年分期的形式来缴清(年缴、限期年缴)。采用限期年缴时,保险公司一般提供有 5 年、10 年和 20 年等多种缴费期限。至于在具体购买时选用哪种缴费方式,主要是根据投保人的经济收支状况、承受能力,以及投保人所追求的付出与保障的需求比而定。

(五)选择保险公司

选择保险公司时,投保人应该权衡各家公司和产品的优劣,最终确定一个综合最优的保险方案。需要指出的是,保险并非即时消费的商品,保险真正能发挥作用是在未来发生保险事故并造成损失的时候,所以认真阅读保险条款是非常重要的。同时,了解保险公司的售后服务水平以及理赔声誉也是很关键的,好的售后服务以及理赔声誉是及时获得保险赔偿的基础。

随着我国金融业的发展,各种保险公司如雨后春笋般现身市场。其中,既有国有保险公司,又有股份制保险公司和外资保险公司,这使得投保人有很大的选择余地,但同时也面临着更多的困惑,如何选择保险公司,可从以下几个方面来衡量:

1. 资产结构好

在保险行业,能否上市或者能否整体上市是评价一家保险公司整体资产是否优良的标志之一。"整体上市"是指以公司的全部资产为基础上市,如果某家保险公司实现了整体上市,就证明该公司整体结构良好。目前,我国不少保险公司已经实现上市或者具备了上市条件。

2. 偿付能力强

保险公司的偿付能力对保险消费者来说至关重要。我国自 2003 年 3 月起施行的《保险公司偿付能力额度及监管指标规定》对保险公司的偿付能力额度做出明确的规定,保险公司应于每年 4 月 30 日前将注册会计师审计的上一会计年度的偿付能力额度送达保险监督管理委员会,并根据保险监督管理委员会的规定,对偿付能力额度进行披露。

3. 信用等级优

国际上有不少专门对银行、保险公司等金融机构进行信用等级评信的机构,如美国的穆迪公司、标准普尔公司等,对保险公司的评级可以作为评价保险公司信用等级的一个参考。

4. 管理效率高

保险公司管理效率的高低,决定了该公司的兴衰存亡。管理效率可以从公司产品创新能力、市场竞争能力、市场号召能力、公司盈利能力、公司决策能力、公司应变能力、公司凝聚能力等方面进行衡量。

5. 服务质量好

保险与其他商品不同,它不是一次性消费,在保险合同生效的几十年间,保险公司经常需要就多方面的事宜为投保人提供服务,如缴费、生存金领取、地址变更、理赔等。投保人能否享受保险公司提供的优质服务,保险公司的服务质量是关键。

另外,保险公司大多通过保险代理人开展业务,所以对保险代理人也要进行考察。①从业资格,保险代理人必须考取"保险代理人从业资格证书",并获得所属保险公司的"展业证"。②专业水平,主要是考察保险代理人对保险知识和保险产品的熟悉程度。③真诚和责任感,真正为客户着想的代理人会从客户的利益和需要出发,不会为了自己的利益而隐瞒事实或欺骗客户。④从业时间,保险代理是一个人员流动性很大的行业,如果因为保险代理人离职而成为"孤儿保单",虽然保障利益不会受损,但服务可能会受到影响。因此,从业时间较长的保险代理人稳定性较好,其服务也比较有保障。

本章练习

一、单项选择题

1. 下列关于投保人、被保险人和受益人的表述中,错误的是(　　)。
   A. 投保人往往就是被保险人
   B. 受益人可以同时是投保人和被保险人
   C. 如果投保人、被保险人与受益人不是同一人,更改受益人不需被保险人同意
   D. 投保人就是交保险费的人

2. 老李在购买保险前已经患有严重的糖尿病,但是他在购买保险时没有向保险人如实相告,通过隐瞒的方式获得了承保。这违反了商业保险中的(　　)原则。
   A. 最大诚信原则　　B. 欺骗原则　　C. 近因原则　　D. 损失赔偿原则

3. 以保险标的为分类标准,保险可以分为(　　)。
   A. 商业保险和社会保险　　　　B. 财产保险和人身保险
   C. 投机保险和纯粹保险　　　　D. 寿险和非寿险

4. 下列人员中,需要购买人寿保险的是(　　)。
   A. 退休工人老王　　　　　　　B. 大学生张三
   C. 单身、父母有经济能力的李四　D. 小孩上学、妻子无工作的赵五

5. 在购买意外伤害保险时,最好组合购买的险种是(　　)。
   A. 健康保险　　B. 家庭财产保险　　C. 投资保险　　D. 年金保险

二、多项选择题

1. (　　)是以被保险人在规定期限内生存作为保险人给付保险金条件的一种保险。
   A. 年金保险　　　　　　　　　B. 定期生存保险
   C. 生死保险　　　　　　　　　D. 财产保险

2. 在投保时应主要掌握(　　)原则。
   A. 按需购买原则　　　　　　　B. 量力而行原则
   C. 足额投保原则　　　　　　　D. 重视高额损失

3. 个人保险规划的具体步骤包括确定保险需求、(　　)、选择保险公司。
   A. 选择保险产品　　　　　　　B. 确定保险额度
   C. 确定保险期限　　　　　　　D. 确定保险人数

三、判断题

1. 保险额度是指当保险事故发生时,保险公司所赔付的最高金额。　　　　　　　(　　)
2. 保险标的和保险利益互为表里、互相依存。保险利益是保险标的的有形载体,保险标的是保险利益的经济内涵。　　　　　　　　　　　　　　　　　　　　　　(　　)
3. 财产损失险是对处在相对静止状态的有形财产的直接损失以及相关间接损失提供补偿的保险业务。　　　　　　　　　　　　　　　　　　　　　　　　　　　(　　)
4. 年轻的单身客户在购买保险的时候应该以储蓄型寿险为主。　　　　　　　　(　　)
5. 投保额度越高,赔偿就越多,所以有钱闲余就多投一点。　　　　　　　　　(　　)

四、简答题

1. 什么是保险?
2. 保险具有哪些基本职能?
3. 保险规划应该遵循哪些原则?
4. 保险规划包括哪些步骤?

五、案例分析题

王平安,男,30岁,已经成家,儿子1岁。王先生在25岁时生活得很自由,爬山、旅游、蹦极,享受青春。后来王先生认识了现在的妻子,结婚了,一个人的生活变成了两个人的世界,一个人的健康平安也成了对另一个人的责任。王先生不抽烟了,也不从事极限运动了,两个人一起为小家庭的未来打拼。直至儿子出世,二人世界又变成了三口之家,王先生更深刻地体会了对家庭的责任。

王先生的事业蒸蒸日上,现在已经是外资企业的销售主管。销售工作非常繁忙,王先生经常加班、出差,天天在外奔波劳累。刚做父亲的王先生作为家庭的经济支柱,深深体会到了家庭平安的重要性,也体会到了为孩子创造一个更好的未来的责任。于是,王先生决定买保险。

要求:请根据本章所学内容,为王先生进行保险规划。

第八章　个人纳税规划

知识导航

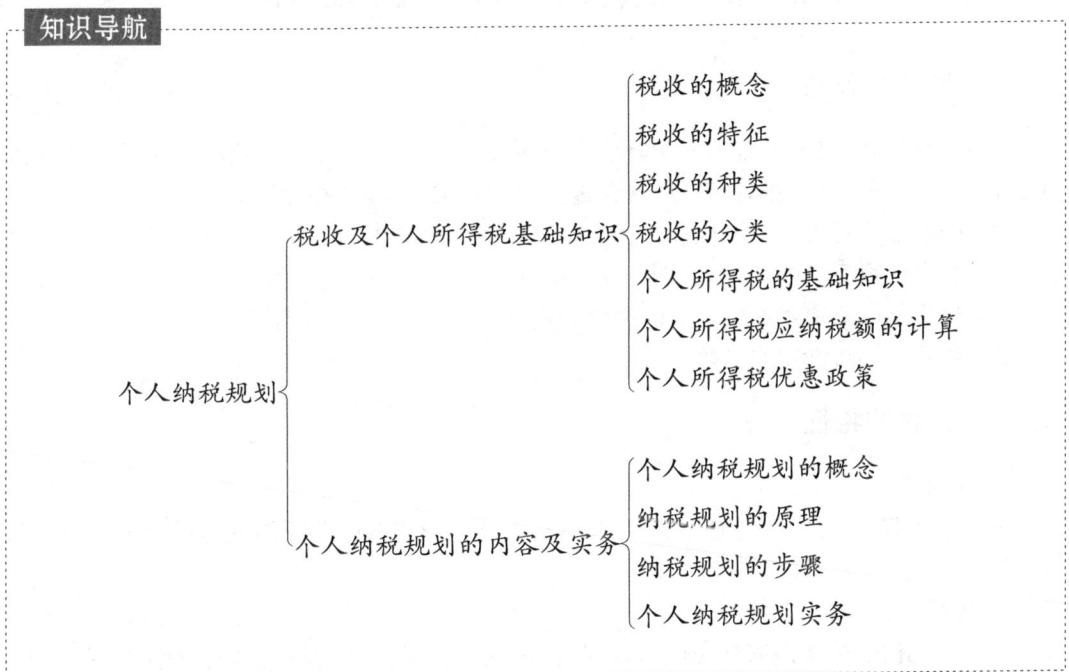

学习目标

1. 了解个人所得税的基本概念。
2. 掌握个人所得税应纳税额的计算方法。
3. 理解个人纳税规划的基本方法,熟悉个人纳税规划实务知识。
4. 能够运用纳税规划基本方法进行个人纳税规划。

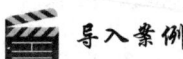 导入案例

　　税收和我们的日常生活息息相关,居民收入又是国民关注的重中之重,收入的高低与我们的生活质量直接挂钩,同时也决定个人所得税额缴纳的多少。随着国家经济的快速发展,国民收入水平的日益提高,我国的个人所得税也在不断地调整以求更加贴合我国的国情,2019年1月1日起实施的《中华人民共和国个人所得税法》经过七次修改后呈全国人大通过后公布。2020年我们经历第一次由纳税人自己进行综合所得的汇算清缴。因此,如何合法合理地缴纳个人所得税关系到每一位纳税人的利益。如何正确计算个人所得税以及如何在法律允许的范围内,通过对涉税业务进行一系列合理的规划,形成纳税规划的方案以达到节税的目的就显得尤为重要。

思考：
(1) 个人所得税的征税范围包括哪些？
(2) 最新个人所得税中专项附加扣除包括哪些内容？

第一节 税收及个人所得税基础知识

一、税收的概念

税收是国家为行使其职能、满足社会公共需要，凭借公共权力，按照法律所规定的标准和程序，参与国民收入分配，强制地、无偿地且固定地取得财政收入的一种方式。

(1) 国家征税是为了满足社会成员获得公共产品的需要。
(2) 国家征税凭借的是公共权力（政治权力）。
(3) 税收是国家筹集财政收入的主要方式。
(4) 税收必须借助法律形式进行。

二、税收的特征

1. 强制性

税收的强制性是指国家凭借其公共权利以法律的形式对税收征纳双方的权利与义务进行制约。

2. 无偿性

税收的无偿性是指国家征税以后，税款一律纳入国家财政预算，由财政统一分配，而不直接向具体的纳税人返还或支付报酬。

3. 固定性

税收的固定性是指国家征税预先规定了统一的征税标准，包括纳税人、征税对象、税率、纳税期限、纳税地点等。这些标准一经确定，在一定时间内是相对稳定的。

三、税收的种类

目前，我国现行税种共18种类，包括增值税、消费税、企业所得税、个人所得税、资源税、城市维护建设税、房产税、印花税、城镇土地使用税、土地增值税、车辆购置税、车船税、船舶吨税、耕地占用税、契税、关税、烟叶税、环境保护税。其中，个人所得税、企业所得税、烟叶税、环境保护税、车辆购置税、耕地占用税、车船税、船舶吨税8个税种已由全国人大立法通过并执行，其他税种则是以暂行条例的形式进行规定的。

四、税收的分类

（一）按征税对象性质分类

1. 流转税

流转税是以商品、劳务或服务买卖的流转额为征税对象征收的各种税，包括增值税、消费税、关税等。流转税一直是我国的主体税种。

2. 所得税

所得税是以所得额为征税对象征收的各种税,主要包括企业所得税、个人所得税等,其中所得额一般情况下是指全部收入减除为取得收入耗费的各项成本费用后的余额。

3. 资源税

资源税是以各种应税自然资源为征税对象征收的各种税,包括资源税、土地增值税和城镇土地使用税等。

4. 财产税

财产税是以纳税人拥有或支配的财产为征税对象征收的各种税,如房产税、车船税等。

5. 行为税

行为税是以纳税人发生的某种行为为征税对象征收的各种税,如印花税、契税等。

(二) 按计税依据分类

1. 从价税

从价税是依据征税对象的收入、价格、金额等作为标准,按照一定比率税率计征的税种,如增值税、个人所得税、房产税等。

2. 从量税

从量税是依据征税对象的重量、件数、容积、面积等作为标准,运用固定单位税额征收的税种,如城镇土地使用税、车船税等。

3. 复合税

复合税是综合从价计征和从量计征两种方式,既依据征税对象的价格也考虑征税对象的数量为标准计征的税种,如白酒、卷烟缴纳的消费税。

五、个人所得税的基础知识

个人所得税是对个人取得的各项应税所得所征收的一种所得税。

(一) 纳税义务人

在我国,依据住所和居住时间两个标准,将个人所得税的纳税人分为居民个人和非居民个人两大类,各自承担不同的纳税义务,包括中国公民、个体工商户、外籍个人、中国香港、澳门、台湾同胞等。其中,居民个人是指在中国境内有住所,或者无住所而一个纳税年度内在中国境内居住累计满183天的个人,为居民个人。居民个人从中国境内和境外取得的所得,依照个人所得税法的规定缴纳个人所得税。非居民个人是指在中国境内无住所又不居住,或者无住所而一个纳税年度内在中国境内居住累计不满183天的个人,为非居民个人。非居民个人从中国境内取得的所得,依照个人所得税法规定缴纳个人所得税。

(二) 征税范围

1. 工资、薪金所得

工资、薪金所得,是指个人因任职或者受雇而取得的工资、薪金、奖金、年终加薪、劳动分红、津贴、补贴以及与任职或者受雇有关的其他所得。年终加薪和劳动分红不分种类及取得情况,一律按工资、薪金所得征税。

2. 劳务报酬所得

劳务报酬所得，是指个人从事劳务取得的所得，包括从事设计、装潢、安装、制图、化验、测试、医疗、法律、会计、咨询、讲学、翻译、审稿、书画、雕刻、影视、录音、录像、演出、表演、广告、展览、技术服务、介绍服务、经纪服务、代办服务以及其他劳务取得的所得。

【特别提示】

"劳务报酬所得"与"工资、薪金所得"的区别在于"工资、薪金所得"为非独立个人劳动而"劳务报酬所得"为独立个人劳动，非任职受雇。

3. 稿酬所得

稿酬所得，是指个人因其作品以图书、报刊等形式出版、发表而取得的所得。作品包括文学作品、书画作品、摄影作品，以及其他作品。作者去世后，财产继承人取得的遗作稿酬，也应征收个人所得税。

4. 特许权使用费所得

特许权使用费所得，是指个人提供专利权、商标权、著作权、非专利技术以及其他特许权的使用权取得的所得。

【特别提示】

提供著作权的使用权取得的所得，不包括稿酬所得发表权。

5. 经营所得

经营所得包括：①个体工商户从事生产、经营活动取得的所得，个人独资企业投资人、合伙企业的个人合伙人来源于境内注册的个人独资企业、合伙企业生产、经营的所得；②个人依法从事办学、医疗、咨询以及其他有偿服务活动取得的所得；③个人对企业、事业单位承包经营、承租经营以及转包、转租取得的所得；④个人从事其他生产、经营活动取得的所得。

6. 财产租赁所得

财产租赁所得，是指个人出租不动产、机器设备、车船以及其他财产而取得的所得。

7. 财产转让所得

财产转让所得，是指个人转让有价证券、股权、合伙企业中的财产份额、不动产、机器设备、车船以及其他财产取得的所得。转让境内上市公司股票净所得暂免征收个人所得税，但2010年1月1日起，对个人转让上市公司限售股征收个人所得税。转让境外上市公司股票所得按照财产转让所得缴纳个人所得税。

8. 利息、股息、红利所得

利息、股息、红利所得，是指个人拥有债权、股权等而取得的利息、股息、红利所得。个人取得国债利息、国家发行的金融债券利息、教育储蓄存款利息，均免征个人所得税。

9. 偶然所得

偶然所得，是指个人得奖、中奖、中彩以及其他偶然性质的所得。得奖是指参加各种有奖竞赛活动，取得名次得到的奖金。企业对累积消费达到一定额度的顾客，给予额外抽奖机会，个人的获奖所得，按照偶然所得项目全额适用20%的税率缴纳个人所得税。个人取得单张有奖发票奖金所得超过800元的,应全额按照偶然所得项目征收个人所得税。税务机关或其指定的有奖发票兑奖机构,是有奖发票奖金所得个人所得税的扣缴义务人。

(三) 税率

个人所得税分别按不同所得项目,规定了超额累进税率和比例税率两种形式。

1. 综合所得适用税率

居民个人工资、薪金所得,劳务报酬所得,稿酬所得,特许权使用费所得统称为综合所得。针对居民个人综合所得,适用3%至45%的超额累进税率。居民个人综合所得个人所得税的税率表(按年)如表8-1所示。

表8-1　　　　居民个人综合所得个人所得税的税率表(按年)　　　　金额单位:元

级数	全年应纳税所得额	税率	速算扣除数
1	不超过36 000元的部分	3%	0
2	超过36 000元至144 000元的部分	10%	2 520
3	超过144 000元至300 000元的部分	20%	16 920
4	超过300 000元至420 000元的部分	25%	31 920
5	超过420 000元至660 000元的部分	30%	52 920
6	超过660 000元至960 000元的部分	35%	85 920
7	超过960 000元的部分	45%	181 920

【特别提示】
综合所得个人所得税税率表同居民个人工资、薪金所得预扣预缴率表一致。

2. 非居民个人工资、薪金所得,劳务报酬所得,稿酬所得,特许权使用费所得个人所得税适用税率

非居民个人工资、薪金所得,劳务报酬所得,稿酬所得,特许权使用费所得个人所得税的税率表与"按月换算后的居民个人综合所得个人所得税的税率表"一致,如表8-2所示。

表8-2　　　非居民个人工资、薪金所得,劳务报酬等所得个人所得税适用税率表　　金额单位:元

级数	应纳税所得额	税率	速算扣除数
1	不超过3 000元的部分	3%	0
2	超过3 000元至12 000元的部分	10%	210
3	超过12 000元至25 000元的部分	20%	1 410
4	超过25 000元至35 000元的部分	25%	2 660
5	超过35 000元至55 000元的部分	30%	4 410
6	超过55 000元至80 000元的部分	35%	7 160
7	超过80 000元的部分	45%	15 160

3. 经营所得适用税率

经营所得，适用5%至35%的五级超额累进税率。同居民个人综合所得应纳税额的计算一样，利用税法中给出的经营所得税率表，换算得到包含速算扣除数的经营所得适用税率表，如表8-3所示。

表8-3　　　　　　　　　经营所得个人所得税税率表　　　　　　　　金额单位：元

级数	全年应纳税所得额	税率	速算扣除数
1	不超过30 000元的部分	5%	0
2	超过30 000元至90 000元的部分	10%	1 500
3	超过90 000元至300 000元的部分	20%	10 500
4	超过300 000元至500 000元的部分	30%	40 500
5	超过500 000元的部分	35%	65 500

4. 其他所得适用税率

利息、股息、红利所得，财产租赁所得，财产转让所得和偶然所得，适用税率为20%的比例税率。

（四）专项附加扣除

现行《中华人民共和国个人所得税法》是2018年8月31日由第十三届全国人民代表大会常务委员会第五次会议修改通过并公布的，引入专项附加扣除新的费用扣除标准，遵循分类征收制、综合征收制相结合的征收模式即混合征收制。目前包含子女教育、继续教育、大病医疗、住房贷款利息或者住房租金、赡养老人等6项支出，并根据教育、医疗、住房、养老等民生支出变化情况，适时调整专项附加扣除的范围和标准。取得综合所得和经营所得的居民个人可以享受专项附加扣除。

1. 子女教育专项附加扣除

纳税人年满3岁的子女接受学前教育和学历教育的相关支出，按照每个子女每月2 000元（每年24 000元）的标准定额扣除。学前教育包括子女年满3周岁以上至小学前教育；学历教育包括义务教育（小学、初中教育）、高中阶段教育（普通高中、中等职业教育、技工教育）、高等教育（大学专科、大学本科、硕士研究生、博士研究生教育）。

父母可以选择由其中一方按扣除标准的100%扣除，也可以选择由双方分别按扣除标准的50%扣除，具体扣除方式在一个纳税年度内不能变更。如果一对父母有多个符合扣除条件的子女，每个子女均可享受扣除。纳税人子女在中国境外接受教育的，纳税人应当留存境外学校录取通知书、留学签证等相关教育的证明资料备查。

【例8-1】李玮和妻子刘玉的家庭有两个女儿，大女儿正在读大学，小女儿在读小学，则李玮家庭每月享受的专项附加扣除中子女教育为4 000元（每年48 000元）。

要求：请问该家庭有几种子女教育专项附加扣除方法。

解：李玮和妻子刘玉每月专项附加扣除中子女教育标准的4 000元（每年48 000元）可以有如下多种选择方式。第一种，全部由丈夫李玮扣除。第二种，全部由妻子刘玉扣除。第三种,李玮和妻子刘玉分别每月扣除一半即每人每月2 000元。

答:该家庭有三种子女教育专项附加扣除方法。

2. 继续教育专项附加扣除

纳税人在中国境内接受学历(学位)继续教育的支出,在学历(学位)教育期间按照每月400元(每年4 800元)的标准定额扣除。同一学历(学位)继续教育的扣除期限不能超过48个月(4年)。纳税人接受技能人员职业资格继续教育、专业技术人员职业资格继续教育支出,在取得相关证书的当年,按照3 600元定额扣除。子女正在接受本科及以下学历(学位)继续教育,可以选择由其父母扣除,也可以选择由本人扣除,但不得同时扣除。

【特别提示】
　　由于接受继续教育的纳税人一般都已经就业,因此,继续教育专项附加扣除一般由本人扣除。

【例8-2】 李玮的儿子大学刚毕业,通过了硕士研究生入学资格考试后,正在接受硕士研究生教育。同时,李玮本人也在接受会计职业资格的继续教育。

要求:请问李玮目前每月专项附加扣除金额。

解:李玮儿子进行硕士研究生教育,李玮可以按照每月1 000元(每年12 000元)子女教育专项附加扣除的标准定额扣除。因为李玮本人在继续教育,他还可以按照每月400元(每年4 800元)的标准定额扣除,但李玮会计职业资格继续教育扣除期限不能超过48个月。

答:李玮目前每月继续教育专项附加扣除金额为400元,子女教育专项附加扣除为每月1 000元。

3. 大病医疗专项附加扣除

在一个纳税年度内,纳税人本人,或者其配偶,或者其未成年子女,发生的与基本医保相关的医药费用支出,扣除医保报销后个人负担(指医保目录范围内的自付部分)累计超过15 000元的部分,由纳税人在办理年度汇算清缴时,在80 000元限额内据实扣除。

具体扣除时,纳税人或者其配偶发生的大病医疗支出,既可以由纳税人本人扣除,也可以由配偶扣除。未成年子女发生的医药费用支出可以选择由其父母一方扣除。纳税人应当留存医药服务收费及医保报销相关票据原件(或者复印件)等资料备查。医疗保障部门应当向患者提供在医疗保障信息系统记录的本人年度医药费用信息查询服务。

【特别提示】
　　大病医疗专项附加扣除每月不扣,只有在进行年度汇算清缴即每年的3月1日至6月30日时才扣除。

【例8-3】 李玮和妻子刘玉的家庭中有一儿一女,妻子刘玉和女儿不幸得重病,分别支出与基本医保相关的医药费用,扣除医保报销后个人负担(医保目录范围内自付部分)12万元和6万元。

要求:请问对于李玮家庭中妻子刘玉和女儿的大病医疗专项附加扣除可以采取几种扣除方式。

解：李玮家庭中妻子刘玉和女儿的大病医疗费用可以在减除1.5万元之后,按照每年最高8万元作为个人所得税专项附加扣除大病医疗支出。其中,妻子刘玉的大病医疗专项附加扣除为8万元。女儿的大病医疗专项附加扣除为4.5万元。

方式一,李玮的大病医疗专项附加扣除为12.5万元,妻子刘玉不再享受大病医疗专项附加扣除。

方式二,妻子刘玉的大病医疗专项附加扣除为12.5万元,李玮不再享受大病医疗专项附加扣除。

方式三,李玮的大病医疗专项附加扣除为8万元,妻子刘玉的大病医疗专项附加扣除为4.5万元。

方式四,李玮的大病医疗专项附加扣除为4.5万元,妻子刘玉的大病医疗专项附加扣除为8万元。

答：该家庭可以采取4种大病医疗专项附加扣除方式。

4. 住房贷款利息专项附加扣除

纳税人本人或者配偶单独或者共同使用商业银行或者住房公积金个人住房贷款,为本人或者其配偶购买中国境内住房,发生的首套住房贷款利息支出,在实际发生贷款利息的年度,按照每月1 000元(每年12 000元)的标准定额扣除,扣除期限最长不超过240个月(20年),纳税人只能享受一次首套住房贷款的利息扣除。其中,所称首套住房贷款是指购买住房享受首套住房贷款利率的住房贷款。

住房贷款利息专项附加扣除标准和方式为：

(1) 经夫妻双方约定,可以选择由其中一方扣除,具体扣除方式在一个纳税年度内不能变更。

(2) 夫妻双方婚前分别购买住房发生的首套住房贷款,其贷款利息支出,婚后可以选择其中一套购买的住房,由购买方按扣除标准的100%扣除,也可以由夫妻双方对各自购买的住房分别按扣除标准的50%扣除,具体扣除方式在一个纳税年度内不能变更。

纳税人应当留存住房贷款合同、贷款还款支出凭证备查。

【特别提示】
纳税人只能享受一次"首套住房贷款利息支出"的专项附加扣除。

【例8-4】 李玮和妻子刘玉结婚后,共同用住房公积金贷款买了第一套普通住宅,贷款期限为20年,每月还款2 500元,符合住房贷款利息专项附加扣除的条件。

要求：请问李玮和妻子刘玉结婚后,购买该套住宅的住房贷款利息专项附加扣除方式有几种选择。

解：方式一,李玮每月住房贷款利息专项附加扣除标准为1 000元(每年12 000元),妻子刘玉不再享受住房贷款利息专项附加扣除。

方式二,妻子刘玉每月住房贷款利息专项附加扣除标准为1 000元(每年12 000元),李玮不再享受住房贷款利息专项附加扣除。

答：对于婚后购买该套住宅,夫妻二人可选择住房贷款利息专项附加扣除方式有2种选择。

【例8-5】 李玮和妻子刘玉在结婚前分别购买住房发生了首套住房贷款,且仍在贷款期限内。

要求:请问李玮和妻子刘玉关于住房贷款利息专项附加扣除方式有几种选择。

解:方式一,选择李玮婚前首套住房贷款为住房贷款利息专项附加扣除的标的。李玮每月住房贷款利息专项附加扣除标准为1000元(每年12000元),妻子刘玉不再享受住房贷款利息专项附加扣除。

方式二,选择妻子刘玉婚前首套住房贷款为住房贷款利息专项附加扣除的标的。妻子刘玉每月住房贷款利息专项附加扣除标准为1000元(每年12000元),李玮不再享受住房贷款利息专项附加扣除。

方式三,同时选择李玮和妻子刘玉婚前的首套住房贷款为住房贷款利息专项附加扣除的标的。李玮每月住房贷款利息专项附加扣除标准为500元(每年6000元),妻子刘玉每月住房贷款利息专项附加扣除标准为500元(每年6000元)。

答:夫妻二人关于住房贷款利息专项附加扣除方式有3种选择。

5. 住房租金专项附加扣除

纳税人本人及配偶在主要工作的城市没有自有住房而发生的住房租金支出,并且本人及配偶在同一纳税年度内,没有享受住房贷款利息专项附加扣除政策。可按以下标准定额扣除,直辖市、省会(首府)城市、计划单列市以及国务院确定的其他城市,扣除标准为每月1500元。除上述所列城市以外,市辖区户籍人口超过100万的城市,扣除标准为每月1100元;市辖区户籍人口不超过100万的城市,扣除标准为每月800元。其中,主要工作城市是指纳税人任职受雇的直辖市、计划单列市、副省级城市、地级市(地区、州、盟)全部行政区域范围;纳税人无任职受雇单位的,为受理其综合所得汇算清缴的税务机关所在城市。这里市辖区户籍人口,以国家统计局公布的数据为准。

夫妻双方主要工作城市相同的,只能由一方扣除住房租金支出。住房租金支出由签订租赁住房合同的承租人扣除。纳税人应当留存住房租赁合同、协议等有关资料备查。

【特别提示】
住房贷款利息与住房租金两项扣除政策只能享受其中一项,不能同时享受。

【例8-6】 李玮和妻子刘玉的主要工作城市在上海,且在上海无房。两人在老家山东省烟台市有一套住房且无贷款。为了工作方便,两人在工作单位附近租房住,夫妻二人没有享受过住房贷款利息专项附加扣除的政策。

要求:(1)李玮和妻子刘玉租住房屋的承租人为李玮,请问夫妻二人对住房租金专项附加扣除的方式。

解:夫妻二人对住房租金专项附加扣除的标准为李玮享受住房租金专项附加扣除,扣除标准为每月1500元(每年18000元),妻子刘玉不再享受住房租金专项附加扣除。

要求:(2)夫妻二人租住房屋的承租人为刘玉,请问夫妻二人对住房租金专项附加扣除的方式。

解： 夫妻二人对住房租金专项附加扣除的标准为妻子刘玉享受住房租金专项附加扣除，扣除标准为每月1 500元(每年18 000元)，李玮不再享受住房租金专项附加扣除。

要求： (3)夫妻二人租住房屋是李玮和刘玉共同为承租人，请问夫妻二人对住房租金专项附加扣除方式有几种选择。

解： 方式一，李玮享受住房租金专项附加扣除，扣除标准为每月1 500元(每年18 000元)，妻子刘玉不再享受住房租金专项附加扣除。

方式二，妻子刘玉享受住房租金专项附加扣除，扣除标准为每月1 500元(每年18 000元)，李玮不再享受住房租金专项附加扣除。

答： 夫妻二人对住房租金专项附加扣除方式有2种。

6. 赡养老人专项附加扣除

纳税人赡养一位及以上被赡养人的赡养支出，按照统一标准等额扣除，具体扣除要求如下：

(1)纳税人为独生子女的，按照每月3 000元(每年36 000元)的标准定额扣除。

(2)纳税人为非独生子女的，由其与兄弟姐妹分摊每月3 000元(每年36 000元)的扣除额度，每人分摊的额度最高不得超过每月1 500元(每年18 000元)。可以由赡养人均摊或者约定分摊，也可以由被赡养人指定分摊。约定或者指定分摊的须签订书面分摊协议，指定分摊优先于约定分摊。具体分摊方式和额度在一个纳税年度内不能变更。

所称被赡养人是指年满60岁的父母，以及子女均已去世的年满60岁的祖父母、外祖父母。

【特别提示】
纳税人赡养两位及以上老人的，不按老人的人数为倍数加倍扣除。

【例8-7】 李玮和姐姐李丽的父母二人均已满60周岁，两人都需要承担赡养老人的责任。

要求： 请问李玮和姐姐每年赡养老人专项附加扣除的方式。

解： 李玮和姐姐分摊每月的3 000元(每年36 000元)赡养老人专项附加扣除的额度，每人分摊的额度为每月1 500元(每年18 000元)。

答： 李玮和姐姐每年可各自扣除18 000元。

7. 3岁以下婴幼儿照护

纳税人照护3岁以下婴幼儿子女的相关支出，按照每个婴儿每月2 000元的标准定额扣除。

父母可以选择由其中一方按扣除标准的100%扣除，也可以选择由双方分别按扣除标准的50%扣除，具体扣除方式在一个纳税年度内不能变更。

【例8-8】 李玮和妻子刘玉的家庭年初生育一女，则李玮家庭每月享受的专项附加扣除中3岁以下婴幼儿照护为2 000元(每年24 000元)。

要求： 请问该家庭有几种3岁以下婴幼儿照护专项附加扣除方法？

解： 李玮和妻子刘玉每月专项附加扣除中3岁以下婴幼儿照护标准的2 000元(每年

24 000元)可以有如下多种选择方式。第一种,全部由丈夫李玮扣除。第二种,全部由妻子刘玉扣除。第三种,李玮和妻子刘玉分别每月扣除一半即每人每月1 000元。

答:该家庭有三种3岁以下婴幼儿照护专项附加扣除方法。

【特别提示】
　　个人所得税专项扣除标准汇总表,如表8-4所示。

表8-4　　　　　　　　个人所得税专项附加扣除标准汇总表

序号	专项附加扣除	扣除标准	要求
1	3岁以下婴幼儿照护	每个婴幼儿每月2 000元	(1) 约定一方100%或父母每方50% (2) 具体扣除方式一个纳税年度不得变更
2	子女教育	每个子女每月2 000元	(1) 3岁以上至全日制学历教育结束 (2) 约定一方100%或父母每方50%
3	赡养老人	独生子女每月扣3 000元; 非独生子女每月最多扣1 500元	老人年满60岁以上
4	继续教育	教育期间每月400元(每年4 800元) 取得证书当年一次性扣3 600元	(1) 同一学历(学位)不超过48个月 (2) 技能人员职业资格、专业技术人员职业资格继续教育等
5	住房贷款利息	每月扣1 000元,最长不得超过240个月	(1) 首套住房 (2) 夫妻择一
6	住房租金	按地区每月扣800元、1 100元、1 500元	夫妻双方主要工作城市相同的,只能由一方扣除
7	大病医疗	每年80 000元限额内据实扣除	纳税人个人负担的超过基本医保15 000元部分

六、个人所得税应纳税额的计算

(一) 居民个人全员全额扣缴申报纳税

1. 居民个人取得工资、薪金所得预扣预缴税款

居民个人取得工资、薪金所得时,应当按月预扣预缴税款时,不得拒绝。年度预扣预缴税额与年度应纳税额不一致的,由居民个人于次年3月1日至6月30日向主管税务机关办理综合所得年度汇算清缴,税款多退少补。预扣率与居民个人综合所得个人所得税的税率表(表8-1)一致。计算公式如下:

$$\text{累计预扣预缴应纳税所得额} = \text{累计收入} - \text{累计免税收入} - \text{累计减除费用} - \text{累计专项扣除} - \text{累计专项附加扣除} - \text{累计依法确定的其他扣除}$$

$$\text{本期应预扣预缴税额} = (\text{累计预扣预缴应纳税所得额} \times \text{预扣率} - \text{速算扣除数}) - \text{累计减免税额} - \text{累计已预扣预缴税额}$$

【例 8-9】 某居民个人每月取得工资收入 9 000 元,每月缴纳社保费用和住房公积金 2 000 元,该居民个人全年均享受住房贷款利息专项附加扣除。

要求: 请计算该居民个人的工资薪金由扣缴义务人每月代扣代缴的税款金额。

解: 累计预扣预缴应纳税所得额＝累计收入－累计免税收入－累计减除费用－累计专项扣除－累计专项附加扣除－累计依法确定的其他扣除

本期应预扣预缴税额＝累计预扣预缴应纳税所得额×预扣率－速算扣除数－累计减免税额－累计已预扣预缴税额

1 月累计预扣预缴应纳税所得额＝9 000－0－5 000－2 000－1 000－0＝1 000(元)

1 月应预扣预缴税额＝1 000×3%＝30(元)

2 月累计预扣预缴应纳税所得额＝18 000－0－10 000－4 000－2 000－0＝2 000(元)

2 月应预扣预缴税额＝2 000×3%－30＝30(元)

……

12 月累计预扣预缴应纳税所得额＝108 000－0－60 000－24 000－12 000－0
＝12 000(元)

12 月应预扣预缴税额＝12 000×3%－30×11＝30(元)

答: 该居民个人每月由扣缴义务人代扣代缴的税额均为 30 元。

2. 居民个人取得劳务报酬所得、稿酬所得、特许权使用费所得预扣预缴税款

扣缴义务人向居民个人支付劳务报酬所得、稿酬所得、特许权使用费所得时,应当按照以下方法按次或者按月预扣预缴税款:

(1) 劳务报酬所得、稿酬所得、特许权使用费所得以收入减除费用后的余额为收入额。其中,稿酬所得的收入额减按 70% 计算。

(2) 减除费用:预扣预缴税款时,劳务报酬所得、稿酬所得、特许权使用费所得每次收入不超过 4 000 元的,减除费用按 800 元计算;每次收入 4 000 元以上的,减除费用按收入的 20% 计算。

(3) 应纳税所得额:劳务报酬所得、稿酬所得、特许权使用费所得,以每次收入额为预扣预缴应纳税所得额,计算应预扣预缴税额。具体居民个人劳务报酬所得预扣率如表 8-5 所示。

劳务报酬所得应预扣预缴税额＝预扣预缴应纳税所得额×预扣率－速算扣除数

稿酬所得、特许权使用费所得应预扣预缴税额＝预扣预缴应纳税所得额×20%

表 8-5　　　　　　　　居民个人劳务报酬所得预扣预缴率表　　　　　　金额单位:元

级数	预扣预缴应纳税所得额	预扣率	速算扣除数
1	不超过 20 000 元的部分	20%	0
2	超过 20 000 元至 50 000 的部分	30%	2 000
3	超过 50 000 元的部分	40%	7 000

【例8-10】 李教授为居民个人,2022年10月受邀去某公司授课,取得一次性未扣除个人所得税的劳务报酬收入40 000元。

要求:请计算李教授应被预扣预缴的个人所得税税额。

解:应预扣预缴税额=40 000×(1-20%)×30%-2 000=7 600(元)

答:李教授在2022年10月应被预扣预缴的个人所得税税额为7 600元。

【例8-11】 李先生为居民个人,2024年5月取得一项发明专利,并将该专利使用权授予甲工厂使用三个月,使用费合计18 000元。该工厂5月支付使用费6 000元,6月支付使用费5 000元,7月支付使用费7 000元。2024年10月李先生又将该专利使用权授予乙工厂使用,收取使用费7 000元。

要求:请计算李先生特许权使用费所得应被预扣预缴的个人所得税税额。

解:授予甲工厂应预扣预缴税额=18 000×(1-20%)×20%=2 880(元)

授予乙工厂应预扣预缴税额=7 000×(1-20%)×20%=1 120(元)

李先生一共应预扣预缴税额=2 880+1 120=4 000(元)

答:李先生特许权使用费所得应被预扣预缴的个人所得税税额为4 000元。

【例8-12】 某作家为居民个人,2024年5月取得一次未扣除个人所得税的稿酬收入30 000元。

要求:请计算该作家应被预扣预缴的个人所得税税额。

解:应预扣预缴税额=30 000×(1-20%)×(1-30%)×20%=3 360(元)

答:该小说家在2024年5月应被预扣预缴的个人所得税税额为3 360元。

(二) 居民个人综合所得应纳税额的计算

居民个人针对工资、薪金所得全额计入收入额,而劳务报酬所得、特许权使用费所得的收入额为实际取得劳务报酬、特许权使用费收入的80%。此外,稿酬所得的收入额在扣除20%费用基础上,再减按70%计算,即稿酬所得的收入额为实际取得稿酬收入的56%。居民个人的综合所得,以每一纳税年度的收入额减除费用60 000元以及专项扣除、专项附加扣除和依法确定的其他扣除后的余额,为应纳税所得额。居民个人综合所得应纳税额的计算公式为:

$$应纳税额=\sum(每一级数的全年应纳税所得额 \times 对应级数的适用税率)$$

$$应纳税额=\sum\left[每一级数\left(全年收入额-60\,000元-专项扣除-享受的专项附加扣除-享受的其他扣除\right) \times 对应级数的适用税率\right]$$

【例8-13】 某居民个人纳税人为独生子女,2023年交完社保和住房公积金后共取得税前工资收入300 000元,劳务报酬20 000元,稿酬20 000元。该纳税人有两个小孩且均由其扣除子女教育专项附加,纳税人的父母健在且均已年满60岁。

要求:(1) 计算全年应纳税所得额。

(2) 计算应纳税额。

解:(1) 全年应纳税所得额=300 000+20 000×(1-20%)+20 000×(1-20%)×70%-60 000-24 000×2-36 000=183 200(元)

(2) 应纳税额 = 183 200 × 20% − 16 920 = 19 720(元)

答：全年应纳税所得额为 183 200 元，应纳税额为 19 720 元。

(三) 非居民个人取得工资、薪金所得，劳务报酬所得，稿酬所得和特许权使用费所得应纳税额的计算

非居民个人的工资、薪金所得，以每月收入额减除费用 5 000 元后的余额为应纳税所得额。劳务报酬所得、稿酬所得、特许权使用费所得，以每次收入额为应纳税所得额。同居民个人取得的劳务报酬所得、稿酬所得和特许权使用费所得一样，非居民个人取得的这些项目的所得同样适用劳务报酬所得、稿酬所得、特许权使用费所得以收入减除 20% 的费用后的余额为收入额。稿酬所得的收入额减按 70% 计算得出。

非居民个人取得工资、薪金所得，劳务报酬所得，稿酬所得和特许权使用费所得，依照表 8-1 按月换算后计算应纳税额。因此，非居民个人从我国境内取得上述所得时，适用税率见表 8-2。

【例 8-14】 某外商投资企业中工作的德国专家为非居民个人，2023 年 8 月取得由该企业发放的含税工资收入 20 000 元人民币，此外还从别处取得劳务报酬 5 000 元人民币。

要求： 请计算当月其应纳个人所得税税额。

解：(1) 该非居民个人当月工资、薪金所得应纳税额 = (20 000 − 5 000) × 20% − 1 410
= 1 590(元)

(2) 该非居民个人当月劳务报酬所得应纳税额 = 5 000 × (1 − 20%) × 10% − 210
= 190(元)

答：该德国专家当月应纳个人所得税税额为 1 780 元。

(四) 经营所得应纳税额的计算

应纳税额 = 全年应纳税所得额 × 适用税率 − 速算扣除数

或　　应纳税额 = (全年收入总额 − 成本、费用以及损失) × 适用税率 − 速算扣除数

【例 8-15】 某餐馆系个体工商户，账证健全，2023 年 12 月取得经营收入为 320 000 元，准许扣除的当月成本、费用(不含业主工资)及相关税金共计 250 600 元。1~11 月累计应纳税所得额 88 400 元(未扣除业主费用减除标准)，1~11 月累计已预缴个人所得税 10 200 元。除经营所得外，业主本人没有其他收入，且 2023 年全年均享受赡养老人一项专项附加扣除。不考虑专项扣除和符合税法规定的其他扣除。本题中纳税人取得经营所得，按年计算个人所得税，由纳税人在月度或季度终了后 15 日内，向经营管理所在地主管税务机关办理预缴纳税申报。在取得所得的次年 3 月 31 日前，向经营管理所在地主管税务机关办理汇算清缴。

要求：(1) 请计算该餐馆全年应纳税所得额。(2) 请计算该餐馆全年应纳个人所得税税额。(3) 请根据全年应纳税额和当年已预缴税额计算出当年度应补(退)税额。

解：(1) 全年应纳税所得额 = 320 000 − 250 600 + 88 400 − 60 000 − 36 000 = 61 800(元)

(2) 全年应缴纳个人所得税 = 61 800 × 10% − 1 500 = 4 680(元)

(3) 该个体工商户 2023 年度应申请的个人所得税退税额 = 10 200 − 4 680
= 5 520(元)

答：该餐馆全年应纳税所得额为 61 800 元，应纳个人所得税税额为 4 680 元，2023 年应

申请个人所得税退税额为 5 520 元。

(五) 财产租赁所得应纳税额的计算

财产租赁所得一般以个人每次取得的收入,定额或定率减除规定费用后的余额为应纳税所得额。每次收入不超过 4 000 元,定额减除费用 800 元;每次收入在 4 000 元以上,定率减除 20% 的费用。应纳税所得额的计算公式为:

(1) 每次(月)收入不超过 4 000 元,财产租赁所得应纳税所得额的计算公式为:

$$应纳税所得额 = 每次(月)收入额 - 准予扣除项目 - 修缮费用 - 800$$

(2) 每次(月)收入超过 4 000 元,财产租赁所得应纳税所得额的计算公式为:

$$应纳税所得额 = [每次(月)收入额 - 准予扣除项目 - 修缮费用] \times (1 - 20\%)$$

【特别提示】
修缮费用以 800 元为限扣除。

【例 8-16】 张某于 2023 年 5 月将其自有的面积为 100 平方米的住房按市场价出租给于某居住。张某每月取得租金收入 5 000 元,全年租金收入 60 000 元。财产租赁收入以每月内取得的收入为一次,按市场价出租给个人居住适用 10% 的税率。

要求:计算张某全年租金收入应缴纳的个人所得税税额(不考虑其他税费)。

解:每月应纳税额 = 5 000 × (1 - 20%) × 10% = 400(元)
　　全年应纳税额 = 400 × 12 = 4 800(元)

答:张某全年租金收入应缴纳的个人所得税税额为 4 800 元。

(六) 财产转让所得

财产转让所得应纳税额的计算公式为:

$$应纳税额 = 应纳税所得额 \times 适用税率 = (收入总额 - 财产原值 - 合理税费) \times 20\%$$

【例 8-17】 张某自建房屋一幢,造价 400 000 元,支付其他费用 60 000 元。建成后将房屋出售,售价 600 000 元,在售房过程中按规定支付交易费等相关税费 35 000 元。

要求:计算张某应纳个人所得税税额。

解:应纳税所得额 = 财产转让收入 - 财产原值 - 合理费用
　　应纳税所得额 = 600 000 - (400 000 + 60 000) - 35 000 = 105 000(元)
　　应纳税额 = 105 000 × 20% = 21 000(元)

答:张某应纳个人所得税税额为 21 000 元。

(七) 利息、股息、红利所得和偶然所得应纳税额的计算

利息、股息、红利所得和偶然所得应纳税额的计算公式为:

$$应纳税额 = 应纳税所得额 \times 适用税率 = 每次收入额 \times 20\%$$

七、个人所得税优惠政策

1. 免征个人所得税的优惠

（1）省级人民政府、国务院部委和中国人民解放军军以上单位，以及外国组织颁发（颁布）的科学、教育、技术、文化、卫生、体育、环境保护等方面的奖金（奖学金）。

对个人获得的下列奖项的奖金收入，视为省级人民政府、国务院部委和中国人民解放军军以上单位，以及外国组织颁发（颁布）的科学、教育、技术、文化、卫生、体育、环境保护等方面的奖金（奖学金），免征个人所得税：如曾宪梓教育基金会教师奖、学生个人参与"长江小小科学家"活动和"明天小小科学家"活动获得的奖金、联合国开发计划署和中国青少年发展基金会"国际青少年消除贫困奖"等。

（2）国债和国家发行的金融债券利息。

（3）按照国家统一规定发给的补贴、津贴。按照国家统一规定发给的补贴、津贴，是指按照国务院规定发给的政府特殊津贴、院士津贴，以及国务院规定免予缴纳个人所得税的其他补贴、津贴。

（4）福利费、抚恤金、救济金。根据《国家税务总局关于生活补助费范围确定问题的通知》（国税发〔1998〕155号）的规定，下列收入不属于免税的福利费范围：①超出国家规定的比例计提福利费、工会经费中支付给个人的；②从福利费和工会经费中支付的人人有份的；③单位为个人购买汽车、住房、电子计算机等不属于临时性生活困难补助性质的支出。

（5）保险赔款。

（6）军人的转业费、复员费。对退役士兵按照《退役士兵安置条例》规定，取得的一次性退役金以及地方政府发放的一次性经济补助，免征个人所得税。

（7）按照国家统一规定发给干部、职工的安家费、退职费、退休工资、离休工资、离休生活补助费。

（8）企业和个人按照省级以上人民政府规定的比例缴付的住房公积金、医疗保险金、基本养老保险金、失业保险金，免予征收个人所得税。超过规定的比例缴付的部分计征个人所得税。个人领取原提存的住房公积金、医疗保险金、基本养老保险金时，免予征收个人所得税。对按照国家或省级地方政府规定的比例缴付的住房公积金、医疗保险金、基本养老保险金和失业保险金存入银行个人账户所取得的利息收入，免征个人所得税。

（9）对个人取得的教育储蓄存款利息所得以及国务院财政部门确定的其他专项储蓄存款或者储蓄性专项基金存款的利息所得，免征个人所得税。自2008年10月9日起，对居民储蓄存款利息，暂免征收个人所得税。

（10）工伤职工及其近亲属取得工伤保险待遇，免征个人所得税。

（11）对个体工商户或个人，以及个人独资企业和合伙企业从事种植业、养殖业、饲养业和捕捞业（以下简称"四业"），取得的"四业"所得暂不征收个人所得税。

（12）个人举报、协查各种违法、犯罪行为而获得的奖金。

（13）个人转让自用达5年以上，并且是唯一的家庭居住用房取得的所得。

（14）对被拆迁人按照国家有关城镇房屋拆迁管理办法规定的标准取得的拆迁补偿款（含因棚户区改造而取得的拆迁补偿款），免征个人所得税。

(15) 对个人转让上市公司股票取得的所得暂免征收个人所得税。自 2008 年 10 月 9 日起,对证券市场个人投资者取得的证券交易结算资金利息所得,暂免征收个人所得税,即证券市场个人投资者的证券交易结算资金在 2008 年 10 月 9 日后(含 10 月 9 日)孳生的利息所得,暂免征收个人所得税。

(16) 个人从公开发行和转让市场取得的上市公司股票,持股期限在 1 个月以内(含 1 个月)的,其股息红利所得全额计入应纳税所得额;持股期限在 1 个月以上至 1 年(含 1 年)的,暂减按 50% 计入应纳税所得额;持股期限超过 1 年的,暂免征收。

(17) 个人取得的下列中奖所得,暂免征收个人所得税:单张有奖发票奖金所得不超过 800 元(含 800 元)的,暂免征收个人所得税;个人取得单张有奖发票奖金所得超过 800 元的,应全额按照个人所得税法规定的"偶然所得"项目征收个人所得税;购买社会福利有奖募捐奖券、体育彩票一次中奖收入不超过 10 000 元的暂免征收个人所得税,对一次中奖收入超过 10 000 元的,应按税法规定全额征税。

(18) 经国务院财政部门批准免税的其他所得。

【例 8-18】李先生和张先生各自取得一张有奖发票。其中,李先生获得奖金 800 元,张先生获得奖金 900 元。

要求:请分别计算李先生和张先生各自需要缴纳的个人所得税税额。

解:根据税法规定,李先生可以直接兑取 800 元奖金,不需要缴纳个人所得税。

张先生需要缴纳个人所得税税额 = 900 × 20% = 180(元)

张先生在兑取奖金时,兑付单位应代扣代缴个人所得税 180 元,张先生实际取得奖金 720 元。

答:李先生无需缴纳个人所得税,张先生需缴纳 180 元个人所得税。

2. 减征个人所得税的优惠

有下列情形之一的,可以减征个人所得税,具体幅度和期限,由省、自治区、直辖市人民政府规定,并报同级人民代表大会常务委员会备案:

(1) 残疾、孤老人员和烈属的所得。

(2) 因自然灾害造成重大损失的。

国务院可以规定其他减税情形,报全国人民代表大会常务委员会备案。

第二节 个人纳税规划的内容及实务

随着我国经济的迅猛发展,居民收入水平的不断提高,越来越多的居民个人需要缴纳个人所得税。从维护个人切身利益出发,如何合理进行纳税规划,减轻税收负担成为居民个人重视的问题。纳税规划即合理避税和节税,是根据政府税收政策导向,通过调整经营结构和交易活动的安排,对纳税方案进行最优的选择,从而减轻纳税负担,取得正当的税收利益。

一、个人纳税规划的概念

个人纳税规划是个人进行的,旨在减轻税负的谋划与对策。纳税规划的实质是在不违反法律及税法相关规定前提下节税。国家在制定税法相关规定时,对节税行为有所预期,希望通过节税行为引导全社会资源的有效配置与收入的合理分配。因此,纳税规划是在税收法律许可的范围内,以税收政策为导向,通过财务活动的合理安排,为达到税后收益最大化的目标而采取的行为。纳税规划着眼于总体的决策和长期利益,谋求的利益是合法的、正当的。正确的纳税规划不仅可以避免缴纳不应该缴纳的税款,而且有助于合理安排支出。

二、纳税规划的原理

税收规划最重要的原理是节税。节税原理又可细分为绝对节税原理、相对节税原理、直接节税原理、间接节税原理、横向节税原理、纵向节税原理、风险节税原理、组合节税原理和模糊节税原理等,本书只介绍前两种。

1. 绝对节税原理

绝对节税是纳税绝对总额的减少。实施的措施是在各种可供选择的纳税方案中,选择缴纳税金最少的方案,这种最少的纳税绝对总额,包括横向的和纵向的。横向绝对节税是指直接减少某一个纳税人的当期纳税总额。纵向绝对节税是指直接减少某一个纳税人在一定时期的纳税总额,比如5年的纳税总额。

2. 相对节税原理

相对节税是指纳税总额并没有减少,但因各个纳税期纳税额的变化而增加了收益,从而相当于减少了税负,使纳税总额相对减少。相对节税原理利用的是货币时间价值。

三、纳税规划的步骤

个人进行纳税规划基本步骤包括:

第一步,熟知税法的相关规定。进行税收规划,首先要熟知相关法律,全面掌握税法的若干规定,尤其是各项税收优惠、税收鼓励政策。

第二步,确立节税目标,制定备选方案。根据纳税规划的内容,确立纳税规划的目标,制定多个备选方案。

第三步,建立数学模型,进行模拟决策(测算)。根据有关税法规定和纳税人预计收入情况(中、长期预算等),尽可能建立数学模型进行演算,模拟决策,定量分析,修改备选方案。

第四步,根据税后净回报排列选择方案。分析每一备选方案的比较都要在成本最低化和利润最大化的分析框架内进行,并以此标准确立能够产生最大税后净回报的方案。

第五步,选择最优方案。最优方案是在特定环境下选择的,该环境能有多长时间的稳定期,事先也应有所考虑,尤其是在跨地区税收规划时,更应考虑这个问题。

第八步,落实方案,监督反馈。落实方案,再运用信息反馈制度,验证实际税收规划结果是否如当初估算,为今后税收规划提供参考依据。

四、个人纳税规划实务

个人所得税的纳税规划可以从个人所得税纳税人、组织形式的选择、个人所得税计税依据或税率、个人所得税应税项目转换、个人所得税税收优惠及其他方面开展纳税规划,具体方式有:居民个人按年均衡取得综合所得进行纳税规划,运用企业年金进行纳税规划,对居民个人子女教育专项附加扣除方式的选择进行纳税规划,对非居民个人均衡取得工资、薪金所得进行纳税规划,对非居民个人费用转移进行纳税规划,对增加非居民个人取得劳务报酬所得的次数进行纳税规划等。本书仅针对典型个人所得税纳税规划角度展开讲述。

(一) 居民个人按年均衡取得综合所得的纳税规划

【例 8-19】 居民个人于某对于取得的综合所得,预计2021年、2022年、2023年三年的应纳税所得额(每一纳税年度的收入额减除费用60 000元以及专项扣除、专项附加扣除和依法确定的其他扣除后的余额)合计600 000元。根据于某各种工作的先后次序,现有三种取得所得的方案可供选择。方案一,2021年的应纳税所得额为50 000元,2022年的应纳税所得额为150 000元,2023年的应纳税所得额为400 000元。方案二,2021年的应纳税所得额为100 000元,2022年的应纳税所得额为200 000元,2023年的应纳税所得额为300 000元。方案三,2021年的应纳税所得额为200 000元,2022年的应纳税所得额为200 000元,2023年的应纳税所得额为200 000元。

要求:请对上述案例进行纳税规划,选择最佳方案。

解:(1) 2021年的应纳税所得额为50 000元,2022年的应纳税所得额为150 000元,2023年的应纳税所得额为400 000元。

2021年综合所得的应纳个人所得税=50 000×10%−2 520=2 480(元)

2022年综合所得的应纳个人所得税=150 000×20%−16 920=13 080(元)

2023年综合所得的应纳个人所得税=400 000×25%−31 920=68 080(元)

2021年、2022年、2023年三年应纳个人所得税合计=2 480+13 080+68 080
=83 640(元)

(2) 2021年的应纳税所得额为100 000元,2022年的应纳税所得额为200 000元,2023年的应纳税所得额为300 000元。

2021年综合所得的应纳个人所得税=100 000×10%−2 520=7 480(元)

2022年综合所得的应纳个人所得税=200 000×20%−16 920=23 080(元)

2023年综合所得的应纳个人所得税=300 000×20%−16 920=43 080(元)

2021年、2022年、2023年三年应纳个人所得税合计=7 480+23 080+43 080
=73 640(元)

(3) 2021年的应纳税所得额为200 000元,2022年的应纳税所得额为200 000元,2023年的应纳税所得额为200 000元。

2021年综合所得的应纳个人所得税=200 000×20%−16 920=23 080(元)

2022年综合所得的应纳个人所得税=200 000×20%−16 920=23 080(元)

2023年综合所得的应纳个人所得税=200 000×20%−16 920=23 080(元)

2021年、2022年、2023年三年应纳个人所得税合计=23 080+23 080+23 080
=69 240(元)

答:方案三的应纳个人所得税合计最少,应选择方案三。综上三种方案,可以看出对于应纳税所得额总额一定的情况下,每年应纳税所得额越趋于均衡,计算出的总应纳个人所得税额越少。

(二) 居民个人子女教育专项附加扣除方式选择的纳税规划

【例8-20】 居民个人李某和孙某是夫妻,有一女儿上小学。妻子李某任职于甲公司,2023年从甲公司获取税前工资、薪金收入共计100 000元,本年专项扣除和依法确定的其他扣除合计为15 000元,专项附加扣除只有子女教育这一项符合税法扣除规定。丈夫孙某任职于乙公司,本年从乙公司获取税前工资、薪金收入共计300 000元,本年专项扣除和依法确定的其他扣除合计为50 000元,专项附加扣除只有子女教育这一项符合税法扣除规定。李某和孙某本年无其他收入。

要求:请对上述案例进行纳税规划,选择最佳方案。

解:(1) 对于子女教育专项附加扣除,选择由妻子李某一方按扣除标准的100%扣除。

李某本年综合所得的应纳税所得额 = 100 000 − 60 000 − 15 000 − 2 000 × 12
= 1 000(元)

李某本年综合所得的应纳个人所得税 = 1 000 × 3% = 30(元)

孙某本年综合所得的应纳税所得额 = 300 000 − 60 000 − 50 000 = 190 000(元)

孙某本年综合所得的应纳个人所得税 = 190 000 × 20% − 16 920 = 21 080(元)

李某和孙某本年综合所得的应纳个人所得税合计 = 30 + 21 080 = 21 110(元)

(2) 对于子女教育专项附加扣除,选择由李某和孙某双方分别按扣除标准的50%扣除。

李某本年综合所得的应纳税所得额 = 100 000 − 60 000 − 15 000 − 2 000 × 12 × 50%
= 13 000(元)

李某本年综合所得的应纳个人所得税 = 13 000 × 3% = 390(元)

孙某本年综合所得的应纳税所得额 = 300 000 − 60 000 − 50 000 − 2 000 × 12 × 50%
= 178 000(元)

孙某本年综合所得的应纳个人所得税 = 178 000 × 20% − 16 920 = 18 680(元)

李某和孙某本年综合所得的应纳个人所得税合计 = 390 + 18 680 = 19 070(元)

(3) 对于子女教育专项附加扣除,选择由丈夫孙某一方按扣除标准的100%扣除。

李某本年综合所得的应纳税所得额 = 100 000 − 60 000 − 15 000 = 25 000(元)

李某本年综合所得的应纳个人所得税 = 25 000 × 3% = 750(元)

孙某本年综合所得的应纳税所得额 = 300 000 − 60 000 − 50 000 − 2 000 × 12
= 166 000(元)

孙某本年综合所得的应纳个人所得税 = 166 000 × 20% − 16 920 = 16 280(元)

李某和孙某本年综合所得的应纳个人所得税合计 = 750 + 16 280 = 17 030(元)

答:综上可得,方案三该夫妇本年综合所得的应纳个人所得税合计最少,因此选择方案三。由本案例可知对于子女教育专项附加扣除由所得较高的一方扣除,对于家庭整体纳税规划最有利。

(三) 居民个人综合所得与经营所得转换的纳税规划

【例8-21】 居民个人王某是一名会计专家,主要从事财税咨询工作,2023年有两种工作方案可供选择。方案一,王某在甲会计师事务所兼职提供咨询服务,本年度取得税前劳务报酬收入500 000且与甲会计师事务所约定,王某自己承担因提供咨询活动产生的成本、费用以及损失,当年的成本、费用以及损失为300 000元。方案二,王某注册成为个体工商户,通过甲会计师事务所对外提供咨询服务,且与甲会计师事务所约定,该个体工商户自己承担因提供咨询活动产生的成本、费用以及损失,本年度该个体工商户取得税前经营收入500 000元,当年的成本、费用以及损失为300 000元。当年王某的专项扣除、专项附加扣除和依法确定的其他扣除合计30 000元。当年王某无其他收入。假设不考虑增值税因素。

要求:请对上述案例进行纳税规划,选择最佳方案。

解:(1)王某在甲会计师事务所兼职提供咨询服务,本年度取得税前劳务报酬收入500 000元且与甲会计师事务所约定,王某自己承担因提供咨询活动产生的成本、费用以及损失,当年的成本、费用以及损失为300 000元。

由于劳务报酬所得以收入减除20%的费用后的余额为收入额,因此当年的成本、费用以及损失为300 000元不能据实扣除,而只能按照收入的20%定率扣除。

本年综合所得的应纳税所得额=500 000×(1-20%)-60 000-30 000=310 000(元)

本年综合所得的应纳个人所得税=310 000×25%-31 920=45 580(元)

(2)王某注册成为个体工商户,通过甲会计师事务所对外提供咨询服务,且与甲会计师事务所约定,该个体工商户自己承担因提供咨询活动产生的成本、费用以及损失,本年度该个体工商户取得税前经营收入500 000元,当年的成本、费用以及损失为300 000元。

本年经营所得的应纳税所得额=500 000-300 000-60 000-30 000=210 000(元)

本年经营所得的应纳个人所得税=210 000×20%-10 500=31 500(元)

答:方案二较方案一少缴纳个人所得税,所以选择方案二。由案例可知,在所得金额相同的情况下,经营所得形成纳税规划优势。

(四)个人捐赠的纳税规划

【例8-22】 居民个人李某于本年转让私有住房一套,取得转让收入300 000元,同时将其中的50 000元进行捐赠。该套住房购进时的原价为200 000元,转让时支付有关税费为15 000元。

要求:请对上述案例进行纳税规划,选择最佳捐赠方案。

解:(1)直接捐赠50 000元,此时,捐赠额不能在个人所得税前扣除。

应纳个人所得税税额=(300 000-200 000-15 000)×20%=17 000(元)

(2)通过中国境内的社会团体、国家机关捐赠50 000元,此时,捐赠额在缴纳个人所得税前限额扣除。

捐赠限额=(300 000-200 000-15 000)×30%=25 500(元)

实际捐赠额50 000元大于捐赠限额25 500元,只能按捐赠限额作为允许扣除的捐赠额来计算应纳个人所得税税额。

应纳个人所得税税额=(300 000-200 000-15 000-25 500)×20%=11 900(元)

(3)通过非营利性的社会团体和国家机关向红十字公益事业等捐赠50 000元。此时,捐赠额在缴纳个人所得税前准予全额扣除。

应纳个人所得税税额=(300 000-200 000-15 000-50 000)×20%=7 000(元)

答：综上可得，方案三应纳个人所得税最少，因此，应当选择方案三。由案例可知，个人选择捐赠形式时，选择通过非营利性的社会团体和国家机关向红十字公益事业方式捐赠，可以在计算缴纳个人所得税时全额扣除，为最佳纳税规划。

(五) 全年一次性奖金的纳税规划

全年一次性奖金，是指行政机关、企事业单位等扣缴义务人根据其全年经济效益和对雇员全年工作业绩的综合考核情况，向雇员发放的一次性奖金。上述一次性奖金也包括年终加薪、实行年薪制和绩效工资办法的单位根据考核情况兑现的年薪和绩效工资。

关于居民个人取得全年一次性奖金的税务处理，执行期限延长至 2023 年 12 月 31 日，可以选择不并入当年综合所得，也可以选择并入当年综合所得。选择不并入当年综合所得，则按以下计税办法，由扣缴义务人发放时代扣代缴税款，即将居民个人取得的全年一次性奖金，除以 12 个月，按其商数依照按月换算后的综合所得税率表确定适用税率和速算扣除数，单独计算纳税。其计算公式如下：

$$应纳税额 = 全年一次性奖金收入 \times 适用税率 - 速算扣除数$$

【例 8-23】 居民个人李某任职于甲公司，2021 年从甲公司获取税前综合所得收入共计 70 000 元，本年专项扣除和依法确定的其他扣除合计为 15 000 元。2021 年 12 月 31 日一次性领取年终奖 12 000 元。

要求： 请对上述业务进行纳税规划，选择最佳纳税方案。

解： (1) 并入李某综合所得，计算缴纳个人所得税。

李某本年综合所得的应纳税所得额 = 70 000 + 12 000 − 60 000 − 15 000 = 7 000 (元)

经查表 8-1 可知，适用的税率为 3%，速算扣除数为 0。

李某本年应纳个人所得税税额 = 7 000 × 3% = 210 (元)

(2) 不并入综合所得，单独计算缴纳个人所得税。

李某本年综合所得的应纳税所得额 = 70 000 − 60 000 − 15 000 = −5 000 (元)

李某本年综合所得应纳个人所得税税额 = 0 (元)

李某年终奖金适用的税率和速算扣除数，按 12 个月分摊后：

李某每月的奖金 = 12 000 ÷ 12 = 1 000 (元)

经查表 8-2 可知，适用的税率为 3%，速算扣除数为 0。

李某本年年终奖应纳个人所得税税额 = 12 000 × 3% = 360 (元)

李某本年应纳个人所得税税额 = 360 + 0 = 360 (元)

答：综上可得，选择并入综合所得，李某缴纳的个人所得税更少。

【例 8-24】 承 [例 8-23]，假如李某 2021 年从甲公司获取税前综合所得收入共计 100 000 元，其他条件不变。

要求： 请对上述业务进行纳税规划，选择最佳纳税方案。

解： (1) 并入李某综合所得，计算缴纳个人所得税。

李某本年综合所得的应纳税所得额 = 100 000 + 12 000 − 60 000 − 15 000 = 37 000 (元)

经查表 8-1 可知，适用的税率为 10%，速算扣除数为 2 520。

李某本年应纳个人所得税税额 = 37 000 × 10% − 2 520 = 1 180 (元)

(2) 不并入综合所得,单独计算缴纳个人所得税。

李某本年综合所得的应纳税所得额 = 100 000 − 60 000 − 15 000 = 25 000(元)

经查表8-1可知,适用的税率为3%,速算扣除数为0。

李某本年综合所得的应纳个人所得税税额 = 25 000 × 3% = 750(元)

李某年终奖金适用的税率和速算扣除数,按12个月分摊后:

李某每月的奖金 = 12 000 ÷ 12 = 1 000(元)

经查表8-2可知,适用的税率为3%,速算扣除数为0。

李某本年年终奖应纳个人所得税税额 = 12 000 × 3% = 360(元)

李某本年应纳个人所得税税额 = 750 + 360 = 1 110(元)

答:综上可得,选择不并入综合所得,李某缴纳的个人所得税更少。

结合上述例题,可以看出对于部分中低收入者,选择合并计税更划算;收入和年终奖收入较高,单独计税更划算。"单独计税法"作为纳税规划的一种方法,使得全年综合所得的应纳税所得额分流,从而达到降低税率级次、降低税负的目的。

由于全年一次性奖金的纳税可以采用单独计税,使用七级超额累进税率表,即按照按月换算后的综合所得税率表。按照上述方法,如果年终奖在3.6万元、14.4万元、30万元、42万元、66万元和96万元这几个临界点上,会出现年终奖多发1元甚至1分钱,需要多缴纳成百上千的个人所得税,因此,尽量避免多收1元而导致实收年终奖减少的情况。表8-6是根据上述方法计算出来各个临界点的个人所得税差额情况。

表8-6　　　　　全年一次性奖金临界点个人所得税差异　　　　　单位:元

应发年终奖	应缴纳个人所得税	实发年终奖	个人所得税差异
36 000	1 080	34 920	2 310.10
36 001	3 390.1	32 610.9	
144 000	14 190	129 810	13 200.20
144 001	27 390.2	116 610.8	
300 000	58 590	241 410	13 750.25
300 001	72 340.25	227 660.75	
420 000	102 340	317 660	19 250.30
420 001	121 590.3	298 410.7	
660 000	193 590	466 410	30 250.35
660 001	223 840.35	436 160.65	
960 000	328 840	631 160	88 000.45
960 001	416 840.45	543 160.55	

随着我国居民生活水平的不断提高,有些支出如住房支出、交通费支出、培训支出,甚至

旅游休闲支出都日益成为现代人必不可少的支出项目。既然这些支出是必需的，个人用税后工资支付又不能抵减个人所得税，如果企业替职工个人订立年度福利计划，可以把相应的费用从原打算支付给职工的货币工资及奖励中扣除。在维持同等消费水平的基础上，增加了税前支付金额，从而减少了个人所得税的税金支出，实现了纳税规划。因此，利用非货币支付方式也是个人进行税收规划的一种方式，如企业统一为职工提供住房、企业统一为职工提供旅游的机会、企业给职工提供培训机会、企业提供给职工非货币性福利等。

本章练习

一、单选题

1. 根据我国个人所得税的规定,工资、薪金所得采用的税率形式是( )。
   A. 超额累进税率 B. 全额累进税率
   C. 超率累进税率 D. 超倍累进税率

2. 下列从事非雇佣劳动取得的收入中,应按照"稿酬所得"税目缴纳个人所得税的是( )。
   A. 审稿收入 B. 翻译收入 C. 题字收入 D. 出版作品收入

3. 李先生2023年12月在某公司举行的有奖销售活动中获得奖金12 000元,领奖时发生交通费600元、食宿费400元。在颁奖现场李先生直接向某大学图书馆捐款3 000元。已知偶然所得适用的个人所得税税率为20%。李先生中奖收入应缴纳的个人所得税额为( )元。
   A. 1 600 B. 1 800 C. 0 D. 2 400

4. 下列各项所得中,应缴纳个人所得税的是( )。
   A. 财产租赁所得 B. 退休工资 C. 保险赔偿 D. 国债利息

5. 下列各项中,不适用五级超额累进税率征收个人所得税的是( )。
   A. 个体工商户的生产经营所得
   B. 个人工资薪金所得
   C. 个人独资企业的生产经营所得
   D. 对企事业单位的承包经营、承租经营所得

6. 按照我国现行税法规定,中得一笔彩票头奖为500万元,应缴纳的个人所得税额为( )万元。
   A. 200 B. 0 C. 10 D. 100

7. 屠呦呦获得2015年诺贝尔生理学或医学奖,这笔奖金的纳税情况是( )。
   A. 扣除800元后纳税 B. 扣除20%后纳税
   C. 按20%的税率纳税 D. 免税

二、多选题

1. 个人税收规划的基本方法主要有( )。
   A. 利用免减税的方法 B. 利用税率差异的方法
   C. 利用所得项目调整的方法 D. 利用推迟纳税时间的方法

2. 下列各项中,以取得的收入为应纳税所得额直接计征个人所得税的有( )。
   A. 稿酬所得 B. 偶然所得
   C. 股息所得 D. 特许权使用费所得

3. 个人通过境内非营利社会团体进行的下列捐赠中,在计算缴纳个人所得税时,准予税前全额扣除的有( )。
   A. 向贫困地区的捐赠 B. 向农村义务教育的捐赠
   C. 向红十字事业的捐赠 D. 向公益性青少年活动场所的捐赠

4. 下列收入中,属于财产转让所得的有( )。
   A. 出售股票所得　　　　　　　B. 出售企业股权所得
   C. 出售住房所得　　　　　　　D. 出售家用汽车所得

5. 下列个人所得中,免征个人所得税的有( )。
   A. 军人领取的转业费　　　　　B. 教师工资所得
   C. 作家拍卖手稿所得　　　　　D. 工人取得的保险赔款

6. 下列各项中,属于纳税规划原理的有( )。
   A. 绝对节税原理　　　　　　　B. 相对节税原理
   C. 直接节税原理　　　　　　　D. 间接节税原理

三、判断题

1. 个人取得全年一次性奖金,应单独作为一个月工资、薪金所得计算纳税,由发放单位发放时代扣代缴。（　）

2. 劳务报酬所得属于同一事项连续取得收入的,以1个月内取得的收入为一次。（　）

3. 对个人转让自用3年以上并且是家庭唯一生活用房取得的所得,免征个人所得税。（　）

4. 张明先生2024年1~6月份每月工资为4 500元,则其上半年应纳的个人所得税为150元。（　）

5. 李丽女士取得一次性的劳务报酬收入2.4万元,对此应实行加成征收办法计算个人所得税。（　）

四、简答题

1. 什么是个人所得税？个人所得税的应税项目包括哪些？
2. 个人所得税专项附加扣除包括哪几项？其扣除标准和方式如何？
3. 纳税规划包括哪些步骤？

五、案例分析题

中国公民张明就职于国内某中型公司。2023年除工资、薪金所得外,其他收入情况如下：

(1) 1月将一套全新公寓住房出租,租期半年,一次性收取租金10 000元,7月将该套公寓以市价出售,扣除购房成本及相关交易税费后取得500 000元。

(2) 为某报社财经专栏撰稿,该稿件以连载形式刊登,8月刊登3次,9月刊登2次。每次收入600元。

(3) 11月为一家培训机构授课2次,每次收入1 000元。

(4) 担任甲公司独立董事,取得董事津贴20 000元。

提示：财产转让所得、劳务报酬所得适用的个人所得税税率均为20%,个人出租住房所得适用的个人所得税税率为10%。

要求：根据案例计算张先生2023年各项所得应缴纳个人所得税税额。

第九章　子女教育规划、退休规划及遗产规划

知识导航

子女教育规划、退休规划及遗产规划
- 子女教育规划
  - 子女教育规划的概念
  - 子女教育金的特点
  - 子女教育规划的原则
  - 子女教育规划的一般步骤
  - 子女教育金规划工具的选择
- 退休规划
  - 退休规划的概念
  - 退休规划的必要性
  - 退休规划的原则
  - 退休规划需要考虑的因素
  - 退休规划的一般步骤
  - 退休养老规划工具
  - 退休养老规划案例
- 遗产规划
  - 遗产及遗产规划的概念
  - 遗产规划的作用
  - 遗产规划工具的选择
  - 遗产规划的策略
  - 遗产规划的步骤

学习目标

1. 熟悉子女教育金规划的基本内容。
2. 掌握子女教育规划的一般步骤。
3. 理解子女教育规划工具的选择。
4. 熟悉退休规划的基本内容。
5. 理解退休规划工具的选择。
6. 掌握退休规划的一般步骤。
7. 了解遗产规划的基本含义、作用。
8. 理解遗产规划工具的选择。
9. 熟悉遗产规划的步骤。

个人理财

> **导入案例**

从2000年开始,我国65岁及以上人口比重达到7%,0~14岁人口比重为22.9%,老年型年龄结构初步形成,中国开始步入老龄化社会。2018年,我国65岁及以上人口比重达到11.9%,0~14岁人口占比降至16.9%,人口老龄化程度持续加深。我国人口年龄结构从成年型进入老年型仅用了18年左右的时间。人口老龄化的加速将加大社会保障和公共服务压力,减弱人口红利,持续影响社会活力、创新动力和经济增长潜力,是进入新时代人口发展面临的重大挑战。我国自2000年迈入老龄化社会之后,人口老龄化的程度不断加深。据统计,2022年我国60岁及以上人口占到总人口的19.8%,实现老龄化社会向老龄社会的转变;到2050年,我国60岁及以上人口将会占到36%,占总人口比例将超过1/3。

面对这个"瓶颈",我国政府早已重视。"放开二胎"政策就是我国面对老龄化挑战所做出的努力。政府开发老年人力资本,建立适合中国特色的延迟退休年龄政策,鼓励老年人再就业和社会参与。在《全国人民代表大会常务委员会关于实施渐进式延迟法定退休年龄的决定》(2024年9月13日第十四届全国人民代表大会常务委员会第十一次会议通过)出台之前,根据《国务院关于工人退休、退职的暂行办法》的规定,男性职工退休年龄为60岁,女性职工退休年龄为50岁,而女干部则为55岁。我国是世界上退休年龄较早的国家。西班牙法定退休年龄是65岁,意大利女性退休年龄都要达到60岁。还有几个国家都颁布延迟退休计划,德国2024年法定退休年龄推迟到66岁,到2031年,法定退休年龄推迟到67岁;英国预计2030年将退休年龄推迟到68岁,2040年进一步推迟到69岁,澳大利亚退休年龄将从2029年开始延至70岁……

早在十几年前就有人提到过"延迟退休"这个话题,但那时国家并没有推出什么政策。最近,"延迟退休"政策的落地,使得很多人又开始关注"延迟退休"这个话题。第十四届全国人民代表大会常务委员会第十一次会议通过了《关于实施渐进式延迟法定退休年龄的决定》,本决定自2025年1月1日起施行。根据决定,①同步启动延迟男、女职工的法定退休年龄,用十五年时间,逐步将男职工的法定退休年龄从原六十周岁延迟至六十三周岁,将女职工的法定退休年龄从原五十周岁、五十五周岁分别延迟至五十五周岁、五十八周岁。②实施渐进式延迟法定退休年龄坚持小步调整、弹性实施、分类推进、统筹兼顾的原则。

思考:
(1)退休规划应考虑的因素有哪些?
(2)从个人角度,如何看待实施"延迟退休"政策的利弊?

第一节 子女教育规划

一、子女教育规划的概念

教育规划从内容上看,包括本人教育规划(个人的继续教育)和子女教育规划,个人的继续教育和子女教育都是人生规划的重要内容。本书主要介绍子女教育规划。子女教育规划主要体现在子女教育金的规划,即为子女将来的教育费用进行规划和投资。子女教育金规划是指为了实现子女预期教育目标所需要的费用而进行的一系列资金管理活动。以实现子女教育金规划为目的的教育理财作为理财规划的组成部分,与理财规划的其他内容一样具有重要的地位和作用。对子女的教育投资又可以分为基础教育投资和高等教育投资。由于大多数国家的高等教育都不是义务教育,因此对子女的高等教育投资通常是教育投资项目中花费较高的一项。

二、子女教育金的特点

子女教育规划与一般理财规划的区别在于,子女教育金必须专款专用,保本是投资的原则。获利高的理财工具,风险性也高,子女教育金累积较早的家庭可以选择高风险的投资工具,而教育金积累较晚的家庭,要谨慎选择此类投资工具。具体而言,子女教育金包括以下特点:

1. 无时间弹性

子女教育金没有时间弹性,子女到了一定年龄就要上学(如18岁左右上大学),不能因为没有足够的资金而延期。

2. 无费用弹性

子女教育金无费用弹性,通常情况下,子女需要接受基础教育的各阶段的学费相对固定,即该费用的支出对每个学生都是相同的。

3. 无规划弹性

从子女出生到其独立,总共要花费多少教育金,是无法准确估算的,花费多少教育金和子女的学习能力和资质有关,不同资质的子女在求学期间所花费用差距较大。因此,子女教育金规划越来难度较大。

三、子女教育规划的原则

1. 目标规划灵活化

现实中,父母的期望与子女的实际情况可能会有差距,并且子女在人生的不同阶段,其兴趣爱好也会发生变化。因此,要充分考虑孩子自身的特点,并结合家庭实际经济情况和风险承受能力设定子女教育规划目标。家庭在子女教育目标的选择上应给予子女较大的选择空间,不要刻意去塑造子女的兴趣爱好。当子女表现出某方面的兴趣爱好时,家长可以多引导、培养孩子在这方面的发展。子女教育金不像其他资产有时间和费用弹性,加之每个孩子的资质不同,亦或者其兴趣爱好可能发生转变。因此,在制定子女教育某方面规划时应采用相对灵活的方式,以适应子女在未来的不同选择。

2. 规划时间提早化

子女教育金并非仅包括学费,还包括子女的饮食、交通、教育、娱乐和医疗等方面的费用支出。子女教育金是一个家庭较大的一项资金支出,加上考虑通货膨胀,我们更应该提前认识到子女教育规划的重要性,提早规划子女的教育金。在教育经费筹集方面,应有充分余地,避免因经费短缺妨碍子女教育目标的实现。

3. 投资渠道多样化

不同家庭的子女有着不同的教育和培养方法,不同的教育和培养方法所花费用相差较大。应充分利用各种教育经费筹集渠道,如奖学金、国家和商业银行的教育贷款,教育保险、基金等。

4. 投资过程稳健化

由于缺乏时间弹性和费用弹性,子女教育规划一定保证在确定时间有确定的资金来源,投资失败、额外支出、挪作他用、意外或疾病等都可能让积累教育金的目标无法达成。所以保证子女教育资金安全性和稳健性,就显得尤为重要。

四、子女教育规划的一般步骤

1. 分析家庭成员收支状况以及预测家庭变化

子女教育规划应对整个家庭成员的收支状况进行了解。个人可以根据家庭的收支状况自己编制或让理财规划师代为编制家庭资产负债表和现金流量表,并且评估自己对风险的承受能力,判断该家庭属于风险偏好、风险中立或风险厌恶中的哪一种。在对现阶段的家庭状况进行充分了解的前提下,还应该预测家庭未来可能发生的变化,比如是否准备生二孩、父母年岁已高所带来的养老和医疗基金的准备等。

2. 确定对子女的教育目标

基础学历教育是任何一个公民都需要进行的教育内容,我国已经实施九年制义务教育,即小学和初中的教育。除此,子女还可能会经历高中、大学、硕士、博士等教育。每一个家庭都应根据子女的学习情况、家庭的经济条件、社会的教育环境等因素,综合估测子女未来愿意达到和能够达到的教育水平。从我国目前的社会就业环境和个人发展前景来看,大学本科教育已经成为未来对学生学历的基本要求,是未来就业竞争力的基本起点。因此,如果条件允许,建议大多数家庭对子女受教育程度的预期起码应定为大学本科。硕士、博士属于高层次人才,其人数比例还不是很高,在工作中的竞争力也非常强。一般来说,具有这类学历的人通常能够获得更高的工作起点,能够获得比其他人更多的发展机会,获得更高的社会地位和社会价值。因此,如果子女学有余力,或学习能力较强,那么家庭可以把硕士、博士定为子女接受教育的目标。

近年来,我国选择让子女出国留学的家庭数量逐年攀高,我国的出国留学生总数已经跃居世界第一位。家长在决定是否让孩子出国留学的时候需要考虑清楚两个问题:①自己的孩子适不适合出国;②家庭的支付能力如何。有相当一部分家长是因为自己的孩子在国内成绩不够理想,想给孩子换个环境学习,于是选择了让孩子出国留学。对于这样一类情况,首先家长要知道,国外并不是不重视学生的成绩,学生的成绩无论在任何学习阶段都是国外院校所看重的。在国外,成绩对于学生升学同样是至关重要的。我国很多学校只重视孩子的学习成绩,而国外的学校既重视孩子的学习成绩,又重视孩子的综合素质和能力的培养。所以,这类家长需要仔细判断自己的孩子在学习、自律能力等各方面能不能适应国外的学习和生活,而不能把到国外留学当成种逃避的手段。如果家长将出国教育作为子女教育目标的一部分,那么对于子女教育金的规划也要相应进行调整。

3. 估算预期教育费用

估算预期教育费用,一方面是为了针对这个费用进行投资规划,另一方面是为了确定家庭是否有相应的支付能力。这些教育费用主要包括子女接受基本教育的费用、子女特长的费用、子女未来出国接受教育的费用等。

4. 选择子女发展教育规划工具并制定投资规划方案

首先,根据上述步骤大致估算出子女教育总费用,还应将家庭现有资产与子女将要达成教育目标所需要的资金进行比较,计算出子女教育金的缺口,然后根据家庭风险承受能力及投资期限,选择合适的教育规划工具。

随着年龄的增长,家庭的风险承受能力有降低趋势,选择投资工具时,应根据家庭成员年龄合理安排激进型和稳健型投资产品的比例,如家长年龄在30岁左右,孩子上小学,家庭支出首先是买房或准备子女教育金,如果家庭整体负担较轻,可适当选择风险较大的投资产品类型;如果家庭负担较重,风险承受能力弱的家庭,建议首先留出安全保障金,再做长期投资,应投资于固定收益类或保本类的理财产品,谨慎投资高风险产品。应考虑投资期限,即准备积累资金的时间,它取决于两个因素:①开始进行教育投资的时间,②未来需要支付教育费用的时间,这两个时点之间的时间为投资时间。根据计算出来所需的资金缺口,以及可以利用的投资期间,计算出应达到的期望报酬率。如果不能达到该期望报酬率,到期就不能积累足够的子女教育资金,子女教育目标将无法实现。

5. 定期调整规划方案

由于子女教育规划实施的时间较长,通常在10年以上,在这期间,家庭收入状况、家庭结构、市场利率、汇率以及宏观经济因素都会发生变化,从而导致子女教育规划目标有所改变,所以子女教育规划的制定和实施不可能一蹴而就,应在一定时间后进行动态调整。子女教育规划流程,如图9-1所示。

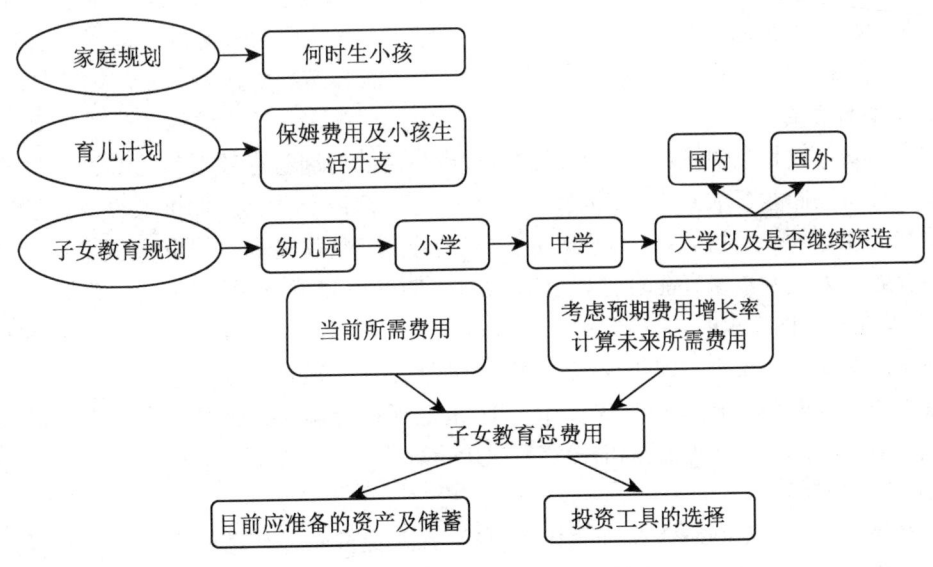

图9-1 子女教育规划流程图

五、子女教育金规划工具的选择

子女教育规划的过程实质就是对子女教育金筹备的过程,是一个投资积累的过程。

子女从出生到接受高等教育,教育消费的时间跨度长、涉及数额大,父母需要在名目繁多理财工具中,结合自身情况,选择适合本家庭的教育理财规划工具,制定出最适合的投资规划方案。对于教育金的来源,一方面来自助学贷款、奖学金和助学金或勤工俭学等补助,这部分教育资金的产生往往是由于自身家庭教育经费不足,由受教育者本人通过付出努力来获得;其次来自父母通过投资或储蓄,获得教育金的积累,比如储蓄、股票、基金、债券等。

(一) 传统教育金规划工具

1. 教育补助金

教育补助金是指针对特殊群体设置的以教育为目的的资助。教育补助金主要是对贫困学生补助。我国高校基本上形成以奖学金、学生贷款、勤工助学、特殊补助和学费减免为主的帮助贫困生的政策体系。

2. 国家助学贷款

国家助学贷款是指政府利用金融手段完善我国普通高校资助政策体系,加大对普通高校贫困家庭学生资助力度所采取的一项补助措施。按国家有关法律规定,国家助学贷款原则上全日制本(专)科生每人每学年最高不超过8 000元,全日制研究生每人每学年最高不超过12 000元。学校学生资助部门负责对学生提交的国家助学贷款申请进行资格审查,并核查贷款审批,学生需提交真实和完整材料,银行负责最终审批学生的贷款申请。国家助学贷款实行一次申请、一次授信、分期发放的方式,即学生可以与银行一次签订多个学年的贷款合同,但银行要分年发放。一个学年内的学费、住宿费贷款,银行应一次性发放。国家助学贷款利率执行中国人民银行同期公布的同档次基准利率。贷款学生在校学习期间的国家助学贷款利息全部由财政补贴,毕业后的利息由贷款学生本人全额支付。贷款最长期限为20年,还本宽限期为3年,宽限期内只需要还利息,不需要还本金。

3. 教育储蓄存款

教育储蓄存款是金融机构专门设立的以教育为目的的储蓄存款项目。其开办目的在于鼓励城乡居民以储蓄存款方式,为其子女接受非义务教育积蓄资金,促进教育事业发展。投资原理是定期存入一定的资金,当子女在每个阶段开学时,就能有一笔资金积累。但采用教育储蓄存款的方式要求家庭能自觉并且有能力定期进行储蓄,对不少家庭来说有一定的难度,尤其是在有其他需求时,这一储蓄常常被挪作他用并且不能按期归还。一般的教育储蓄存款的适用对象为在校小学四年级(含四年级)以上学生。教育储蓄存款是一种零存整取定期储蓄存款。一般存期分为1年、3年和6年,最低起存金额为50元,本金合计最高限额为2万元。开户时,客户需与金融机构约定每次固定存入的金额,分次存入。

4. 定息债券

定息债券是指固定利率债券,定期向债券持有人支付固定利息的债券。投资者定期购买一定数额的定息债券,然后在需要的时候卖出债券,就可以获得资金。在美国,定息债券的种类很多,子女教育金规划中常用的是储蓄债券。投资者可以设立一个专门的投资账户,存入一定的资金,该账户每月可以自动为其购买债券,这种投资工具不仅节约了投资者的时间,而且能够帮助投资者持之以恒地对子女教育金规划进行操作。但定息债券的缺点是以单利计息,因此其投资成本要高于储蓄存款。

5. 人寿保险

人寿保险是以被保险人的寿命为保险标的,且以被保险人的生存或死亡为给付条件的人身保险。人寿保险产品也可以作为一种投资,特别是一些投资型的寿险,也可以作为子女教育金规划的工具之一。当然,保险公司也有专门的教育保险产品可供选择,包括按期支付教育金、投保人意外身故保费豁免等,均适合父母为子女投保。

(二)其他教育金规划工具

其他教育金规划工具主要有政府债券、股票、公司债券、大额可转让存单、教育信托基金和共同基金等,这些理财工具的价格会随着供求关系和通货膨胀的变化而变化,从而为家庭提供一定的保障。

1. 国债

国债一般由中央政府发行,收益具有稳定性和安全性,是子女教育金规划的重要投资工具。

2. 股票

一般而言,子女教育金规划并不鼓励家庭采用风险太高的理财工具,如股票。但如果子女教育金规划期较长,则可适当投资该类产品,因为较高的投资回报率可以帮助家庭较早地完成子女教育金积累。

3. 大额可转让存单

大额可转让存单与整存整取定期储蓄基本相同,但利率一般可上浮一定比例,因此该类工具投资回报率相对较高,安全性和收益性的协调是使其成为较好的子女教育金规划工具的主要原因。

4. 教育信托基金

教育信托基金由父母购买,受益人是子女,但子女在成年之前对该部分资金没有支配权。在许多国家,该基金的收益可以享受税收优惠。投资者在投资此类基金之前,必须先按照有关法律将资金转到自己子女的名下,这样才能保证将来该基金的收益用于子女教育。如果子女未能上大学,则基金的收益应按照合同的规定转为子女的不动产或其他资产。

5. 共同基金

共同基金也称为证券投资信托基金,是由投信公司依信托契约的形式发行受益凭证,主要的投资标的为股票、期货、债券、短期票券等有价证券。这种投资方式的最大优点就是风险分担、变现灵活、安全性高。

6. 银行贷款

如果子女教育金规划开始得比较晚,家庭在短期内就需要一笔资金来支付子女的教育费用,这时可考虑通过贷款来实现。采用贷款支付子女教育金很容易占用退休规划资金,所以在做决定之前应该慎重考虑,并确保不会影响退休规划和其他安排。一般情况下,首先,可以考虑让子女就读学费较低的学校。其次,可以将债务归在子女的名下,父母作为债务的担保人,将来只有当子女无法偿还债务时,才需要为其承担债务。不少大学为了吸引更多优秀学生,可以为本校学生提供低息贷款。

【例 9-1】 李先生的儿子今年上高一,李先生估计在儿子上大学之前积累的教育费用不多,他设定的子女教育规划目标是在儿子 18 岁上大学时能积累足够的大学本科教育费用,从现在开始每年年末拿出一部分资金投资理财产品,为儿子积累大学费用,李先生投资某理财产品的平均投资回报率为4%。经调查,现阶段一名大学生四年总花费约为80 000元。考虑通货膨胀率和大学学费增长等诸多因素,预计教育费用的年平均增长率为5%。

要求:请计算李先生为支付儿子大学阶段的教育费用,在现阶段每年需要积累教育金的金额。

解:先确定投资年限 $N=3$ 年

届时应准备的大学费用 $=80\,000 \times FVIF_{5\%,3} = 80\,000 \times 1.157\,6 = 92\,608(元)$

假设李先生每年投入 A 元:

$$A \times FVIFA_{4\%,3} = 92\,608(元)$$
$$A = 92\,608 \div 2.775 = 33\,372.25(元)$$

$FVIFA_{4\%,3}$ 查年金终值系数表,$FVIFA_{4\%,3}$ 为2.775,也就是说,仅准备大学费用这一项,假设现阶段没有教育积累,从现在开始,每年需要投入33 372.25元,而且投资回报率按4%来计算,方能满足大学教育费用支出的要求。

答:李先生每年需投资回报率为4%的理财产品金额为33 372.25元。

【例9-2】承接[例9-1],假设李先生目前已经积累5万元的教育准备金。

要求:请问在现阶段每年需要积累教育金的金额?

解:已准备的教育金至大学时的投资终值 $=50\,000 \times FVIF_{4\%,3} = 50\,000 \times 1.124\,9$
$=56\,245(元)$

实际教育金缺口 $= 92\,608 - 56\,245 = 36\,363(元)$

假设每年投入 A 元: $A \times FVIFA_{4\%,3} = 36\,363(元)$

$$A = 36\,363 \div 2.775 = 13\,103.8(元)$$

答:李先生在目前已经积累5万元的教育准备金的前提下,每年需投入13 103.8元,即可满足孩子大学教育金的需求。

第二节 退休规划

一、退休规划的概念

退休规划是个人理财规划的重要组成部分,是为了保证将来有一个自尊、自立、保持水准的退休生活,从现在起就开始实施的规划方案。现如今,许多退休老人需要依靠子女的赡养费维持日常生活的开支,只有少部分退休老人有足够的金钱来满足其退休后生活支出,如果老人罹患疾病,自己没有足够的保险保障,就会给子女造成极大的财务压力。所以,如果自己能够提前规划养老金,那么退休后会维持有尊严而体面的晚年生活,增加安全感与幸福感。

退休规划主要包括退休后的消费、其他需求及如何在不工作的情况下满足这些需求。单纯靠政府的社会养老保险,只能满足一般意义上的养老生活。要想退休后生活得舒适、独立,一方面可以在有工作能力时积累一笔退休基金作为补充,另一方面可在退休后选择适当的业余性工作为自己谋得补贴性收入。

二、退休规划的必要性

退休生活是充分享受人生的最好时期,安排好退休生活是人生规划的最终目标。从某种意义上讲,个人理财规划最终都是为富足养老而服务的。忽略退休规划的重要性和紧迫性,就可能会陷入严重的财务困境,晚年生活得不到保障。如果想晚年活得有尊严,过上高品质的生活,那么及早开始自己的退休养老理财规划是非常必要的。

(一)退休生活在延长

随着生活水平和医疗水平的提高,个人的平均寿命相比以往年代有了快速的增长,如此反映的现状就是现代人的退休生活时间大幅延长,更长的退休生活需要人们在退休之前积累更多的财富,以保障退休后的生活支出。因此,如何提前进行合理的退休规划就变得非常重要。

(二)老龄化趋势严重

据统计,目前我国80%的家庭都属于独生子女家庭,虽然全面二孩政策已经实施,但独生子女家庭仍占有很大比例。在独生子女家庭一个子女要赡养两位老人,成家后两人要赡养四位老人,还要养育自己的子女,家庭压力负担沉重。现如今,越来越多的子女晚婚、不婚、失业或无力购房,子女收入有限,父母退休后还要供子女吃住,养儿不但无法养老还要分摊养儿孙的责任,甚至出现父母退休金被不孝子女花光的现象。因此,对于未来退休生活的安排,"养钱防老"观念已取代"养儿防老"观念,逐渐成为新的趋势。

(三)通货膨胀形势严峻

在不断通货膨胀的社会环境中,人们在退休后不再工作,从而失去了稳定的收入来源,仅仅依靠统筹的社会保障系统来度过漫长的晚年生活是较为被动的。随着时间的推移,通货膨胀对物价水平以及日常生活的影响日益加重,如果不能很好地保持资金一定的增值水平,辛苦积累下的退休金也许就会被通货膨胀吞噬,也无法保障退休生活的支出。

(四)退休后的医疗费用增加

随着年龄的增长,医疗支出将会大幅增加。据相关统计,老年人花费的医疗费用是年轻人的3倍以上。随着医疗体制的改革和医疗技术的发展,医疗费用的上涨速度惊人。有资料表明,我国医疗服务费用近年来增长速度过快,超过了人均收入的增长,医药卫生消费支出已成为我国居民继家庭食品、教育支出后的第三大消费支出。因此,退休后的医疗费用支出将成为退休规划的重要组成部分。

三、退休规划的原则

想要缓解退休后的财务压力,尽早实现理想的退休生活,就需要做好退休养老规划。退休规划的制定应遵循以下原则。

1. 及早规划原则

退休规划越早越好。退休规划准备得早,可以在较长的时期内进行资金运作,越容易实现退休规划目标。而且退休规划起步早,每期投入资金相对较少,每期比较容易实现。否则,即使理财者每月进行最优化投入选择,剩下的时间也已不能让退休金累积到足够供其晚年度过舒适悠闲的生活或者每期投入资金过高以至于难以负担。其次,对退休年龄、退休后的生活方式、财务目标等内容也要提早确定,从而推进个人退休理财规划的后续进行。确定理财者的退休年龄很重要,因为退休后日常收入一般都会大幅度削减,这会影响个人的生活水平和质量。无论退休养老金以何种形式进行储备,提前做好规划和安排,越早开始积累,退休规划的目标越容易实现。

2. 弹性化原则

退休规划的制定要留有充足余地,应当视个人的需求而定,后期如果发现拟定的目标偏高,可以进行适当调整。对退休后的生活,不同个人有不同期望,不同期望所需要的费用也不尽相同,既取决于其制订的退休计划,又受限于人们职业特点和生活方式等。生活方式和生活质量应当建立在对收入和支出进行合理规划的基础上,不切实际的高标准只能让退休生活更加困难。为此,我们需要慎重对待自己的消费习惯,一方面要尽力维持较高的生活水平,不降低生活质量;另一方面还要考虑到自己的实际情况,不能盲目追求高端生活。总之,退休养老规划应具有弹性或缓冲性,以确保能根据环境的变动做出相应调整,以增强其适应性。

3. 谨慎性原则

个人对退休后的经济状况过于乐观,表现为高估退休之后的收入、低估了退休之后的开支,在退休规划上过于节俭,以致在退休后生活出现财务困难。谨慎性需求应该充分考虑各种情况,确定自己的养老目标,避免对退休后的经济状况估计过于乐观或过于保守,出于谨慎性原则应该多估计些支出,少估计些收入,使退休后的生活有更多的财务支持。谨慎性原则,并不是说要放弃高风险的投资,而是应根据预计投资年限和退休资金使用情况,高低风险收益的投资应进行合理搭配。年龄较大的投资者投资高风险的理财产品的比例低,因为高风险的理财产品需要较长的时间才能够获得较高的收益,年龄较大的投资者对于资金需求有紧迫性,所以不建议即将退休的投资者投资风险较高的产品。

4. 动态化原则

退休规划制定好以后,并不是束之高阁,而是要不断地进行修订与更新。因为,退休养老规划的覆盖时间比较长,最初制定的退休规划的目标及假设条件可能会发生改变,比如随着通货膨胀率水平的提高,个人所需养老金的数量也要相应提高。此外,个人生活水平、不同投资工具投资回报率状况和社会保障体系完善程度等多种因素的改变,都将直接影响到退休规划的合理安排。由于退休养老金的积累时间跨度比较长,因此投资组合方案要不断进行修正,所以对退休规划进行动态管理是退休规划过程中一个必不可少的环节。

四、退休规划需要考虑的因素

1. 预期寿命及性别差异

预期寿命的长短决定着个人退休后生活时间的长短。总体来说,预期寿命越长,花费的养老费用越多,这会直接影响到退休规划的目标。其次,尽管男女平等是社会日益进步的表现,但是不可否认,性别差异决定男女寿命的不同。一般而言,女性的寿命比男性长,而在很多国家,女性的退休年龄要比男性提前。因此,很多情况下女性的退休规划状况要差于男性。

【例9-3】 今年45岁的李明计划于10年后退休,现在正在制订退休规划。已知李明目前每年开支为10万元,假设投资回报率为6%,通货膨胀率为3%。

要求:如果李明的预期寿命分别为80和90岁,分别计算目前所需筹集的养老金为多少?

解:

$$实际收益率 = \frac{1+名义收益率}{1+通货膨胀率} - 1 = \frac{1+6\%}{1+3\%} - 1 = 2.91\%$$

(1) 李明预期寿命为80岁,到55岁退休时年生活开销$= 10 \times (1+3\%)^{10} = 13.44$(万元)。李明55岁退休后到80岁去世时,需要的总开支折算到55岁时点。

$$PV = \left(\frac{P}{A}, 2.91\%, 25\right) \times 13.44 = 236.40(万元)$$

再将其折算到45岁:

$$PF = \left(\frac{P}{F}, 6\%, 10\right) \times 236.40 = 131.91(万元)$$

(2) 李明预期寿命为90岁,到55岁退休时年生活开销$=10 \times (1+3\%)^{10} = 13.44$(万元)。

李明55岁退休后到90岁去世时,需要的总开支折算到55岁时点。

$$PV = \left(\frac{P}{A}, 2.91\%, 35\right) \times 13.44 = 292.62(万元)$$

再将其折算到45岁:

$$PF = \left(\frac{P}{F}, 6\%, 10\right) \times 292.62 = 163.28(万元)$$

答: 李明预期寿命为80岁,需要筹集的养老金为131.91万元;如果预期寿命为90岁,需要筹集的养老金为163.28万元。

由此可见,预期寿命差10年,需筹备的养老金相差30余万元,如果在制定规划时未能进行充分估计,那么随着年龄增大,30余万元的缺口很难弥补。寿命长短是影响退休规划的重要因素,在实际制订退休规划时,必须考虑到退休者的寿命可能比估计的预期寿命长很多,从而做出谨慎预计。

2. 退休年龄

退休年龄对退休规划会产生两个方面的影响:①退休年龄会影响个人工作赚取收入的时间或退休金积累的多少;②退休年龄会影响个人退休后生活的时间长短。有些人会因为某些原因选择提前退休,如工作太过劳累、对工作的热情不高、健康状况不佳、家庭问题或是为了提前享受等。此外,在某些情况下,如经济不景气,雇主可能出于降低成本的考虑而实施提前退休计划,鼓励员工提前退休。当然,延迟退休也会影响退休规划,我国也在考虑出台延迟退休政策,延迟退休是应对人口老龄化的主要手段,与此同时,延迟退休使劳动力队伍老龄化。我国目前的法定退休年龄是男性 60 周岁,女性 55 周岁。有专家表示,随着社会的发展,对中年人、老年人的年龄定义已经发生了很大的变化。按照现行的退休年龄,许多人其实还正处在知识储备最丰富的时期,此时退休,无疑是一种人才浪费。最重要的是,推迟退休年龄可大大缓解养老金不足的现状,减轻政府压力。但同时延迟退休也会产生负面影响,比如我国仍面临劳动力过多可能会导致一批年轻人得不到工作岗位,使严峻的就业压力雪上加霜。正是出于对这些负面影响的考虑,各国对延迟退休都在采取谨慎的做法。

【例 9-4】 承[例 9-3]。

要求:(1)如果李明的预期寿命为 80 岁,目前所需筹集的养老金分别为多少?

(2)如果其他条件不变,李明计划于 20 年后退休,那么需要筹集多少养老金?

解:(1)退休年龄为 55 岁:

$$实际收益率 = \frac{1+名义收益率}{1+通货膨胀率} - 1 = \frac{1+6\%}{1+3\%} - 1 = 2.91\%$$

预期寿命为 80 岁,到 55 岁退休时年生活开销 $= 10 \times (1+3\%)^{10} = 13.44$(万元)。
55 岁退休后到 80 岁去世时,需要的总开支折算到 55 岁时点。

$$PV = \left(\frac{P}{A}, 2.91\%, 25\right) \times 13.44 = 236.40(万元)$$

再将其折算到 45 岁:

$$PF = \left(\frac{P}{F}, 6\%, 10\right) \times 236.40 = 131.91(万元)$$

(2)退休年龄为 65 岁:

$$实际收益率 = \frac{1+名义收益率}{1+通货膨胀率} - 1 = \frac{1+6\%}{1+3\%} - 1 = 2.91\%$$

预期寿命为 80 岁,到 65 岁退休时年生活开销 $= 10 \times (1+3\%)^{20} = 18.06$(万元)。
65 岁退休后到 80 岁去世时,需要的总开支折算到 65 岁时点。

$$PV = \left(\frac{P}{A}, 2.91\%, 15\right) \times 18.06 = 217.01(万元)$$

再将其折算到 45 岁:

$$PF = \left(\frac{P}{F}, 6\%, 10\right) \times 217.01 = 121.09(万元)$$

答:李明选择在 55 岁退休,需要在 45 岁筹集 131.91 万元养老金;如果选择在 65 岁退休,需要在 45 岁筹集 121.09 万元养老金。

由此可见,享受退休生活时间越长,需要承担的经济压力越大。我国目前政府规定的退休年纪男性为 60 岁、女性 55 岁,西方发达国家大多数规定男性退休年纪为 65 岁,女性为 60 岁。由于政府养老金的压力和人的寿命、身体素质的提高,一个趋势是我国将逐步推迟退休;但是与此同时不少个人却希望提早退休,以享受退休后的悠闲生活。所以在进行退休规划时,应考虑当下政策规定并关注个人对退休年龄的预期,以做好充足养老准备,避免发生养老金准备不足的情况。

3. 经济运行周期

在经济繁荣时期积累退休金是有利的，反之是不利的。对于已经开始退休生活的人而言，经济周期的更替将改变其相对经济地位，进而影响其社会地位。从我国经济增长的长期趋势来看，经济转轨所实现的静态增长过程将逐渐结束，显然这种情形对正处于积累退休储蓄的个人而言是有利的。因此，这也可能是当前我国居民进行个人退休规划积累最有利的外部条件。

4. 利率及通货膨胀

投资产品价值受利率影响波动较大，利率是影响其价值变化的最主要因素。此外，利率与通货膨胀联动，因此利率的长期走势还将与物价因素一起影响个人退休后的生活品质。

【例 9-5】 今年 45 岁的李明计划于 10 年后退休，现在正在制订退休规划。已知李明目前每年开支为 10 万元，假设投资回报率为 6%，李明的预期寿命为 80 岁。

要求：如果未来通货膨胀率为 3% 和 5%，分别计算目前所需筹集的养老金分别为多少？

解：(1) 当通货膨胀率为 3%，投资收益率为 6% 时：

$$实际收益率 = \frac{1+名义收益率}{1+通货膨胀率} - 1 = \frac{1+6\%}{1+3\%} - 1 = 2.91\%$$

到 55 岁退休时，每年生活开销 $= 10 \times (1+3\%)^{10} = 13.44$（万元）。

55 岁退休后到 80 岁去世时，按照每年生活开销 13.44 万元，需要的总开支折算到 55 岁时点。

$$PV = \left(\frac{P}{A}, 2.91\%, 25\right) \times 13.44 = 236.40（万元）$$

再将其折算到 45 岁：

$$PF = \left(\frac{P}{F}, 6\%, 10\right) \times 236.40 = 131.91（万元）$$

(2) 当通货膨胀率为 5%，投资收益率为 6% 时：

$$实际收益率 = \frac{1+名义收益率}{1+通货膨胀率} - 1 = \frac{1+6\%}{1+5\%} - 1 = 0.95\%$$

到 55 岁退休时，每年生活开销 $= 10 \times (1+5\%)^{10} = 16.29$（万元）。

55 岁退休后到 80 岁去世时，按照每年生活开销 16.29 万元，需要的总开支折算到 55 岁时点。

$$PV = \left(\frac{P}{A}, 0.95\%, 25\right) \times 16.29 = 360.98（万元）$$

再将其折算到 45 岁：

$$PF = \left(\frac{P}{F}, 6\%, 10\right) \times 360.98 = 210.42（万元）$$

答：当通货膨胀率为 3% 时，李明需要筹集 131.91 万元的养老金；当通货膨胀率为 5% 时，李明需要筹集 210.42 万元的养老金。

由此可见，不同通货膨胀率下客户所需筹集的养老金不尽相同。通货膨胀率越高，所需筹备的养老金金额越大,反之,通货膨胀率越低,所需筹备的养老金的金额越小。

5. 预期生活方式

不同生活方式的选择决定了退休后开支的多少。值得注意的是,很多家庭对生活方式的估算都体现出过于保守的趋势。例如,在衣物支出上,许多退休者认为相关费用会有所减少,但实际上可能由于身体部分机能出现老化现象而需要品质更好、价格更昂贵的鞋类、御寒衣物等;而在"衣食住行"的"行"方面的费用,随着退休后大量闲暇时间的出现,退休者可能会新增许多旅行计划,这也会增加计划之外的开支。如果在做退休规划时未考虑这些生活品质的费用,可能会造成养老金准备不足的情况。需要注意的是,生活方式和生活质量应当是建立在对收入和支出合理规划的基础上,而不能不切实际地一味追求高品质生活。而且,退休年龄和退休后对生活质量的要求是互相关联的。一般情况下,如果希望获得更多的时间享受退休生活而选择提前退休,则很有可能需要降低退休后生活质量的要求;反之,如果希望享有更高质量的退休生活,那就可能需要延长工作时间,推迟退休安排。

6. 现有资产状况

现有资产状况是进行退休规划的财务基础和起点,现有资产状况的多少、家庭资产负债构成等均会对退休规划造成影响。因此,在制定退休规划前首先应对家庭及个人现有资产状况充分了解。了解现有资产状况包括两个方面:

(1) 对目前的家庭资产、现金流、人力资本(未来收入)等财务情况以及未来家庭成员的职业发展状况,家庭成员的结构变化等进行评估。此类评估有助于帮助个人了解目前自身的各类投资、各类资产的价值,确定有多少资产可以用来投资,以便确定未来还需要积累多少资金来为退休计划做准备,家庭财务包含多大的财务缺口。

(2) 了解现有资产状况有助于了解未来退休生活的收入来源。退休后收入通常由三部分组成:个人在工作期间积累资产的投资收入、政府计划(以社会基本养老保障制度为主)和雇主计划(以企业年金为代表)。而退休后这些收入的多寡均与目前所处的职业状态和现有的资产状况有关。

【例9-6】 今年45岁的李明计划于10年后退休,现在正在制订退休规划。已知李明目前每年开支为10万元,假设投资回报率为6%,未来通货膨胀率为3%,如果李明的预期寿命为80岁。

要求: 如果李明目前持有的生息资产的现值分别为100万元和80万元,分别计算目前所需筹集的养老金缺口分别为多少?

解: 当通货膨胀率为3%,投资收益率为6%时:

$$实际收益率 = \frac{1+名义收益率}{1+通货膨胀率} - 1 = \frac{1+6\%}{1+3\%} - 1 = 2.91\%$$

到55岁退休时,每年生活开销 $= 10 \times (1+3\%)^{10} = 13.44$(万元)。

55岁退休后到80岁去世时,按照每年生活开销13.44万元,需要的总开支折算到55岁时点。

$$PV = \left(\frac{P}{A}, 2.91\%, 25\right) \times 13.44 = 236.40(万元)$$

再将其折算到 45 岁：

$$PF = \left(\frac{P}{F}, 6\%, 10\right) \times 236.40 = 131.91(万元)$$

生息资产为 100 万元时，养老金缺口 = 131.91 − 100 = 31.91(万元)。

生息资产为 80 万元时，养老金缺口 = 131.91 − 80 = 51.91(万元)。

答：当李明持有生息资产现值为 100 万元时，需要筹集的养老金缺口为 31.91 万元；当李明持有生息资产现值为 80 万元时，需要筹集的养老金缺口为 51.91 万元。

7. 预期投资回报率

根据简单的复利公式，投资回报率对投资品价值的影响是不言而喻的，有时甚至是最主要的决定因素。同样的资产，仅仅选择低收益率的方式（如定期储蓄投资）和选择投资于高收益率的产品（如股票、股票基金），最终获得的投资结果是完全不一样的。

一般来说，预期投资回报率的设定与个人的年龄、学历、风险偏好、对投资工具的认识、风险承受能力等相关。但总体而言，随着个人年龄逐渐增大，风险偏好总体应趋于稳健，应当避免风险过大的投资行为。所以，在制定退休规划时，不应过高预估投资回报率，这样会使得每期的投资额很低，最终结果可能达不到养老金的累计目标。

【例 9-7】 今年 45 岁的李明计划于 10 年后退休，现在正在制订退休规划。已知李明目前每年开支为 10 万元，假设未来的通货膨胀率为 3%，李明的预期寿命为 80 岁。

要求：如果预期投资资本回报率分别为 6% 和 8%，计算目前所需筹集的养老金分别为多少？

解：(1) 当投资收益率为 6% 时：

$$实际收益率 = \frac{1+名义收益率}{1+通货膨胀率} - 1 = \frac{1+6\%}{1+3\%} - 1 = 2.91\%$$

到 55 岁退休时，每年生活开销 $= 10 \times (1+3\%)^{10} = 13.44(万元)$。

55 岁退休后到 80 岁去世时，按照每年生活开销 13.44 万元，需要的总开支折算到 55 岁时点。

$$PV = \left(\frac{P}{A}, 2.91\%, 25\right) \times 13.44 = 236.40(万元)$$

再将其折算到 45 岁：

$$PF = \left(\frac{P}{F}, 6\%, 10\right) \times 236.40 = 131.91(万元)$$

(2) 当投资收益率为 8% 时：

$$实际收益率 = \frac{1+名义收益率}{1+通货膨胀率} - 1 = \frac{1+8\%}{1+3\%} - 1 = 4.85\%$$

到 55 岁退休时，每年生活开销 $= 10 \times (1+3\%)^{10} = 13.44(万元)$。

55 岁退休后到 80 岁去世时，按照每年生活开销 13.44 万元，需要的总开支折算到 55 岁时点。

$$PV = \left(\frac{P}{A}, 4.85\%, 25\right) \times 13.44 = 192.30（万元）$$

再将其折算到 45 岁：

$$PF = \left(\frac{P}{F}, 8\%, 10\right) \times 192.30 = 89.03（万元）$$

答：如果投资回报率为 6%，李明需要筹集 131.91 万元的养老金；如果投资回报率为 8%，李明需要筹集 89.03 万元的养老金。

从上述例题可以看出，不同预期投资回报率下所需筹集的养老金不尽相同。资产投资回报率越高，所需筹备的养老金金额越小，反之，资产投资回报率越低，所需筹备的养老金的金额越大。但需要注意的是，由于退休规划中投资方式的风险不宜过大，对投资的预期投资回报也不应过高。

通过上述内容可知，预期寿命及性别差异、退休年龄、经济运行周期、利率及通货膨胀的长期走势、预期生活方式、现有资产状况、预期投资回报率等多个因素对退休规划产生影响。因此，在制定退休规划时，应充分了解以上因素的影响。

五、退休规划的一般步骤

医疗及生活水平的不断提高，人均寿命的不断增长，其结果是我们需要面对退休后的漫长生活、收入下降、身体素质下降导致医疗投入增加，有较长的时间可以支配，而这一切都需要退休前自身制定出完善的退休规划来支撑。

(一) 确定退休后生活目标

退休后的生活目标，是指人们所追求的退休之后的一种生活状况。对退休后的生活，根据个人选择退休后生活消费水平的不同而不同。人们对于"衣食住用行"的不同要求，存在四个需求层次：①退休后基本的生活需求；②退休后维持与现阶段同水准的生活；③退休后想过高于目前生活水准的生活；④想给子女留下较丰厚的遗产。对于不同的需求层次，需要的投资工具也有所不同。例如，最普通的基本生活需要，可通过基本社会保险或年金保险来满足，而最高层次如想给子女留有更多的遗产，则需要前期投资风险高收益高的工具来实现。退休生活的基本目标可以以收入或消费为标准来衡量，退休收入替代率目标（从收入角度），即退休前收入的一定比例，一般经验认为 60%～70%；退休生活消费目标（从消费角度），即退休前消费的一定比例，一般经验认为 80% 左右。以上收入和消费目标与职业、生活方式、个性选择相关，可进行相应调整，但最大不超过根据未来收入确定的持久消费水平。此外还有特殊退休目标，如旅游、补充医疗、社会活动、迁居、抚育第三代、长期护理、购房、购车等。

总之，对退休后的生活，不同人会有不同的退休生活规划，不同退休生活规划下所需要的费用也不尽相同。目标的确定决定了退休后总支出金额和投资工具的选择。

(二) 估算退休后收支

根据退休后生活目标估算退休后生活的收支情况，遵循消费支出以收入为最大限度来源。对于多数退休养老的人来说，收入分为以下几类：

(1) 稳定的经常性收入。稳定的经常性收入包括养老金、企业年金以及人寿保险等。

(2) 退休后劳务收入。具有特殊技能和才华的人，可能退休后并没有停止工作，收入来源有劳务收入，如返聘、自营收入，这部分收入是主动性收入，并非永久性的，而且随着年龄的增大和精力的有限，这部分收入有可能会逐步减少。

(3) 投资收入。投资收入包括储蓄、债券、基金、股票、房租等，投资性收入的多少和稳定与否取决于投资工具的选择，除了房租和储蓄这两类投资有相对的稳定性，其余类型的投资工具的收益受市场行情以及经济大环境的影响。

(4) 其他收入。其他收入来源于子女、亲属的赡养费收入。

总之，退休后收入不是一成不变的，应不断地根据实际情况给予调整。

退休后的支出，首先是基本的"衣食住用行"的生活费用，其次是参与各种社会活动的费用、旅游费用，以及随着年龄的增长逐步增加的医疗费用等。

个人应依据自身的经济状况，在综合考虑家庭收入和支出的情况下，对自己退休后的生活方式和生活质量进行准确的评估和合理的安排，一方面要尽量维持较高的生活水平、不降低生活质量；另一方面还要考虑到自己的实际情况，不能盲目追求超标准的生活水平。在此基础上设定一个切合个人实际的退休规划，在制定个人退休规划时，对退休生活的预期应尽可能详细，并根据各个条目估算出大概所需的费用，同时应考虑通货膨胀的因素，据此来估算个人退休后的生活成本。只有在对退休后的生活收支有详细规划的前提下，考虑自身已经准备的养老金，才能判断退休金能否满足自己预期的退休生活。

(三) 计算养老金缺口

退休规划的重点是计算出退休生活的支出和收入之间的差额，具体步骤如下：

(1) 计算当前每月日常支出（年度支出分摊到每月），用 A 表示。

$$A = 年度预计总支出 \div 12$$

(2) 考虑通货膨胀率及生活费增长率，计算退休时当年每月需要的费用，用 B 表示。

$$B = A \times (1 + 通货膨胀率 + 生活费增长率)^n$$

式中，n 为现在距离退休的年数。

(3) 退休后，由于通货膨胀因素的存在，实际上每年的生活费用都是递增的，但为了计算简单，假设退休后的投资回报率能够基本抵消每年通货膨胀的影响，计算退休后生活总费用，用 C 表示。

$$C = B \times 12 \times 退休年限$$

同时，考虑退休后的大病医疗费用，用 M 表示，那么，退休后所需的费用总和，用 E 表示。

$$E = C + M$$

(4) 如果已经有人寿保险、储蓄存款等养老投资工具，可以从退休后费用总和中减去，得到养老金缺口，用 F 表示。

$$F = E - 已准备养老金$$

退休生活总需求－已累积之净额－退休时可领退休金＝个人需自筹的退休金

从上面的公式可以看出,退休规划设计的关键是明确养老金缺口,即个人需自筹的退休金。根据退休后生活目标,确定退休生活总费用,工作生涯规划决定已累积之净额和退休时可领取的退休金,剩余部分即是需要自筹的退休金,同时,应考虑投资报酬率、通货膨胀率、工资、薪金增长率以及尚有工作年限等。

(5)根据个人的投资回报率、投资时间,以及养老金缺口,即可以确定每月投资额。只要能按每个月投资额进行投资,并达到预定的投资回报率,就能在预定时间正常退休。

(四)投资工具的选择

根据养老金缺口的多少选择不同的投资工具,以期达到预定的投资目的。退休金的筹集渠道主要有四个方面:①社保养老保险,每月由企业和个人缴纳一定比例的社保养老金,退休后就可以领取一定的退休金;②企业年金保险,企业与个人固定支付一笔钱用来投资累积养老金,退休后按规定方式支取;③商业养老保险,商业养老保险是商业保险的一种以人的生命或身体为保险对象,在被保险人年老退休时,由保险公司按合同规定支付养老金;④自筹退休金,自筹退休金主要是储蓄投资,要想使有限资金发挥更大效用,可以选择合适的投资工具,如股票、债券等。

由于社会养老保险和企业年金保险都属于被动的退休规划,当事人无法自主进行调节,因此制定退休规划的重点应放在商业养老保险、基金和股票投资等投资工具的配置上。同时,也可以利用提高储蓄比例、推迟退休延长工作年限、减少退休后的花销等途径来实现对退休规划的调整。在退休规划的工具选择上,个人应根据资金使用情况和风险承受能力的不同进行资产配置组合,按照一定的比例进行合理搭配。对偏好保守、安全感需求高的投资者来说,可以选择低风险的投资工具。风险承受能力较高的投资者可以在理财师的指导下进行高风险的投资工具的配置,满足高品质的生活支出。

(五)动态调整

退休规划确定以后,应密切监督、定期评价规划实施的效果,根据实际情况的改变对规划作出相应调整。在对原规划作出调整时,既不能因市场波动而频繁调整投资工具的配置,增加相应的转换成本,也不能因为不愿意支付调整成本而丧失调整的最佳时机。退休规划的时间跨度比较长,最好每隔3~5年对退休规划的收支进行重新估算,并且审视资产配置,以判断能否达到最初确定的退休后的生活目标。因此,退休规划的制定是一个动态执行并调整的过程。

个人退休收入的来源可以概括为三个方面。一是社会保障,主要包括社会养老保险和医疗保险;二是商业养老保险,主要是商业年金保险;三是个人为退休准备的资金,包括储蓄、基金等。本书只针对前两种进行介绍。

六、退休养老规划工具

(一)社会保障

社会保障是指当劳动者因年老、患病、生育、伤残、死亡等原因暂时或永久丧失劳动能力或者失业时,从国家或社会获得物质帮助的社会制度。社会保障体系包括社会保险、社会救助、社会优抚和社会福利四大部分。社会保障体系中最重要的是社会保险,对于个人退休规划而言,要关注的是其中的养老保险和医疗保险。

1. 社会养老保险

社会养老保险是以社会保险的手段来保障老年人的基本生活需求,为其提供稳定可靠的生活来源而使用的一种制度。我国的养老保险制度改革后,养老保险体系分为三个层次:一是基本养老保险;二是企业年金和职业年金;三是个人储蓄养老保险。在后两个层次中,用人单位和个人既可以将养老保险费按规定存入社会保险机构设立的养老保险基金账户,也可以选择在商业保险公司投保。我国的基本养老保险制度就是通常所说的社会统筹与个人账户相结合。该制度在养老保险基金的筹集上采用国家、用人单位和个人共同负担的形式,社会统筹部分由国家和用人单位共同筹集,个人账户部分则由用人单位和个人按一定比例共同缴纳。基本养老保险是由国家强制实施的,其目的是保障离退休人员的基本生活需要。

(1) 基本养老保险。基本养老保险是为了满足离退休人员基本生活的需要而设定的保险,它属于多层次养老保险制度中的第一层次。它由国家政策统一指导,强制实施,覆盖面广,适用于各类企业。基本养老保险基金由国家、用人单位、职工个人三方共同负担,其统筹办法是由政府根据支付费用的实际需要和用人单位、职工的承受能力,按照以支定收、各有结余、留有部分积累的原则统一筹集。目前,按照国家对基本养老保险制度的总体思路,未来基本养老保险目标替代率确定为58.5%。由此可以看出,今后基本养老金的主要目的在于保障广大退休人员的晚年基本生活。

2024年6月13日,人社部联合财政部门印发《关于2024年调整退休人员基本养老金的通知》,其中明文规定,从2024年1月1日起调整企业和机关事业单位退休人员基本养老金水平。调整范围为2023年12月31日前已按规定办理退休手续并按月领取基本养老金的退休人员。全国调整比例按照2023年退休人员月人均基本养老金的3%确定。各省以全国调整比例为高限确定本省调整比例和水平。

根据养老金计算方法,职工退休时的养老金由两部分组成,一是基础养老金;二是个人账户养老金。

养老金=基础养老金+个人账户养老金
基础养老金=(全省上年度在岗职工月平均工资+本人指数化月平均缴费工资)÷2×缴费年限×1%
本人指数化月平均缴费工资=全省上年度在岗职工月平均工资×本人平均缴费指数

其中,本人平均缴费指数,最高为300%,最低为60%,即该指数区间在0.6—3。

个人账户养老金=个人账户储存额÷计发月数

【例9-8】 张明目前养老金账户中有20万,缴费30年,假设山东省2023年月平均工资为5 164元,假设张明每年月平均工资为当地社会月平均工资的200%,张明上一年度月平均工资为10 328元。张明55岁退休,对应的计发月数为170。

要求:计算退休后每月领到的养老金为多少钱?

解:基础养老金=(5 164+10 328)÷2×30×1%=2 323.8(元)

个人账户养老金=200 000÷170=1 176.47(元)

张明退休后,每月到手的养老金=基础养老金+个人账户养老金=2 323.8+1 176.47=3 500.27(元)。

答： 退休后每月领到养老金为 3 500.27 元。

（2）补充养老保险。补充养老保险包括职业年金和企业年金。职业年金是指机关事业单位及其工作人员在参加机关事业单位基本养老保险的基础上，建立的补充养老保险制度。职业年金由单位缴费、个人缴费、职业年金基金投资运营收益和国家规定的其他收入组成。职业年金所需费用由单位和工作人员个人共同承担，单位缴纳职业年金费用的比例为本单位工资总额的 8%，个人缴纳比例为本人缴费工资的 4%，由单位代扣。单位和个人缴费基数与基本养老保险缴费基数一致。企业年金是由企业根据自身经济实力为本企业职工建立的一种辅助性养老保险，属于养老保险制度中的第二支柱。企业年金是我国正在建立的劳动者养老保障的三大支柱中的重要一环，是指企业及其职工在依法参加基本养老保险的基础上，自愿建立的补充养老保险。企业年金不能代替职工的基本养老保险，更不是企业年底给职工发放的奖金。它是国家为建立多层次的养老保险制度，更好地保障职工退休后的生活而建立的补充养老保险。作为企业为职工购买的一项福利保障，它补充了高覆盖、低保障的社会基本养老保险保障的不足。企业年金可划分为强制性和自愿性两类，自愿性是指国家通过立法，制定基本规则和基本政策，企业自愿参加。企业一旦决定实行企业年金，必须按照既定的规则运作，具体实施方案、待遇水平、基金模式由企业制定或选择。

根据人社部《全国企业年金基金业务数据摘要（2023 年度）》显示，截至 2023 年年末，我国建立企业年金的企业数量达 14.17 万家，全国企业年金基金积累规模达到 3.18 万亿元，参与企业年金制度的企业主要集中在石油、电力、化工、能源等垄断性较高的行业。整体来看，近几年来我国企业年金制度参与企业呈现逐年上升趋势，但上升趋势缓慢，与发达国家相比差距明显，无论是企业年金参与率、替代率都呈现较低水平。2023 年，国内企业年金参加职工数量达 3 144.04 万人。2023 年年末，企业年金当年领取人数达 308 万人，领取金额为 938 亿元。

企业年金基金实行完全积累，采用个人账户方式进行管理。企业年金基金可以按照国家规定投资运营，企业年金基金投资运营收益并入企业年金基金。因此企业年金基金包括企业缴费、职工个人缴费、企业年金基金投资运营收益。企业缴费应当按照企业年金方案规定比例计算的数额计入职工企业年金个人账户，职工个人缴费额计入本人企业年金个人账户。企业年金基金投资运营收益，按净收益率计入企业年金个人账户。职工在达到国家规定的退休年龄时，可以从本人企业年金个人账户中一次或定期领取企业年金。职工未达到国家规定的退休年龄的，不得从个人账户中提前提取资金。出境定居人员的企业年金个人账户资金，可根据本人要求一次性支付给本人。职工变动工作单位时，企业年金个人账户资金可以随同转移。职工升学、参军、失业期间或新就业单位没有实行企业年金制度的，其企业年金个人账户可由原管理机构继续管理。职工或退休人员死亡后，其企业年金个人账户余额由其指定的受益人或法定继承人一次性领取。

由此可知，我国的企业年金为确定缴费型，即企业年金计划不向职工承诺未来年金数额或替代率，职工退休后年金的多少完全取决于职工个人的缴费金额以及投资收益。建立企业年金的企业，应当确定年金受托人，受托管理企业年金。另外，执行年金计划的企业不能自行确定企业年金的领取年龄，而是参照国家统一规定的法定退休年龄。

（3）个人储蓄养老保险。个人储蓄养老保险即职工个人储蓄养老保险是由职工自愿参加、自愿选择经办机构的一种补充保险形式。它属于我国多层次养老保险的第三层次。参加与否完全自愿,保险管理机构由自己选择,储蓄多少由个人根据收入和负担能力而定,个人按规定缴纳储蓄金,存入当地社会保险机构在有关银行开设的个人账户,并按不低于或高于同期城乡居民储蓄存款利率计息,以提倡和鼓励职工个人参加,所得利息存入个人账户,本息一并归职工个人所有。职工达到法定退休年龄经批准退休后,凭个人账户由社会保险机构将储蓄金一次总付或分次支付给职工本人。职工跨地区流动,个人账户的储蓄金应随之转移。职工未到退休年龄而死亡,存入个人账户的储蓄金应由其指定继承人或法定继承人继承。实行职工个人储蓄养老保险的目的在于扩大经费来源,多渠道筹集资金,以减轻国家和企业的负担。有利于消除长期形成的保险费用完全由国家"包下来"的观念,增强职工的自我保障意识和参与社会保险的主动性,也能够促进对社会保险工作实行广泛的群众监督。

2. 医疗保险

医疗保险是指由国家立法,通过强制性社会保险原则和方法筹集建立医疗保险基金,当参加医疗保险的人员因疾病需要必需的医疗服务时,由经办医疗保险的社会保险机构按规定提供医疗费用补偿的一种社会保险制度。医疗保险是社会保险制度的重要组成部分。我国的医疗保险体系由基本医疗保险(包括个人账户和统筹基金)、大额医疗费用互助制度、公务员医疗补助、补充医疗保险、社会医疗救助基金和商业医疗保险六部分组成。其中,基本医疗保险是社会保障体系中重要的组成部分,是由政府制定、用人单位和职工共同参加的一种社会保险。基本医疗保险按照用人单位和职工的承受能力确定个人的基本医疗保障水平,具有广泛性、共济性、强制性。基本医疗保险是医疗保障体系的基础,实行个人账户与统筹基金相结合,能够保障广大参保人员的基本医疗需求,主要用于支付一般的门诊、急诊、住院费用。

(二)商业养老保险

商业养老保险是以获得养老金为主要目的的长期人身险,它是年金保险的一种特殊形式,又称退休金保险,是社会养老保险的补充。商业养老保险的被保险人,在交纳一定的保险费后,就可以从一定的年龄开始领取养老金。商业养老保险通常有定额、定时或一次性趸领三种方式。趸领是在约定领取时间,把所有的养老金一次性全部提走的方式。定额领取的方式和社会养老保险相同,即在单位时间确定领取额度,直至将保险金全部领取完毕。社保养老金是以月为单位时间,而商业养老保险多以年为单位。定时领取就是约定一个领取时间,根据养老保险金的总量确定领取的额度。例如,确定要10年领取完毕养老金,那么保险公司将根据养老金总额,确定每年可以领取的额度。有些养老年金保险合同中有约定领取时间,有些可以自由选择领取的方式,中间亦可更改。商业养老保险丰富了社会养老保险的种类,相比社会养老金只能按月领取固定数额,缺乏弹性,而商业养老保险提供了更多的选择,可以按月领、按年领,还可以一次性领取一大笔资金,或者按月领取的同时在到一定年龄时再领取一部分养老金,如年金保险中给付的祝寿金、满期生存金等。

七、退休养老规划案例

王先生今年45岁和同龄的妻子收入丰厚,两人每月工资收入合计为22 000元,年终还有总计50万元的奖金。他们的女儿今年上初中,准备6年后出国深造。家庭每月开支约为8 300元,夫妻双方分别投有寿险和意外险,女儿也投有一份综合险,加上家庭财产险等,每年的保费总支出为7万元。除去其他各种不确定费用,每年能有约44万元的现金流入。

王先生家有一套价值为150万元的房产,用于自己居住。王先生夫妇没有投资股票,也没有购买基金或债券,闲置资金基本上投资储蓄,现有活期存款5万元,定期存款40万元。王先生夫妇对退休后生活要求较高,希望至少不低于现在的生活质量,并且由于目前两人身体都不佳,他们希望十年后能够提前退休,两人预期寿命约为80岁。

1. 退休养老规划分析

进入40岁,家庭一般处于稳定期,工作和生活已经步入正轨。对于此前已经通过投资积累了较多财富且净资产比较丰厚的家庭来说,不断增长的子女教育费用不会成为家庭的负担,一般性的家庭开支和风险也完全有能力应对。因此,这类家庭可以拿出较多的闲置资金进行投资,通过投资组合使现有资产尽可能地实现增值,不断扩充养老金账户。但是,退休规划整体应以稳健投资为主。针对家庭年龄阶段的特点,应该分三步制定未来的退休规划。

第一步,估算需要储备的养老金。

(1)日常开支。王先生家庭目前每月的基本生活开支为8 300元。假定通货膨胀保持年均3%的增长幅度,按养老金缺口计算方法,退休后王先生家庭要保持现在的购买力不降低的话,总共需要支付166万元的费用。

(2)医疗开支。由于王先生夫妇的身体都不佳,因此医疗开支将是他们最重要的一项开支。假定他们退休后平均每人每年生病4次,每次平均花费3 000元,那么退休后医疗的总花销就是64.8万元。每月的护理费也是必要的支出,假定每人每月护理费为1 000元,那么27年总共需要护理费64.8万元。因此,王先生夫妇的养老金中仅医疗支出就达到130万元。

(3)旅游开支。假如平均每年旅游2次,每次平均花费1.5万元,总共需要的旅游费用为81万元。

因此,王先生家庭退休后总费用支出大约是377万元。

第二步,估算未来能够积累的养老金。

估算王先生夫妇从现在到80岁总共积累的养老资产。王先生夫妇的收入来源比较简单,主要来自以下两个方面:

(1)工资收入。王先生夫妇计划10年后一起退休,10年中能积累的工资收入为264万元,10年的年终奖500万元,总共收入764万元。

(2)存款收入。假定年平均利率为3%,按照复利计算,王先生的定期存款和活期存款共计45万元,存入37年后本息总计为134万元。

王先生夫妇的收入虽然比较高,但是支出也较大,还有女儿留学费用需要支付,因此,我们假定上述共计898万元的总收入中有30%可以留存下来用于养老,那么王先生夫妇能够为自己积累的养老金就是270万元。另外,王先生夫妇目前居住的房屋虽然市值高达150万元,但因为该房屋仅用于自住,并不是投资性房产,所以不计入养老金中。

第三步,估算养老金的缺口。

需要储备的养老金减去能够积累的养老金,计算出养老金缺口为 107 万元。

2. 养老建议

(1) 王先生家庭的闲置资金基本上都存在银行。王先生应该利用闲置资金进行适当投资。假如从现在起到退休前每年从闲置资金中提取 10 万元投资,年投资回报率为 7%,10 年以后便能拥有 138 万元的资产积累。如果在以后继续追加投资,王先生家的资产将会达到更高水平。

(2) 如果王先生不善于投资金融产品,建议进行房产投资。从长期来看,房产投资比较稳健,收益也较好,退休后"以房养老"也是较好的投资选择。

从上述案例可知,王先生一家虽然资产丰厚,但要满足高质量退休后生活目标,仍有较大的资金缺口。因此,提前做好退休规划,对于家庭来说非常重要。

第三节 遗产规划

一、遗产及遗产规划的概念

1. 遗产的概念

遗产是被继承人死亡时遗留的个人所有财产和法律规定可以被继承的其他财产权益,包括积极遗产和消极遗产。积极遗产是指死者生前个人享有的财物和可以继承的其他合法权益,包括所有现金、证券、公司股权、不动产和收藏品等。消极遗产是指死者生前所欠的个人债务,包括贷款、应付医疗费用和税收支出等。

2. 遗产规划的概念

遗产规划是将个人财产从一代人转移给另一代人,以实现个人为其家庭所确定的目标而进行的一种合理财产安排。其主要目标是帮助投资者高效率地管理遗产,并将遗产顺利地转移到继承人手中。

二、遗产规划的作用

遗产规划可使财产最大限度地留给后人,为个人一生的财产规划画上圆满的句号。遗产规划的作用主要体现为:①通过规划尽可能顺利地将遗产转移给希望的继承人,避免纠纷。如果事先有周密的遗产规划和善后安排,就可以尽可能多地将财产遗留给自己愿意分配的对象。②通过规划以尽可能少的成本将遗产传承下去,避免耗损。合理的遗产规划可以减少遗产转移过程中的费用支出。遗产转移过程中的费用,主要是遗产税,目前全世界大约有 2/3 的国家和地区征收遗产税,很多国家都对遗产制定了很高的税率。有的国家虽然没有开征遗产税,但是在进行遗产处理的时候仍然需要缴纳公证、判决等费用。

遗产规划是个人理财规划中不可缺少的一部分,也是一个家庭的财产得以世代相传的切实保障。西方国家对公民的遗产传承有着严格的管理和规定,所以其国民对于遗产规划有着很高的需求和认识。我国虽然还未正式开征遗产税,但在不久的将来也有可能将遗产税提上议事日程,所以学习遗产规划的知识对于我们来说是必要的。

三、遗产规划工具的选择

遗产规划工具的选择有遗嘱、遗产委托书、遗嘱信托、保险等。其中有些工具可以节省巨额遗产税,如果遗产完全免税,那么这些节税工具都会失去效用。但在实行遗产税的法律环境下,在做遗产规划时,将遗产规划工具的成本考虑在内,对遗产继承尤其重要。

(一) 遗嘱

遗嘱是指遗嘱人生前在法律允许的范围内,按照法律规定的方式对其遗产或其他事务所作的个人处分,并于遗嘱人死亡时发生效力的法律行为,是公民生前对其死后遗产所作的处分和处理,以及其他事务的嘱咐或嘱托。遗嘱给予个人很大的遗产分配权力。遗嘱可以分为正式遗嘱、手写遗嘱和口述遗嘱三种类型。正式遗嘱最常用法律效力也最强。一般由当事人的律师来办理,经过起草、签字和见证等若干程序后,由个人签字认可,也可以由夫妻共同签署生效。手写遗嘱是指由当事人在没有律师的协助下手写完成,并签上本人姓名和日期的遗嘱。此类遗嘱容易被伪造,因此其在有些国家较难得到认可。口述遗嘱是指当事人在病危的情况下向他人口头表达的遗嘱,除非有两个以上的见证人在场,否则多数国家也不认可此类遗嘱的法律效力。为了确保遗嘱的有效性,一般建议采用正式遗嘱的形式,并及早拟定有关文件。

(二) 遗产委任书

遗产委任书是遗产规划的一种工具,它授权当事人指定的一方在一定条件下代表当事人指定其遗嘱的订立人,或直接对当事人的遗产进行分配。当事人通过遗产委任书授权他人代表自己安排和分配自己的财产,从而不必亲自办理有关的遗产手续。被授权代表当事人处理当事人遗产的一方称为代理人。在遗产委任书中,当事人一般要明确代理人的权利范围,代理人只能在此范围内行使其权利。

遗产规划涉及的遗产委任书有两种即普通遗产委任书和永久遗产委任书。如果当事人去世或丧失行为能力,普通遗产委任书就不再有效。所以必要时,当事人可以拟定永久遗产委任书,以防范突发事件对遗产委任书有效性的影响。永久遗产委任书的代理人,在当事人去世或丧失行为能力后,仍有权处理当事人的有关遗产事宜。所以,永久遗产委任书的法律效力要高于普通遗产委任书。许多国家都对永久遗产委任书有着严格的法律规定。

(三) 遗嘱信托

遗嘱信托是指通过遗嘱这种法律行为而设立的信托。委托人预先以订立遗嘱的方式,将财产的规划内容,包括交付信托后遗产的管理、分配、运用及给付等,详细订立于遗嘱中。等到遗嘱生效时,再将信托财产转移给受托人,由受托人依据信托的内容,也就是委托人遗嘱所交办的事项,管理处分信托财产。目前我国信托仍存在如下问题:

(1) 起步较晚,门槛较高。资金额度一般是1 000万元起步,对于广大中产阶级家庭来说,运用的难度很大。招行和平安信托分别以3 000万元和5 000万元人民币为起点设立家族信托。此条件把绝大多数家庭都排除在外。

(2) 信托避债功能受限。根据《中华人民共和国信托法》规定:当委托人设立信托有损债权人利益的,债权人有权要求人民法院撤销该信托,除非设立信托前,债权人已对该信托财产享有优先受偿的权利。我国信托目前对于债务的隔离仍然存在问题。

（3）信托业务尚不成熟，对家庭隐私的保护力度不够。家族信托在境外是很成熟的金融工具。境外的家族信托分工很细，根据每个投资者的不同需求来决定家族信托计划的架构、收费标准和服务内容。

我国的家族信托业务尚未形成标准化，所以要比境外信托更为复杂。境外所有的财产都可以放入信托中，但目前我国信托还难以实现，如房地产还不能纳入信托。目前很多资产净值较高的投资者会选择在国外设立家族信托。比较热门的国家和地区有新加坡、新西兰等。其中新加坡信托内的财产是不需要支付资本所得税、遗产税和印花税的，可以避免承担过高的税负。

（四）保险

保险在遗产规划中发挥重大的作用，在资产传承中，保险是最适合我国一般民众的遗产继承工具。这是因为，保险相对于其他遗产继承工具来说，费用低、保额大小可以根据实际情况来定，无门槛、无手续费、公证费、律师费等。相对于法定继承、遗嘱、信托而言，保险的投保手段及理赔手续最简便。一旦保险中有指定受益人，即可受法律保护，不会发生法律纠纷。保险同时含有杠杆和保障作用，投保人可任意指定或变更受益人，受益人领取保额时，直接汇入受益人账户，同时实现债务隔离，分割家庭和企业之间财务，理赔金不会列入被继承人遗产。

四、遗产规划的策略

遗产规划工具可以帮助我们减少遗产继承过程中产生的成本，在进行遗产规划的过程中，还需要制定一些有效的策略。

（1）尽早做出安排。

（2）及时调整更新遗产计划。

（3）尽可能减少遗产额，从而少交遗产税。如当前多赠与继承人、利用政策分散资产。

（4）充分利用遗产优惠政策。

五、遗产规划的步骤

（一）评估遗产价值

遗产规划的首要工作是计算和评估个人所有的资产。计算和评估个人所有的资产，可以帮助个人了解自己拥有资产的种类和价值。同时，我们要了解与遗产有关的税收规定及相关政策，为制订遗产计划奠定基础。

个人所有的资产是指合法收入、金融资产、不动产以及其他资产。合法收入是指公民个人的工资收入、劳动所得以及其他各种依法取得的收入，如接受馈赠、继承而获得的财产等。金融资产是指依法归个人所有的股票、债券和其他财产。不动产主要是指公民私人所有的住宅等房地产。大多数家庭都有自住住宅，而且对于许多家庭来说，房产价值在家庭资产中占比较大。其他资产包括生活用品、古玩收藏、图书资料等。

（二）确定遗产规划的目标

在了解个人的遗产价值之后，要根据个人的预期目标、价值取向、投资偏好等确定遗产目标,以下因素会影响遗产规划目标的确定,如年龄、家庭成员和其他受益人的年龄、受益人的需要、遗产的现值、受益人的其他资产、受益人自己处理财务的能力。具体的遗产目标包括:

(1) 确定遗产继承人及遗产份额。

(2) 确定遗产转移的方式。

(3) 在与遗产的其他目标不冲突的情况下,尽量降低遗产转移的成本。

(4) 为遗产提供足够的流动性资产以偿还其债务。

(5) 保持遗产规划的可变性。

(6) 确定遗产清算人员的构成以及遗嘱执行人等。

(7) 计划慈善赠与。

遗产规划目标的特别之处在于,该目标只有在当事人去世之后才能实现,而且必须在遗产清算人员和遗嘱继承人的帮助下才能完成。

(三) 制订遗产计划

制订遗产计划是遗产规划的关键步骤,合适的遗产计划既能确保个人未来的意愿得以实现,也能继续满足个人目前的需要。制订遗产计划的作用在于:

(1) 确保妥善分配资产。

(2) 尽量降低遗产税与其他开支。

(3) 避免遗嘱认证以及监护权聆讯所导致的费用、资料公开及延误。

在制订遗产计划时,应该针对不同的个人,采用不同的遗产规划工具组合。一般来说,应该注意以下事项:①保证遗产计划的可变性;②确保遗产计划中现金的流动性;③尽量减少遗产纳税金额。

(四) 定期检查和修改

个人的财务状况和遗产规划目标不会一成不变,遗产计划必须能够满足个人不同时期的需求,所以对遗产计划进行定期检查和修改是必需的,这样才能保证遗产计划的可变性。一般而言,应该每年或每半年对遗产计划进行一次重新修订。当发生以下事件时,遗产计划需要进行及时调整,如子女的出生或死亡、配偶或其他继承者的死亡、结婚或离异、本人或亲友身患重病、家庭成员变动、继承遗产、房地产的出售、财富的变化、有关税制和遗产法的变化。

本章练习

一、单项选择题

1. 下列各项中,不属于子女教育金特征的是( )。
   A. 无时间弹性　　　　　　　　B. 支出总金额小
   C. 无费用弹性　　　　　　　　D. 无规划弹性

2. 下列各项中,属于基本教育费用的是( )。
   A. 学习钢琴费用　　　　　　　B. 漂亮衣服
   C. 高中学费　　　　　　　　　D. 留学费用

3. 下列各项中,属于必须规划的教育费用的是( )。
   A. 择校费　　　　　　　　　　B. 小学教育学费
   C. 私立初中教育学费　　　　　D. 大专教育学费

4. 下列说法中,错误的是( )。
   A. 不考虑货币时间价值时,子女教育投资回报的测算需计算学费成本
   B. 不考虑货币时间价值时,子女教育投资回报的测算需要用IRR方法
   C. 考虑货币时间价值时,子女教育投资报酬率的计算需要考虑机会成本
   D. 考虑货币时间价值时,子女教育投资报酬率的计算要用到工作年数

5. 下列各项中,投资报酬率明显提升的是( )。
   A. 初中升高中　　　　　　　　B. 高中升大专
   C. 高中升本科　　　　　　　　D. 本科升研究生

6. 退休人员最稳定的收入是( )。
   A. 储蓄　　　B. 退休金　　　C. 房产　　　D. 医疗保险

7. 当前,因为政策因素而使退休规划中存在变数的是( )。
   A. 退休金　　　　　　　　　　B. 退休年龄
   C. 投资收入　　　　　　　　　D. 疾病

8. 遗产规划是将个人财产从自己转移给( ),从而实现个人为其家庭所确定的目标而进行的一种合理财产安排。
   A. 上一代　　　　　　　　　　B. 所有其他人
   C. 下一代　　　　　　　　　　D. 配偶

9. ( )是以获得养老金为主要目的的长期人身险,它是年金保险的一种特殊形式,又称退休金保险,是社会养老保险的补充。
   A. 医疗保险　　　　　　　　　B. 基本养老保险
   C. 商业养老保险　　　　　　　D. 企业年金

10. 退休养老规划越早,越容易实现退休养老规划目标。这体现了退休规划的( )原则。
    A. 及早规划　　　　　　　　　B. 弹性规划
    C. 平衡　　　　　　　　　　　D. 谨慎性

11. 准备的退休基金在投资中应寻求（　　）之间的平衡,选择合适的投资工具或投资组合。
   A. 稳健性和收益性　　　　　　　B. 开放性和稳健性
   C. 风险性和收益性　　　　　　　D. 多元性和稳健性

12. 下列关于退休养老基金缺口的说法中,不正确的是（　　）。
   A. 退休养老基金缺口是指退休后需要花费的资金和可收入的资金之间的差距
   B. 退休养老基金缺口＝养老金总需要－养老金总供给
   C. 养老金总需求是指在保持一定生活水平下的养老金总需求在退休时点的现值
   D. 养老金总供给是指退休后社保养老金等既定养老金在退休时点的现值

13. （　　）是个人理财规划中不可缺少的部分,是为了退休后能享受自立、尊严、高品质生活。
   A. 投资规划　　　　　　　　　　B. 风险管理规划
   C. 退休养老规划　　　　　　　　D. 银行储蓄存款规划

二、多项选择题

1. 子女教育金的特点包括（　　）。
   A. 无时间弹性　　　　　　　　　B. 无费用弹性
   C. 子女资质无法事先控制　　　　D. 有强制储蓄账户

2. 子女教育金规划的原则包括（　　）。
   A. 尽早准备原则　　　　　　　　B. 尽多准备原则
   C. 稳健投资原则　　　　　　　　D. 越多越好原则

3. 子女教育金规划应该（　　）。
   A. 和其他人看齐　　　　　　　　B. 量力而行
   C. 时间要合适　　　　　　　　　D. 等需要的时候规划

4. 下列各项中,属于必需的教育支出的有（　　）。
   A. 幼儿园费用　　　　　　　　　B. 学习武术费用
   C. 大学学费　　　　　　　　　　D. 博士学费

5. 下列各项中,属于子女教育金规划工具的有（　　）。
   A. 教育金补助　　　　　　　　　B. 国家助学贷款
   C. 教育年金保险　　　　　　　　D. 教育金信托

6. 退休规划需要考虑的因素包括（　　）。
   A. 退休前的职场安排　　　　　　B. 预期寿命
   C. 经济运行周期　　　　　　　　D. 家庭成员

7. 计算退休养老费用时,需要综合考虑的因素包括,预期退休后第一年的月或年生活支出费用、（　　）。
   A. 通货膨胀率,更精确地说是各项费用的增长率
   B. 投资回报率
   C. 目前到退休时的工作年限
   D. 退休后的预期寿命

8. 主要的遗产规划工具有( )。
   A. 财产保险　　　　　　　　　　B. 遗嘱
   C. 遗嘱委任书　　　　　　　　　D. 遗嘱信托
9. 发生( )事件时,遗产规划一般需要进行调整。
   A. 子女婚姻状况变化　　　　　　B. 自己婚姻状况变化
   C. 个人所得税税率变化　　　　　D. 遗产、赠与方面税法变化
10. 对于退休者个人而言,退休年龄直接影响退休规划的两个方面,即( )和( )。
    A. 退休生活的时间长短所带来的退休费用多寡
    B. 退休时身体健康状况所需要的医疗费用高低
    C. 退休后所能领取的养老保险金额不同
    D. 工作时长不同带来的对未来生活水平预期的不同
    E. 工作时长不同带来的财富积累数量的区别
11. 退休养老所面临的风险包括( )。
    A. 经济风险　　　　　　　　　　B. 职业生涯不确定性风险
    C. 医疗支出不确定性风险　　　　D. 社会保障不足的风险
12. 个人退休收入来源包括( )。
    A. 社会养老保险　　　　　　　　B. 商业养老保险
    C. 为退休准备的资金　　　　　　D. 医疗保险

三、判断题

1. 个人退休规划制定好以后,要严格按照计划执行,避免后续调整。　　　　( )
2. 未来出现恶性通货膨胀,退休规划需要的养老金更多。　　　　　　　　( )
3. 对于30多岁的年轻人来说,退休较为久远,不需要考虑退休规划。　　　( )
4. 不同预期投资回报率下所需筹集的养老金不尽相同,资产投资回报率越高,需要筹备的养老金金额越多。　　　　　　　　　　　　　　　　　　　　　　　　( )
5. 遗产规划的首要工作是计算和评估个人的遗产价值。　　　　　　　　　( )
6. 每个家庭子女规划的方案应该一致。　　　　　　　　　　　　　　　　( )
7. 由于存在通货膨胀,我们要提前预算出未来所需教育费用的数量,考虑货币时间价值。　　　　　　　　　　　　　　　　　　　　　　　　　　　　　　( )

四、简答题

1. 子女教育金的特征及规划的重要性体现在哪些方面?
2. 子女教育金规划的原则是什么?
3. 什么是退休规划?为什么要进行退休规划?
4. 退休规划的原则是什么?
5. 退休规划受到哪些因素的影响?
6. 退休收入的来源有哪些?
7. 你对我国的社会保障体系了解多少?
8. 遗产规划的工具有哪些?
9. 遗产规划的步骤。

五、案例分析题

30岁的张先生和同龄的妻子,在烟台某事业单位工作,保险齐全,两人年薪总计30万元。女儿今年上幼儿园。家庭每月开支在9 000元左右,夫妻双方及女儿分别投有商业保险,加上家庭财产险等,每年的保费总支出为2万元。有一套价值为100万元的住房,用于自己居住。张先生夫妇没有投资股票,也没有购买基金或债券,剩余资金基本上投资储蓄,现有定期存款20万元,银行年平均利率为3%。张先生夫妇对养老生活要求为至少不低于现在的生活质量,假设夫妻两人在30年后退休。家庭目前每月的基本生活开支为9 000元,假定通货膨胀保持年均3%的增长幅度,医疗开支主要是假定他们退休后平均每人每年生病2次,每次平均花费3 000元,每月的护理费也是必要的支出,假定每人每月护理费为1 000元;假如平均每年旅游2次,每次平均花费1.5万元。该家庭还要支付女儿教育支出,因此,假定该家庭总收入中有35%可以留存下来用于养老。另外,张先生夫妇目前居住的房屋虽然市值高达100万元,但因为该房屋仅用于自住,并不是投资性房产,所以不计入养老金中。

要求:估算张先生夫妇养老金的缺口。